Würde oder Willkür

GEORGIANA
Neue theologische Perspektiven Bd. 3

Herausgegeben im Auftrag der
Ev. Bruderschaft St. Georgs-Orden (St.GO)

Würde
oder Willkür

Theologische und philosophische Voraussetzungen des Grundgesetzes

Herausgegeben von Thomas A. Seidel
und Ulrich Schacht [†]

EVANGELISCHE VERLAGSANSTALT
Leipzig

 **Sparkasse
Mittelthüringen** | Wir danken der Sparkasse Mittelthüringen
für ihre freundliche Unterstützung

Bibliographische Information der Deutschen Nationalbibliothek
Die Deutsche Nationalbibliothek verzeichnet diese Publikation in der
Deutschen Nationalbibliographie; detaillierte bibliographische Daten
sind im Internet über http://dnb.dnb.de abrufbar.

© 2019 by Evangelische Verlagsanstalt GmbH · Leipzig
Printed in Germany

Das Buch wurde auf alterungsbeständigem Papier gedruckt.

Gestaltung: FRUEHBEETGRAFIK, Thomas Puschmann · Leipzig
Coverbilder: Leonardo da Vinci/Proportionsschema der menschlichen
Gestalt nach Vitruv; Palma il Giovane/Johannes erblickt die vier apo-
kalyptischen Reiter: akg-images / Cameraphoto
Foto Seite 16: © Stefanie Schacht
Druck und Binden: CPI books GmbH, Leck

ISBN 978-3-374-05607-1
www.eva-leipzig.de

Vorwort

Wir schreiben das Jahr 2019 n.Chr., „nach Christus", A.D., „Anno Domini", im „Jahr des Herrn". Und fragen absichtsvoll: Verweist diese Zählung und diese Schreibweise (noch) auf „unser Lebenselixier", das der Leipziger Staatsrechtler Arnd Uhle benennt und betont: „das Christentum"?[1] Werden zweitausendneunzehn Jahre christlicher Prägung heute, insbesondere und in erster Linie von maßgeblichen Verantwortungsträgern in Kirche und Kultur, in Staat und Politik (noch) als „Ursprung und Zukunft des freiheitlichen Verfassungsstaates"[2] wahr und ernst genommen? Arnd Uhle stellt die alles andere als nebensächliche und direkt nach vorn gerichtete Frage in den deutschen Diskursraum, „[…] ob soziokulturelle Gelingensbedingungen moderner Staatlichkeit bestehen, zu deren Existenz und Erneuerung das Christentum Wesentliches beiträgt". Seiner Meinung nach verlange diese Frage nach dem Verhältnis von Christentum und Verfassungsstaat zweierlei: „historische Vergewisserung und zukunftsbezogene Versicherung".[3]

Dieser Doppelaufgabe, dieser doppelten geistig-geistlichen Bewegung aus Retro- und Prospektive, hat sich die Evangelische Bruderschaft St. Georgs-Orden[4] mit dem ihr angeschlossenen Bonhoeffer-Haus e.V. vom 14. bis 16. Oktober 2016 gestellt. Gemeinsam mit dem Politischen Forum der Konrad-Adenauer-Stiftung (KAS), Erfurt, unter ihrer umsichtigen Leiterin Maja Eib, veranstaltete sie ihren nunmehr L. (offenen) Konvent, wiederum im Evangelischen Augustinerkloster zu Erfurt. Dass sich die vor-

---

1 Arnd Uhle, *Unser Lebenselixier. Ursprung und Zukunft des freiheitlichen Verfassungsstaats: Das Christentum*, FAZ vom 07.01.2016, https://www.faz.net/aktuell/politik/staat-und-recht/gastbeitrag-verfassungsstaat-unser-lebenselixier-13982653.html, aufgerufen am 17.06.2019.

2 A.a.O., S. 1.

3 Ebd.

4 Siehe: www.georgsbruderschaft.de

malige „Landesbeauftragte für die Stasiunterlagen und für die Aufarbeitung der SED-Diktatur" und Europa-Staatssekretärin Hildigund Neubert in ihrer Eigenschaft als Vizevorsitzende der Konrad-Adenauer-Stiftung e.V. mit einem Grußwort einbringen würde, war beinahe selbstverständlich und sehr willkommen. Die auf dem Einladungs-Faltblatt leuchtende Überschrift *Würde und Willkür. Theologische und philosophische Voraussetzungen des Grundgesetzes* hatte man grafisch sehr ansprechend und beziehungsvoll in das Faksimile der Urkunde des Parlamentarischen Rates zum Deutschen Grundgesetz vom 8. Mai 1949 gesetzt, mit der etwas hervorstechenden Unterschrift des damaligen Ratsvorsitzenden, des Bundeskanzlers Konrad Adenauer. Die Erträge der Erfurter Tagung, ergänzt um weitere, gut zum Themenfeld passende, sind nun hiermit im dritten Band der Reihe *GEORGIANA. Neue theologische Perspektiven* versammelt.[5] Auf unterschiedliche Weise fragen sie nach den theologischen und philosophischen Voraussetzungen der Verfassung der „alten" Bundesrepublik und des wiedervereinten Deutschlands, im historischen Resonanzraum und Wertehorizont Europa.

Auch wenn einigen Mitgliedern des Parlamentarischen Rats (6 von 8 Abgeordneten der CSU) dieser Bezug 1949 nicht klar genug herausgestellt zu sein schien, so dürfen und wollen wir festhalten, dass das Grundgesetz erkennbar aus den entscheidenden Quellen des christlichen Abendlandes schöpft: dem Gott der Bibel und den sich daraus ergebenden normativen Konsequenzen für die Gestaltung der zwischenmenschlichen Beziehungen in Politik und Gesellschaft. Insofern ist es kein Zufall, dass der entscheidende Referenzpunkt am Beginn der Präambel nicht der Mensch ist, sondern Gott. Das hier proklamierte politische

---

5 Der 1. Band der GEORGIANA-Reihe erschien Ende 2015 unter dem Titel „... *wenn Gott Geschichte macht!" 1989 contra 1789* und Band 2 im Jahre 2017 unter der Überschrift *„Tod, wo ist dein Stachel?" Todesfurcht und Lebenslust im Christentum*, hg. v. Thomas A. Seidel und Ulrich Schacht. Beide Titel wie auch der vorliegende entstanden im regen und anregenden Gespräch mit der Verlagsleiterin der Evangelischen Verlagsanstalt Leipzig, Dr. Annette Weidhas.

Verantwortungsbewusstsein der Verfassungsväter und -mütter, und zwar unabhängig von ihrer jeweiligen weltanschaulichen Sozialisation, hat einen geistig-kulturellen Haftpunkt: „In Verantwortung vor Gott und den Menschen [...]". Dieser Vor-Satz intoniert jene liberal-antitotalitäre Einsicht, die aus einer jüdisch-christlichen oder einfach nur weltklugen Grundskepsis gegenüber einer vermeintlich perfekten menschlichen Handlungskraft erwächst. In Zeiten eines „moralischen Fundamentalismus" (Thea Dorn), der sich in unheiliger Allianz mit einem habituell-hippen Säkularismus einer totalen Dynamik von technischem Fortschritt und ökonomischer Globalisierung als Antriebsmittel und Endzeitperspektive gleichermaßen instrumentell bedient, scheint jener Haftpunkt seine Bindekraft zu verlieren. Und so ist es nicht verwunderlich, dass der Gottesbezug im Grundgesetz rechtsphilosophisch zu einer immer rabiater bestrittenen, handlungspolitisch immer häufiger überlesenen und multikulturell immer fanatischer relativierten Prämisse zu werden droht. Mit diesem Band soll theologisch, philosophisch und gesellschaftspolitisch nüchtern und leidenschaftlich widersprochen werden: durch kompetente Rekonstruktion und schöpferische Reflexion.

Wir schreiben das Jahr 2019 n.Chr., „nach Christus", A.D., „Anno Domini", im „Jahr des Herrn". In diesem Jahr erinnern wir drei, für die deutsche Geschichte äußerst wichtige Jubiläen: 100 Jahre Weimarer Reichsverfassung, 70 Jahre Grundgesetz und 30 Jahre Friedliche Revolution. Passender könnte der Bezug zu Titel und Themen dieses Bandes nicht sein. Darüber war ich mir mit meinem Co-Herausgeber noch im vorigen Sommer, als wir in Schweden die Arbeit an der Publikation überdachten, vollkommen einig. Dass Ulrich Schacht dieses neue (Jubiläums-)Jahr nicht mehr erleben würde, ahnten wir nicht. Viel zu früh, am 16. September 2018, ist er verstorben. Sebastian Kleinschmidt, der in der Nachfolge von Schacht mit mir gemeinsam die Herausgabe der GEORGIANA-Reihe fortsetzen wird, hat einen klugen und berührenden Nachruf für den Ordensgründer und Großkomtur (den Leiter) der Georgsbruderschaft beigesteuert. Wie bei den beiden Vorgängerbänden 1 und 2 sind auch dieses Mal wieder im *Anhang* ein *Personenregister* (für das wir erneut Matthias Katze Dank sagen), biografische und publizistische Angaben zu den *Autoren* sowie eine *Kleine Geschichte der Evangelischen Bruderschaft St. Georgs-Orden* zu finden.

Zwei Beiträge der 2016er Tagung haben wir leider nicht in Schriftform erhalten: zum einen den fundierten Beitrag des Pariser „Korrespondenten« der KAS, Dr. Nino Galetti, zum Thema *Freiheit. Gleichheit. Brüderlichkeit – Religion und Laizismus in Frankreich heute.* Hier dürfen wir uns über den Text von Thibaut de Champris, dem Schüler von Joseph Rovan und vormaligen Gesandten der Republik Frankreich in der Thüringer Staatskanzlei, freuen, den wir unter der Überschrift *Radikaler Laizismus versus kooperative Trennung. Ein französischer Blick auf das deutsche Grundgesetz* hier mit abgedruckt haben. Und auch einen Text des Putin-Biografen Hubert Seipel,[6] den er unter die Überschrift *Patriarch und Präsident. Zum Verhältnis von Staat und Kirche im nachtotalitären Russland* gesetzt hatte und der zu einer heftigen Kontroverse im Tagungspublikum führte, können wir nicht vorlegen. Dafür gibt es gleich zweifachen Ersatz. Zum einen veröffentlichen wir posthum einen *Reiseessay über die Wiederauferstehung der Russisch-Orthodoxen Kirche* von Ulrich Schacht unter dem Titel *Rückkehr zur Ikone* und zwei bemerkenswerte theologisch-analytische Texte des russischen Theologen und Philosophen Alexander Kyrleschew: *Die Kirche und die Welt in der Sozialkonzeption der Russisch-Orthoxen Kirche. Eine notwendige Kritik* und den Artikel *Säkularisierung und die postsäkulare Gesellschaft. Eine folgenreiche Analyse.* Die Texte Alexander Kyrleschews geben Einblicke in das Innenleben der russischen orthodoxen Welt, liefern Hintergrundinformationen zum postkommunistischen Staat-Kirche-Verhältnis und vermögen zu erklären, was die russische Orthodoxie zu dem machte, was sie heute ist. Sie sind gewissermaßen ein Dokument einer ganzen Epoche: von der Mitte der 1990er Jahre, als die russische

---

6 Hubert Seipel, *Putin. Innenansichten der Macht*, Hamburg 2015.

Kirche neu entstand, bis 2010, als ihr Erstarken bisher ungeahnte Formen anzunehmen begann.[7] Damit hat das Schlusskapitel des Bandes Vergleichende Perspektiven eine erkennbar „russische Schlagseite«. Doch dem geneigten Leser wird nicht entgehen, dass eine reflexive Komparation der Beiträge sich nicht allein auf die Russland- und Frankreich-Thematik intern und auf die deutschen Perspektiven beziehen lässt. Bemerkenswert ist auch die unterschiedliche, gelegentlich durchaus auch kontroverse Sicht auf Russland und die Russisch-Orthodoxe Kirche in den drei „Russland-Texten" selbst.[8]

Die vorangehenden Kapitel I und II sind unter folgende Themen gestellt: *Politische und theologische Analyse* (Kap. I) und *Zeichen und Symbole von Kultur und Rechtsordnung* (Kap. II). Der renommierte Politikwissenschaftler Heinrich Oberreuter setzt den Auftakt und steckt kenntnisreich und souverän den historiografischen Rahmen ab mit seinem Text: *„In Verantwortung vor Gott und den Menschen". Grundlinien einer abendländischen Verfassungsgeschichte*, kongenial ergänzt und erweitert durch Wilfried Härle mit einer tief- und weitgreifenden theologisch-systematischen Fundierung unter dem Titel: *„Die Würde des Menschen ist unantastbar". Imago Dei und Rechtstaat*. Friedemann Richert, der Weggefährte von Robert Spaemann, paraphrasiert mit aktuell-(kirchen-)politischen Bezügen das *Verhältnis von Vernunft, Politik und Religion* und stimmt ein praxis-gesättigtes *Lob auf das Grundgesetz* an.

---

7 Wir danken an dieser Stelle Tibor Schäfer vom Gabiele-Schäfer-Verlag, https://gabrieleschaeferverlag.de, der uns den Nachdruck dieser beiden Artikel freundlich gestattet hat; sie stammen aus dem Band: Alexander Kyrleschew, Die russische Orthodoxie nach dem Kommunismus. Das byzantinische Erbe und die Moderne (Studien zur Kirchengeschichte und Theologie, Bd. 9), hg.v. Anna Briskina-Müller und Dagmar Heller, Herne 2014.

8 Dem temperamentvollen „Halb-Russen" Ulrich Schacht (wie er sich gelegentlich selbst zu bezeichnen pflegte) hätte diese Text-Kombination sicher gefallen und hätte ihn zum Widerspruch gereizt. Vgl. dazu: Ulrich Schacht, *Vereister Sommer. Auf der Suche nach meinem russischen Vater*, Berlin 2011.

Kapitel II versammelt ebenfalls drei Beiträge. Hier eröffnet der namhafte und (in mehrfacher Hinsicht) urteilsstarke Verfassungsrechtler Udo Di Fabio das Reflexionsfeld mit einem scharfen Blick auf *Globale Wirtschaft und politische Partikularität*, unter der Überschrift *Zur Lage der Demokratie*. Der Historiker und dezidiert lutherische Theologe Benjamin Hasselhorn stellt angesichts aktueller „Grenzenlosigkeiten" und politromantischer Verklärungen hochproblematischer Entwicklungen in Kirche und Gesellschaft unter dem Titel *Die Grenzen der Nächstenliebe* einige *Überlegungen zu den politischen Implikationen des Christentums* an. An dieser Stelle werden aktuelle und brisante Fragen aufgerufen, die während der Erfurter Tagung rege diskutiert wurden und die (auch) darum in einigen Beiträgen sozusagen als Subtext oder Subfrage mitlaufen: Was sind die Gründe und Hintergründe jener aktuell von Heinrich Bedford-Strohm und anderen führenden EKD-Theologen vertretenen „öffentlichen Theologie" und Kirchenpoitik?[9] Und wie ist zu erklären und zu verstehen, dass die damit verbundenen Aporien und Blockaden nicht klar erkannt und benannt werden, obgleich sie tendenziell eine vernünftige und sachorientierte Politik in Deutschland und Europa gefährden?[10] Das Kapitel schließt mit einem Aufsatz des Herausgebers Thomas A. Seidel, der ebenfalls Zeitkritik und Zeitansage sein will und sich, angesichts einiger jüngerer „Kreuzes-Debat-

---

9 Vgl. Florian Höhne, *Öffentliche Theologie. Begriffsgeschichte und Grundfragen*, Leipzig 2015, und Abschiedsvorlesung von Heinrich Bedford-Strohm vom 06.07.2011 von der Universität Bamberg, dort auch weiterführende Literatur: https://landesbischof.bayern-evangelisch.de/downloads/Abschiedsvorlesung_Bedford_Strohm.pdf, aufgerufen am 26.06.2019.

10 Hasselhorn selbst hat in seiner Streitschrift *Das Ende des Luthertums?*, Leipzig 2017, bereits auf „neoschwärmerische" Theologieansätze aufmerksam gemacht. Besonders analytisch klar in den Blick genommen hat das erschreckende Anwachsen eines „moralischen Totalitarismus" (Thea Dorn), insbesondere seit Öffnung der Grenzen durch Angela Merkel im September 2015, der Wiener evangelische Theologe Ulrich H. J. Körtner, *Für die Vernunft. Wider Moralisierung und Emotionalisierung in Kirche und Politik*, Leipzig 2017.

ten", der Frage widmet, in welcher Weise das Zentralsymbol des Christentums in Vergangenheit und Gegenwart Skandalon und/oder Siegeszeichen war, ist oder sein kann. Der Text trägt die Überschrift *„In hoc signo vinces". Kulturgeschichtliche und theologische Anmerkungen zur Bedeutung des Kreuzes.*

Bei aller Unterschiedlichkeit im thematischen Zugriff und im sprachlichen Duktus sind die Beiträge dieses Bandes inspiriert und getragen von der festen Überzeugung, dass (mit Arnd Uhle gesprochen) „das Christentum dazu beiträgt, das Lebenselixier einer freiheitlichen Ordnung, [nämlich, d.V.] die tatsächliche und selbstverantwortete Freiheitswahrnehmung des Einzelnen, zu stärken."[11] Dieser Stärkung bedarf es im freiheitlichen Verfassungsstaat deshalb in besonderer Weise, „weil in ihm jene Leistungen, auf die das Gemeinwesen in geistiger, ökonomischer und sozialer Hinsicht angewiesen ist, dem freien Engagement seiner Bürger anvertraut sind. Das macht die Freiheitsbereitschaft und -fähigkeit des Individuums für den Staat zu einer unentbehrlichen Ressource eigener Vitalität."[12]

Für unseren Mitautor an GEORGIANA 3, Udo Di Fabio, ist es *theologisch*, philo*sophisch* und verfassungs*rechtlich* plausibel und politisch überaus folgenreich, dass die verfassungsgebende Gewalt ihre „Verantwortung vor Gott und den Menschen [...]" kraftvoll und nachhaltig betont und (hoffentlich) künftig auch betonen möge, denn:

> Dies ist keineswegs hohles Pathos, sondern schöpft aus den tiefsten Quellen unserer Kultur. Mit dem Gottesbezug machen die Deutschen ihre christliche Identität deutlich: eine Identität, die andere Glaubensrichtungen weder ausschließt noch gar bekämpft, aber auch nicht gleichgültig gegenüber dem Verfall oder der Gefährdung der eigenen geistigen und religiösen Wurzeln ist.[13]

---

11 Arnd Uhle, *Unser Lebenselixier. Ursprung und Zukunft des freiheitlichen Verfassungsstaats*, FAZ vom 07.01.2016, S. 3.

12 Ebd.

13 Udo di Fabio, *Einführung in das Grundgesetz*, VII, in: Grundgesetz, 39. Auflage, 2004.

Mit diesen einführenden Verweisen auf die freundlich-kritische und informiert-empathische Grundierung der Beiträge sei Ihnen dieser Band zur lehrreichen Lektüre und zum streitbaren Gespräch anempfohlen.

Thomas A. Seidel
Am Ramsebo (Schweden) und Weimar,
im Juni 2019

Inhalt

III
VERGLEICHENDE PERSPEKTIVEN

ANHANG

Ulrich Schacht (1951–2018)

Sebastian Kleinschmidt

Frei und furchtlos
Ulrich Schacht zum Gedenken

Ich weiß nicht, wo und wann Ulrich Schacht diese Verse geschrieben hat, nun aber, da er nicht mehr unter uns ist, kommt es
mir so vor, als seien sie wie eine erste Nachricht aus dem Jenseits.
Einem Jenseits, das sich in unmittelbarer Nähe zu seinem bisherigen Diesseits befinden muss, im selbstgewählten Viarpshult bei
Förslöv in der südschwedischen Provinz Schonen. Hier war der
ideale Wohnort für ihn und seine Frau Stefanie. Sie hatten ein
gemeinsames Haus zum Leben, er hatte ein zweites Haus zum
Schreiben. Dazu ein weiträumiges Grundstück in Hanglage, im
Süden von einer anmutigen Wiese mit freiem Blick aufs Kattegat
umgeben, im Norden von einem gegen Kälte und Sturm schüt-
zenden Wald. Das schöne Foto, das seine Frau auf die Trauerkar-
te gesetzt hat, zeigt den poetischen Landjunker in seinem Wald.
Wir sehen dieselben Bäume wie die, von denen im Gedicht „Neuvermessung des Raumes" die Rede ist:

„Die Bäume im / Schnee / Schnee / auf den Bäumen. Bis / in die /
Nacht reicht die / Diagonale des / Lichts."

Warum es mir so vorkommt, als sei dies eine Nachricht aus dem
Jenseits? Weil das Gedicht „Neuvermessung des Raumes" heißt
und mir die Verse Michelangelos durch den Sinn gehen: „Ich bin
nicht tot, ich tauschte nur die Räume. / Ich leb in euch, ich geh in
eure Träume."

Ulrich Schacht besaß eine enorme Präsenz, physisch und
geistig. So etwas geht nach dem Tod nicht einfach verloren. Wird
so einer aus der Welt gerissen, erscheint sie uns plötzlich wie
amputiert. Aber das ist nicht alles. Als mich die Botschaft von

seinem Tod erreichte, fuhr ich ans Meer und ging in eine Kirche. Es war in Wustrow auf dem Fischland. Ich wollte für den toten Freund ein Gebet sprechen hinüber über die Ostsee nach Schweden. Als ich in dem stillen Gotteshaus saß und an ihn dachte, kam mir mit einem Mal der Gedanke: Seit du tot bist, ist für mich die Transzendenz bewohnt. Und genau so erscheint mir auch sein Gedicht „Neuvermessung des Raumes", als bewohnte Transzendenz. Das letzte Wort in ihm heißt „Licht".

Ulrich Schacht war nicht nur Dichter, er war auch Theologe. Er hat sogar einen protestantischen Orden gegründet, dem er als Großkomtur vorstand. Er wusste, dass das Licht etwas Göttliches ist. Meister Eckhart sagt in einer seiner deutschen Predigten, die erste Wirkung der Gnade des göttlichen Lichts ist, dass der Mensch die Angst verliert. Ulrich Schacht hatte die Angst verloren, einschließlich der Angst vor dem Tod, der verborgenen Quelle aller Ängste. Seine Furchtlosigkeit war das Geheimnis seiner Freiheit. Einer Freiheit, die er sich in extremer Unfreiheit erobert hatte. In seiner DDR-Biographie gibt es den besonderen Umstand, dass er in einem Frauengefängnis zur Welt kam und später als politischer Gefangener selber einige Jahre hinter Gittern verbringen musste. So hat er auf elementare Weise erfahren, was Dunkelheit ist und was Licht, nämlich wahres Licht, das Licht in sich. Schacht war ein Mann, der Kraft und Stärke besaß. Kraft als das Vermögen zu schaffen, Stärke als das Vermögen zu widerstehen. Das strahlte er auch als politischer Denker aus. Was er erfahren hat, das bezeugte er. Er war begabt zur geistesgeschichtlichen Analyse der Situation. Utopismus, Moralismus und Illusionismus sowie das durch sie bewirkte Verkennen der Lage erzürnten ihn regelrecht. Sein Mut zum Angriff auf diese medial bestens geschützte Festung war imponierend. Dass er auch übers Ziel hinausschießen konnte, gehört zu seinem Typus. Wichtig bleibt der Freiheitssinn. Wichtig bleibt der Anspruch auf geistige Erhellung. In einer Welt, in der der Mensch sich leicht und schnell von falschem Licht verführen lässt, verbreitet sich erst wahre Dunkelheit. Und mit ihr neuerlich die Angst. Schacht wusste das.

Hildigund Neubert

Grußwort

Mit dem Begriffspaar Würde und Willkür haben Sie sich für dieses Jahr ein uraltes Menschenthema gewählt. Kontradiktisch schließen die Anerkennung der Würde jedes Menschen und die Ausübung von Willkür einander aus.

Würdevoller Umgang setzt Respekt voraus, erkennt und anerkennt Unterschiede und kommuniziert in Augenhöhe. Ein jeder hat das gleiche Recht, Rechte zu haben. Wir Christen wissen, dass diese Würde ein Gottesgeschenk ist. Sie ist sozusagen die politische Gestalt der Gottesebenbildlichkeit.

Willkür dagegen entspringt aus Verachtung der einen für die anderen. Die Einen nehmen sich das Recht unbegründeter Entscheidungen über andere. Sie instrumentalisiert und verschärft Unterschiede, setzt sich über Rechte anderer hinweg und ist eine asymmetrische Kommunikation bzw. verweigert sie sogar völlig.

Die Verfassungen sind Grundsatztexte des Selbstverständnisses der Polis. Daher sind ihre Sprache und ihr Gehalt beispielhaft für deren geistiges Habit. Ganz naheliegend ist da der Blick in die DDR-Verfassung und unser Grundgesetz.

Art. 1 der Verfassung der DDR beginnt mit den Worten:

„Die Deutsche Demokratische Republik ist ein sozialistischer Staat deutscher Nation. Sie ist die politische Organisation der Werktätigen in Stadt und Land, die gemeinsam unter Führung der Arbeiterklasse und ihrer marxistisch-leninistischen Partei den Sozialismus verwirklichen."

Personen kommen hier nur als Funktionsträger (Werktätige) oder als Masse (Arbeiterklasse, Partei) vor. Und wer das Sagen hat, wird auch gleich klargestellt: Es gibt Führer und Geführte, die organisiert werden, sozialistisch deutsch und national. Nach starken Verben, die etwas in Bewegung versetzen könnten, sucht man vergebens.

Irgendwann im Herbst 1989 las ich zum ersten Mal im Grundgesetz. Ich erinnere mich noch gut an ein warmes Gefühl der Begeisterung für den Text: Was für eine Sprache!

> „Die Würde des Menschen ist unantastbar. Sie zu achten und zu schützen ist Verpflichtung aller staatlichen Gewalt. Das Deutsche Volk bekennt sich darum zu unverletzlichen und unveräußerlichen Menschenrechten als Grundlage jeder menschlichen Gemeinschaft, des Friedens und der Gerechtigkeit in der Welt. Die Grundrechte binden Gesetzgebung, vollziehende Gewalt und Rechtsprechung als unmittelbar geltendes Recht."

Der Mensch im Subjekt des ersten Satzes. Alle drei Gewalten sind unmittelbar gebunden an die und durch die Menschenrechte. Auf dieser Grundlage haben sich alle in Deutschland zu bewegen, allen voran die politischen Akteure.

Aber dieser Konsens wird heute von verschiedenen Seiten in Frage gestellt.

Die Achtung der Menschenwürde und der Menschenrechte verpflichtet Deutschland angesichts seiner wirtschaftlichen Potenz zur Hilfe für Menschen, die vor Krieg und Katastrophen fliehen. Niemand hat je behauptet, dass das ohne Anstrengung „aus der Portokasse" zu machen sei.

Aber aus den Mühen dieser Anstrengung schlagen Populisten nun Kapital.

Sie profitieren dabei von einer tiefen Verunsicherung derer, die ihre eigene Kultur weithin verloren haben. Die Kinder und Enkel der in der DDR zum Kirchenaustritt Gedrängten sind abgeschnitten von ihren Wurzeln. Sie verkümmern und schwanken in jedem Windchen. Und auch die westdeutsche Wohlstands-Säkularisierung zum Steuersparen reduziert die geistige Landschaft. In dem Spannungsfeld von Bewahrung und Infragestellung der eigenen Kultur durch die Globalisierung und weltweite Wanderungsbewegungen siedeln sich Pseudo-Konservative an, die aus intellektuellem Dünkel, Machtgier und billigen Identitätsangeboten einen gefährlichen Cocktail mischen. Ihre politische Kraft in Deutschland ist die AfD. Zu ihren Wählern gehören vor allem hartnäckige postkommunistische Atheisten, die weder die christliche Tradition noch die ethischen Grundlagen eines durch die Aufklärung in die Welt gestellten Christentums vertreten, in der Regel nicht einmal kennen. Mit dem gleichen Rezept arbeiten aber auch die Populisten vom anderen Ende des politischen Spektrums.

Christliche Kultur muss gelebt werden. Das Erntedankfest war gerade wieder eine gute Gelegenheit, den Dank im Gottesdienst mit dem Dienst am Nächsten zu verbinden, wenn die Erntegaben an die Tafeln gespendet werden.

Das Weihnachtslieder-Singen der Pegida war kulturell-musikalisch ein Graus und verkehrte die Weihnachtsbotschaft zur Karikatur: Herberge für Notleidende sehen gerade diese Leute nicht vor.

Menschen, die ein religiöses Vakuum in Kopf und Herz haben, sind denen ähnlich, vor denen sie sich fürchten. Ich kenne Leute, die einerseits stolz erzählen, dass sie noch nie in einer Kirche waren, auch nicht zu Weihnachten, und die andererseits größte Sorge haben, dass es einmal mehr Moslems als Christen in unserem Land geben könne. Diese aus der Gottlosigkeit entstandene Verblendung sollten wir genauso fürchten wie Islamisten.

Diese Art „Konservativismus" öffnet sich für Versatzstücke des primitiven Antikapitalismus und argumentiert mit nationalsozialistisch-völkischem Denken. Die Willkür beginnt schon in der Definition derer, die dazugehören, und derer, die zum Feind erklärt werden, denen Grund- und Freiheitsrechte nicht bedingungslos zuerkannt werden, deren Würde verletzt wird durch die Pegida-Demonstrationen, Hassparolen, Interneteinträge, Brandanschläge und Mord. Das hat Deutschland schon einmal in die Katastrophe geführt. Auch damals waren Intellektuelle führend dabei.

Die Europäische Kultur ist pluralistisch christlich und sie ist vereint in den Werten gegenseitiger Toleranz, der Gewährung von Freiheit des Denkens und der Achtung der Würde jedes Menschen. Das ist das Angebot, das wir den Menschen in unserem Land und der Welt zu machen haben. Und das ist so attraktiv, dass aus aller Welt, und natürlich zuvörderst aus den Krisenregionen, die Menschen nach Germany wollen.

Das ist aber auch der Anspruch, den wir allen Mitbürgern, den Eingeborenen aller Religionen und Nicht-Religionen und den Zugezogenen machen: Die Würde des Menschen ist unantastbar, unteilbar. Und nur die Achtung der Würde der Anderen kann mich hoffen lassen, dass meine eigene Würde respektiert wird. Verachtung wird Hass nach sich ziehen, und Hass Gewalt.

Dieser Anspruch bedeutet, dass seriöse Politiker die einfachen Lösungen nicht versprechen dürfen und nicht versuchen dürfen, die Parolen der Populisten zu überholen, weil doch ein wahrer Kern drinstecke. Die Fakten-Krümel, mit denen Populisten arbeiten, sind niemals der Kern der Sache, sondern allenfalls das Steinchen, das im Schuh drückt auf dem Weg der Problemlösung. Wenn man den Stein entfernt hat, muss man den Weg immer noch gehen.

Die Konrad-Adenauer-Stiftung sieht sich den Verfassungswerten und ihrer christlichen Grundierung verpflichtet.

Die Konrad-Adenauer-Stiftung verfolgt das Ziel, die Menschen auf diese Wege zu schicken, sie zu beheimaten in der Kultur des Grundgesetzes mit all seinen ethischen, politischen und rechtlichen Dimensionen, damit sie standhalten in der Begegnung mit anderen Kulturen und daraus Bereicherung ziehen.

Kapitel I

Politische und theologische Analyse

Heinrich Oberreuter

„In Verantwortung vor Gott und den Menschen"
Grundlinien einer abendländischen Verfassungsgeschichte

Schon nach Sokrates leiten Verfassungen ihren Ursprung nicht „wer weiß woher, von Eiche oder Fels", sondern „von den im Staat herrschenden sittlichen Anschauungen her". Für Platon folgte die weltliche Ordnung der göttlichen. Sie war transzendental gedacht und menschlicher Gestaltung entzogen. Das änderte sich allmählich um 500 v.Chr.

So sind Verfassungen seit je, fast immer, mit der Hoffnung auf eine gute und gerechte politische Ordnung verbunden. Da auch für uns deren Ursprünge und Bezugspunkte dort liegen, hat Theodor Heuss, einer der Stimmführer im Prozess der Grundgesetzbildung und erster Bundespräsident, auf drei geschichtsträchtige Hügel als Ideenspender aufmerksam gemacht: Golgatha, die Akropolis und das Capitol, „Aus allem ist das Abendland geistig gewirkt, und man darf alle drei, man muß sie als Einheit sehen."[1] Die Botschaft richtete sich 1950 bei einer Schuleinweihungsfeier in Heilbronn gezielt an die junge Generation. Grundlinien gehen in der Tat von diesen historischen Stätten aus – aber sicher nicht im Sinne von Einbahnstraßen. Auch unterlag der gesellschaftliche Kontext erheblichem Wandel.

---

[1] Theodor Heuss, *Reden an die Jugend*, Tübingen 1956, S. 32.

Verfassung als Ordnung des Gemeinwesens: Vorläufer

Aber die Idee der Verfassung als Ordnung des Gemeinwesens, als Rahmen menschlicher Entfaltung, als Institutionalisierung und Begrenzung von Herrschaft sowie als Gewährleistung von Funktionalität und Stabilität[2] findet sich bereits in diesen frühen Ansätzen. Das heißt nicht, dass diesen Ideen schon jenes Menschenbild zugrunde lag, das uns heute geläufig ist – wenn z.B. zwischen Herren und Sklaven unterschieden worden ist, wie in der Antike, oder wenn viel später so wesentliche Marksteine bürgerlicher Freiheiten wie Magna Carta (1215), Petition of Rights (1628) oder Habeas Corpus (1679) eher Abkommen zwischen feudaler Aristokratie und Landesherren zur Absicherung exklusiver Privilegien führender Stände gewesen sind. Doch wiesen ihre Intentionen in eine zu ihrer Zeit nicht absehbare Zukunft der Gleichheit aller Menschen in Bezug auf ihre politischen Rechte. Verfassung, das war auch nicht immer eine ein politisches System konstituierende Urkunde – wie z.B. 1776 in Nordamerika oder 1791 in Frankreich. Es konnte auch ein Ensemble von Gesetzen, Institutionen und Gewohnheiten darunter verstanden werden, das Tradition und Vernünftigkeit von Regeln und Gewohnheiten gewährleistete – wie in England ehedem und bis heute, wo man ohne geschriebene Verfassung auskommt. Aber ganz gleich ob mit Vernunft gesetzlich konstruiert oder historisch evolutionär verstanden: die normative Kraft von Verfassungen, ihre faktische Legitimität, resultiert aus der Zustimmung und Anerkennung, die sie über die Zeit – in der Zeit – genießt. Die Akzeptanz wiederum hängt im Wesentlichen von ihrer Gestaltungskraft, ihrer Funktionserfüllung ab.

In dieser Hinsicht sind die Erwartungshaltungen in der entsprechenden abendländischen Geschichte erstaunlich stabil.

---

2 Hans Vorländer, *Die Verfassung. Idee und Geschichte*, München [3]2009, S. 17 ff.

Seit Aristoteles[3] drehen sie sich um Funktionalität und Normativität: Einerseits sollen Verfassungen durch ihre Ämterordnung Führung und Lenkung im Staat strukturieren – andererseits sollen sie eine gute und gerechte Ordnung für die Gemeinschaft der Bürger etablieren. Wohlgeordnet ist diese, wenn sie es dem Bürger ermöglicht, ein Leben nach den Grundsätzen und Anforderungen philosophischer Ethik („Eudaimonie") zu führen: Bürger und Polis gehen eine Symbiose ein. Idealistisch blind ist dieser Ansatz nicht, weil er eben nicht ausnahmslos auf die Tugend der Herrscher und der Beherrschten ausgerichtet ist. Den realistisch unterstellten Tugenddefekten beider begegnet er mit institutionellen Konstruktionen, welche die Stärke guter Staatsformen maximieren, die Schwächen schlechter Staatsformen aber minimieren sollen:[4] ein, würden wir heute sagen, optimierendes Mischmodell, wie es später auch von Polybios – „ein Grieche in Rom"[5] – aufgegriffen und erweitert worden ist: erweitert um den Gedanken von checks and balances, also der Gewaltenteilung und Gewaltenverschränkung, mit dem Ziel, Kontrolle, aber auch funktionales Regieren zu ermöglichen. Ganz ähnlich, wie sich das später bei Montesquieu wiederfindet.

Aristoteles' elaborierte Verfassungslehre handelt bereits über gleiche Bürgerrechte (für jene freilich nur, die als Bürger galten!) bei abgestufter Beteiligung an der Macht. Denn an die Stelle der Versammlungsdemokratie trat eine Ordnung wählbarer Ämter – also ein Element der Repräsentation, die aus der Aktivbürgerschaft herauswächst. Diese Lehre handelt aber auch schon von der Notwendigkeit, Herrschaft zu beschränken und zu mäßigen, sobald sie im Interesse des Gemeinwesens ausgeübt sein soll. Solche Limitierung war dann auch eine nachhaltige Forderung

---

3   Ein Überblick bei Henning Ottmann, *Geschichte des politischen Denkens*, Bd. 1 Die Griechen, Teilband 2: Von Platon bis zum Hellenismus, Stuttgart/Weimar 2001, S. 171–215.

4   Vorländer, a.a.O., S. 24 ff.

5   Ottmann, *Geschichte des politischen Denkens*, Bd. 2, Teilband 1: Die Römer, Stuttgart/Weimar 2002, S. 52–69.

der liberalen Bewegungen des 18. und 19. Jahrhunderts – und sie ist ein entscheidendes und unterscheidendes Kriterium bis heute und für alle Zukunft.

Um Rom nicht zu kurz kommen zu lassen: Zur idealen Ordnung, die Cicero im Kern auch in einem Optimierungsmodell sieht, gehören für ihn *caritas* (Wohltätigkeit), *libertas* (Freiheit) sowie *consilium* (Weisheit der Beratung). Durch Cicero, den „Vater des römischen Humanismus"[6], begegnet uns auch im ersten Jahrhundert vor Christus schon der Begriff *dignitas humana*[7] (Menschenwürde), der wohl schon eine Vorgeschichte im Judentum (so ist in der Genesis vom Menschen als Bild Gottes die Rede) und bei den Stoikern hat. Im Christentum taucht er explizit im 4. Jahrhundert auf.[8] Für uns besitzt er vor allem hohe Aktualität und gewiss auch höhere Geltungskraft als in der älteren Zeit.

Eine Zwischenbilanz zeigt, dass in dieser frühen Zeit bereits das verfassungspolitische Denken um ein angemessenes Verhältnis von Mensch und Ordnung, um adäquate Etablierung von Herrschaft, ihre Begrenzung und Kontrolle kreiste. Was noch hervorzuheben ist: Es kreiste auch nicht nur um Stabilität der Verfassungskonstruktion, sondern auch um soziale Stabilität im weiteren Sinn. Eine Verfassung der Mitte und des Maßes ist im Kern eine des Mittelstandes, der die Differenzen der sozialen Schichten arm und reich ausbalanciert. Mit sozialstaatlichem Denken hat das noch nichts zu tun. Aber begrifflich hat es Strahlkraft, wenn etwa der Präsident des Bundesverfassungsgerichts 2016 eine Schrift zum Grundgesetz unter dem Titel „Die Verfassung der Mitte" vorlegt.[9] Geschichtlich hat der Gedanke sozial abgestützter Stabilität allerdings mehr und mehr erheb-

---

6 A.a.O., bes. S. 21–26 (24).

7 Marcus Tullius Cicero, *De officiis* I, 106.

8 Ambrosius von Mailand (339 bis 397), *De Dignitate Conditionis Humanae Libellus*, in: Jacques-Paul Migne (Hg.), Patrologia Latina, Bd. XVII, Paris 1845, Sp. 1015–1018.

9 Andreas Vosskuhle, *Die Verfassung der Mitte*, München 2016.

liche Bedeutung gewonnen – vom aufgeklärten Absolutismus, der sich um „die Privatglückseligkeit" seiner Untertanen kümmern wollte, bis zum Sozialstaatsgebot des Grundgesetzes.

Und der Beitrag des Christentums, dessen Denker durchaus auf den geschilderten Fundamenten stehen? Gleichwohl haben sie diese erheblich verändert. Platons Politik als göttliche Ordnung hatte Aristoteles schon überwunden. Er hatte die Hochschätzung der Politik verweltlicht – das Glück des Bürgers und Menschen ist irdisch. Christlich ist das bekanntlich nicht. Christlich ist eine Zweiweltenlehre, die das irdische dem jenseitigen Glück und Heil nachordnet, und auch zur Frühzeit schon das Prinzip bürgerlicher Selbstregierung nicht mehr versteht. Die einflussreiche Lehre des Thomas von Aquin hielt aber um des inneren Friedens und der Stabilität willen doch eine Beteiligung an der Wahl des Monarchen und der Gesetzgebung für wünschenswert. Und: Auch hier gibt es eine normative Ordnungsvorstellung von einer Gesellschaft der Freien und einer strikten Orientierung am Gemeinwohl. Denn König ist nur, „wer das Volk des Gemeinwohls wegen lenkt"[10] – im Sinne der Sicherung des philosophisch „guten Lebens", das alle Entfaltungsmöglichkeiten des Einzelnen umgreift – Entfaltungsmöglichkeiten, die durch das Gemeinwesen auch unterstützt werden sollen. Eudaimonie – und auch schon eine Vorform von Solidarität?

Der bedeutendste in die Moderne weisende Beitrag ist aber die dauerhafte Entgöttlichung von Staat und Politik, also die Auflösung der spätantiken Symbiose von Kaiser, Reich und Gottesverehrung.[11] Die Unterscheidung von geistlicher und weltlicher Gewalt kann als Keimzelle der späteren elaborierteren Gewaltenteilungskonzepte gesehen werden[12]; auch als Keim-

---

10 Ulrich Matz, Nachwort, in: Thomas von Aquin, *Über die Herrschaft der Fürsten*, hrsg. v. Friedrich Schreyvogel, Stuttgart 1971, S. 73–89 (82).

11 Hans Maier, *Welt unter Gott*, in: FAZ vom 21. Dezember 2015, S. 6. Umfassend sein Band *Christentum und Gegenwart*, Freiburg 2016.

12 Heinrich August Winkler, *Geschichte des Westens. Von den Anfängen in der Antike bis zum 20. Jahrhundert*, München 2009, S. 61.

zelle des modernen Staates, den Ernst-Wolfgang Böckenförde bekanntlich als eine Emanzipation von weltanschaulichen Deutungssystemen, als „säkulare Freiheitsordnung" definiert hat.[13] Neben diesem Ordnungsprinzip ist zum zweiten der Beitrag zur natürlichen vorstaatlichen Personwürde eines jeden, auch des Ausgestoßenen, Armen, Sklaven oder Sünders zu nennen[14] – ein wesentlicher Bruch mit der Antike und eine Voraussetzung für die Ableitung und Begründung moderner Individualrechte, mit denen sich die Kirche allzu lange schwer tat. Dabei ging sie doch von der Gottesebenbildlichkeit des Menschen aus, und leitete aus ihr die Würde der Person ab. Darin, dass diese Würde im modernen Staat allen Menschen gleichermaßen und unbedingt zu achten zukommt, sieht Jürgen Habermas eine „rettende Übersetzung" der „Gottesbildlichkeit" in die Aktualität.[15] Die Entgöttlichung der Welt, die Unverfügbarkeit der Personwürde, Gleichheit und Freiheit waren eigentlich Vorläufer der Aufklärung, mit der es nicht geringe Vereinbarkeiten gibt. Jedenfalls haben sie deren Intentionen gewiss nicht geschadet, auch wenn die Aussöhnung der Kirche mit ihr auf sich warten ließ und eine diesen Grundlagen angemessene Praxis auch.

Gleichwohl gibt es eine Gemeinsamkeit im Bekenntnis zu einem der politischen Ordnung vorausliegenden Recht, das dem Menschen grundsätzlich zukommt, gleich wie es in der abendländischen Geschichte begründet wurde und heute im Reflexionshorizont der Aufklärung zu verstehen ist, wie Böckenförde jüngst gesagt und sich damit nicht von seinem klassischen Diktum entfernt hat, dass der freiheitliche, säkularisierte Staat

---

13 Ernst-Wolfgang Böckenförde, *Der säkularisierte Staat. Sein Charakter, seine Rechtfertigung und seine Probleme im 21. Jahrhundert*, München 2007, S. 35.
14 Arnd Uhle, *Unser Lebenselixier. Ursprung und Zukunft des freiheitlichen Verfassungsstaats: Das Christentum*, in: FAZ vom 24. Dezember 2015, S. 7.
15 Jürgen Habermas, *Vorpolitische Grundlagen des demokratischen Rechtsstaats?*, in: Jürgen Habermas/Joseph Ratzinger, *Dialektik der Säkularisierung. Über Vernunft und Religion*. Freiburg i.Br. ⁴2005, S. 15–37.

von Voraussetzungen lebt, die er selbst nicht garantieren kann.[16] Was er damit aber meint, ist eine Aufforderung an das derart freigesetzte Individuum, sich dieser Voraussetzungen zu erinnern, in ihre Tradition zu treten und für ihren Erhalt einzusetzen – ein hoher Anspruch, der sich natürlich auch an die politischen Repräsentanten richtet.

Moderner Konstitutionalismus und deutscher Sonderweg

Der moderne, in den Revolutionen des 18. Jahrhunderts durchgesetzte Konstitutionalismus ist eine Kombination eines Grundrechtskatalogs mit einer gewaltenteiligen, machthemmenden Staatskonstruktion. Die Verfassung wird auf die Volkssouveränität zurückgeführt, diese selbst aber ethisch gebunden. Vorrang der Konstitution vor dem einfachen Gesetz, dessen Unterwerfung unter verfassungsgerichtliche Kontrolle im Sinne der Rückbindung an die Leitideen, die in der amerikanischen Unabhängigkeitserklärung vom 4. Juli 1776 als „selfevident" bezeichnet worden sind: dass nämlich „alle Menschen gleich geschaffen sind; dass sie von ihrem Schöpfer mit gewissen unveräußerlichen Rechten ausgestattet sind; dass dazu Leben, Freiheit und das Streben nach Glück gehören; dass zur Sicherung dieser Rechte Regierungen unter den Menschen eingesetzt werden, die ihre rechtmäßige Macht aus der Zustimmung der Regierten herleiten". Damit knüpfte auch der moderne Konstitutionalismus an die Herrschaft unveräußerlicher (aus der Natur oder aus der Gottesebenbildlichkeit begründeter) Rechte des Einzelnen an, denen eben vorpolitische und vorstaatliche Geltung zukam. Die Verfassung schafft sie nicht, sie hat sie zu gewährleisten. Ähnlich wie die (amerikanische) Bill of Rights von 1791 untersagt das

---

16 Ernst-Wolfgang Böckenförde, *Die Entstehung des Staates als Vorgang der Säkularisation*, urspr. 1967, jetzt in: *Der säkularisierte Staat – sein Charakter, seine Rechtfertigung und seine Probleme im 21. Jahrhundert*, München 2007, S. 43–72 (71).

Grundgesetz von 1949 dem Gesetzgeber, in den Kern, in den Wesensgehalt von Grundrechten einzugreifen, die das menschliche Individuum und sein Selbstentfaltungsrecht schützen. Ebenso wenig darf er die grundlegenden Verfassungsprinzipien zur Disposition stellen.

Das klingt so selbstverständlich, ist es aber nicht. Es ist eher nachgeholt. Denn anders als in den westlichen Demokratien stand an der Wiege des Konstitutionalismus in Deutschland nicht die demokratische Revolution. Die demokratische Bewegung des 19. Jahrhunderts vermochte noch nicht einmal an genossenschaftliche, mit Vorsicht vielleicht als altdemokratisch zu bezeichnende Traditionen anzuknüpfen; denn dazwischen lag der moderne Verwaltungs- und Obrigkeitsstaat.[17] So entsteht die konstitutionelle Monarchie aus einer monarchischen Reform, die nicht nur vom Willen, sondern auch von der realen Macht der alten Gewalten zur Selbstbehauptung ihre prägenden und bis an die Schwelle der Weimarer Republik reichenden Züge erhielt. Auch wenn die kryptoabsolutistische Qualität mehr und mehr zurücktrat, erscheint es euphemistisch, das Ergebnis der Auseinandersetzung zwischen dem monarchischen und dem demokratischen Prinzip, die die Verfassungsgeschichte des 19. Jahrhunderts prägte, als Kompromiss zu charakterisieren. In Wahrheit verblieb die Macht, so wie es das monarchische Prinzip verlangte, durch ein abgestuftes System rechtlicher und existentieller Vorbehalte abgesichert, in der Hand des „Souveräns" vereinigt. Dieser konnte sich im Notfall stets auf die Staatsgewalt „zurückziehen".

Ob eine Konstitution, die sich als Selbstbindung originärer Souveränität verstand, diese Staatsgewalt im Zweifelsfalle wirklich zu binden vermochte, war in der Tat, wie Ferdinand Lassalle unter dem Eindruck des preußischen Verfassungskonflikts

17 Dazu Hans Maier, *Probleme einer demokratischen Tradition in Deutschland*, in: Ders., *Politische Wissenschaft in Deutschland*, München 1969, S. 172–197.

scharf erkannte, eine Machtfrage.[18] Dem monarchischen Konstitutionalismus erschien es opportun, wenigstens jene soziale Schicht, die ihm als beachtenswert galt, durch Beteiligung an Teilbereichen staatlicher Machtentfaltung – insbesondere der Gesetzgebung – in den Staat zu integrieren, ohne Macht und Leitungsfunktion wirklich mit ihr zu teilen. An der konkreten Macht zerschellte das naturrechtliche Pathos der demokratisch-konstitutionellen Bewegung. So entstand keine Verfassung, die den Staat insgesamt umschloss und nach den uns heute geläufigen politischen und ethischen Maßstäben formte. Der reale Konstitutionalismus in Deutschland, ausdrücklich als monarchischer deklariert, bewegte sich funktionell und soziologisch auf beengtem Terrain. In der Tat ein Sonderweg.

Erst mit der von außen erzwungenen Parlamentarisierung im Herbst 1918 dankte das monarchische Prinzip als verfassungsleitende Idee endgültig ab – kampflos und verspätet. Gleichsam in die Lücke tritt nun mit dem Verfassungswerk von Weimar Volkssouveränität als Legitimationsprinzip – ein fast glanzloses Ende einer intensiven historischen Auseinandersetzung. Diese Verfassung stellt zum ersten Mal auf deutschem Boden den Versuch dar, eine „Gesamtentscheidung über Art und Form der politischen Einheit und Ordnung"[19] verfassungsgesetzlich festzuhalten und dadurch eine alte Forderung des Konstitutionalismus einzulösen: den Staat der Verfassung zu unterwerfen.[20] Wenn die Macht der Verfassung gilt, sind Verfassungsfragen nicht mehr Machtfragen, sondern Rechtsfragen. Die Zeitgebundenheit der Analyse Lassalles wird hier offenbar. Die Macht der Verfassung galt aber damals nicht, auch weil sie die klassischen Funktionen nicht erfüllte: nämlich durchsetzungsstarke, allgemein geteilte normative Orientierung der Bürger und Etablierung einer funktionsfähigen Ordnung des Staates.

---

18 Ferdinand Lassalle, *Gesammelte Reden und Schriften*, Bd. 2, Berlin 1919, S. 25 ff.

19 Carl Schmitt, *Verfassungslehre*, München/Leipzig 1928, S. 11.

20 Carl Joachim Friedrich, *Der Verfassungsstaat der Neuzeit*, Berlin 1953, S. 26.

Zumal den Grundrechten kam keine unausweichlich gestaltende Kraft zu.

„Kopernikanische Wende" zur wertgebundenen Ordnung

Die „kopernikanische Wende"[21] geschieht 1949 mit der Konstruktion einer wertgebundenen Ordnung. Dieser Schritt bedingte eine für deutsche Traditionen entschieden neue Definition des Verhältnisses von Staat und Bürgern, das nun nicht mehr von der Priorität des Staates und der Gemeinschaft, sondern von der Freiheit und den unveräußerlichen, vorstaatlichen Rechten des Individuums her bestimmt wurde. Die einen leiteten den Vorrang der Person vor dem Staat aus dem christlichen Naturrecht her. Andere kamen aus humanistischen oder rationalen Traditionen zu den gleichen Schlussfolgerungen. In einem der diskutierten richtungsweisenden Texte hieß es: „Die Würde des Menschen ruht auf ewigen, einem Jeden von Natur aus eigenen Rechten."[22] Deshalb sollte den Grundrechten nun unmittelbare rechtliche Bindungskraft zukommen und eine wertgebundene Ordnung geschaffen werden: eine Antwort auf die Vernichtung aller Werte durch den Nationalsozialismus, aber auch eine auf den Wertrelativismus der Weimarer Verfassung.

Diese historische Antwort sicherte beide, Freiheit und humanitätsstiftende Werte, umfassend. Das Ergebnis war eine überraschend deutliche Wiederherstellung des naturrechtlichen wie auch des freiheitlich-individualistischen Gehalts der Grundrechte, welche Staat und Politik strukturieren sollten. Demgemäß liegt die Würde des Menschen aller staatlichen Rechtsschöpfung voraus: Das macht die Wertbindung unseres politi-

---

21 Klaus Stern, *Das Staatsrecht der Bundesrepublik Deutschland: Grundbegriffe und Grundlagen des Staatsrechts, Strukturprinzipien der Verfassung*, München 1997, S. 468.
22 Zit. von Christian Hillgruber, *Grundgesetz und Naturrecht*, in: Internationale katholische Zeitschrift Communio, 39. Jg. 2010, S. 167–177 (168).

schen Systems aus. Die Grundrechte begrenzen darüber hinaus die Staatsgewalt: Das ist die Basis der freiheitlichen Qualität unseres Gemeinwesens. Also besitzen wir eine inhaltliche Bestimmung der beiden klassischen, seit Aristoteles bekannten Verfassungsfunktionen. Dies war nun allgemeiner Konsens bei den Verfassungsberatungen: Eine wertgebundene Ordnung, die bewusst ethische Maximen in sich aufnimmt und vorstaatliche, also unverlierbar und unentziehbar zustehende Rechte ausdrücklich anerkennt. Dabei gab es keinen Gegensatz zwischen naturrechtlichen und pragmatischen Annäherungen. Für die als unabdingbar begriffene Achtung der Menschenwürde und der Freiheitsrechte war vielmehr die Erkenntnis maßgebend, dass sie dem Staat vorausliegen, er sie keineswegs erst schafft: Naturrecht also.

Diese Motive waren im Parlamentarischen Rat lediglich, je nach politischem Standort, neothomistisch oder rational begründet: also entweder als „von Gott gegebene"[23] und angeborene oder als naturgegebene und unveräußerliche Rechte der Person. Ein explizites Bekenntnis zum christlichen Naturrecht ließ sich zwar nicht durchsetzen. Doch die Idee von Rechten, die dem Menschen inhärent sind, konnte auch von einer aufklärerisch-säkularen Position vertreten werden. So bestand in der Hauptsache eine tragfähige gemeinsame Basis.

Darin liegt eine Umkehrung der Tradition. Nicht die Staatsordnung, sondern die Würde und Freiheit des Einzelnen – und damit bestimmte Werte – sind zum Maßstab gewählt und bewusst (auch in formaler Hinsicht) an die Spitze der Verfassungsordnung gestellt worden. Die totalitäre Erfahrung staatlicher Durchdringung und Erfassung aller gesellschaftlichen Bereiche führte zur betonten Einrichtung einer vor Staatseingriffen ge-

---

23 Dieser Formulierungsvorschlag wurde im Hauptausschuss des Parlamentarischen Rates mit denkbar knapper Mehrheit (11 zu 10 Stimmen) abgelehnt. In dieser knappen „Niederlage" (die in der Sache keine war) spiegelt sich der damals erhebliche Einfluss christlicher Tradition.

schützten Individualsphäre und zur Formulierung der primären Staatsaufgabe, die Menschenwürde zu achten und zu schützen. Die Mitglieder des Parlamentarischen Rates konnten sich dazu nicht nur durch die Vergangenheit (und die gleichzeitig heraufziehende totalitäre Gegenwart im anderen Teil Deutschlands), sondern auch durch die internationale Entwicklung legitimiert sehen; denn in die Zeit ihrer Beratungen fiel die Proklamation der Menschenrechtserklärung der Vereinten Nationen, die zwar weltweit unterzeichnet, aber kaum irgendwo so konsequent verwirklicht worden ist wie in der Bundesrepublik.

All das hat erhebliche Bedeutung in der Praxis gewonnen. Denn Theorie und Rechtsprechung haben die Persönlichkeitsrechte weit ausgedehnt und damit auf neue Fragen klassische Antworten gefunden. Besonders die Rechtsprechung über die Würde des Menschen, die freie Entfaltung der Persönlichkeit, die Freiheit der Meinungsäußerung und den Schutz des Eigentums war bemüht, den unantastbaren Bereich menschlicher Freiheit abzusichern. Das gilt besonders auch für neue Herausforderungen durch den technisch-wissenschaftlichen Fortschritt, denen der Mensch nicht schutzlos ausgeliefert sein soll. Jedenfalls hat das Bundesverfassungsgericht in den achtziger Jahren aus dem allgemeinen Persönlichkeitsrecht in einem bemerkenswerten Gedankengang das Recht auf „informationelle Selbstbestimmung" abgeleitet. 2008 hat es in Abwägung von Freiheit und Sicherheit auch zum „Computer-Grundrecht" gefunden.

Zur Aktualität wertgebundener Ordnung

Die Orientierung politischen Handelns ist damit klar. Ist sie es wirklich? Sehen wir uns in Europa um, bestehen noch am wenigsten Probleme in der Konstruktion der Staatsordnungen, der politischen Systeme. Die Praxis zeigt uns aber durchaus Funktionsdefizite und in dem einen oder anderen Fall auch die Tendenz, die Verfassungsordnung machtpolitisch-opportunistisch zur Disposition zu stellen und ihren Geltungsanspruch zu untergraben, sogar in empfindlichen Bereichen wie Rechtsstaatlichkeit und Kommunikationsfreiheit. Auch normativ gibt es zweifellos Prozesse des Wertewandels, welche selbst die vorpositiven Fundamente des Rechts tangieren. Hillgruber diagnostiziert begleitend zur Stabilisierung der Rechtsordnung seit den 1960er Jahren das Verschwinden des Naturrechts. Es verschwinde „hinter dem Vorhang des positiven Rechts"[24]. Ist es so, heißt es nichts anderes, als dass es seine strukturierende Kraft zu verlieren droht. Es wäre jedenfalls so, wenn der Staat der aus hohen politischen Ämtern geäußerten These verfiele, nicht zurückholen zu können, was in der Gesellschaft an Wertbewusstsein verfallen sei, und wenn er diese Aufgabe an die moralischen Instanzen, die Kirchen z.B., delegierte.[25] Der Staat als „sittlicher Staat"[26] würde dadurch verkannt – als ob Amtsinhaber nicht die Pflicht hätten, ihren Beitrag zur Bewahrung des Verfassungskonsenses zu leisten.

Auch bestehen in Europa durchaus unterschiedliche normative Sensibilitäten in ziemlich empfindlichen Bereichen. Der wissenschaftliche Fortschritt hat, weit jenseits des Rechts auf informationelle Selbstbestimmung, herausfordernde humanitäre Fragen auf die Agenda der Öffentlichkeit und der Institutionen gehoben, etwa zur Erhaltung, Herstellbarkeit und Zerstörung menschlichen Lebens. Wo liegt die Orientierung? Liegt sie in der Preisgabe der vorstaatlichen Begründung des Würdeschutzes? Sie wäre eine Durchbrechung des Grundgesetzes. Eine

---

24 Andreas Hillgruber, *Grundgesetz und Naturrecht*, S. 173.

25 So Helmut Schmidt, *Ethos und Recht in Staat und Gesellschaft*, in: Günter Gorschenek (Hg.), Grundwerte in Staat und Gesellschaft, München 1977, S. 13–28. Dieser Band dokumentiert eine der wichtigsten Diskussionen über Grundwerte in der Geschichte der BRD, vielfältig und auf hohem Niveau, das man sich zurückwünscht. Schmidts Position blieb nicht unwidersprochen. Sie scheint ihm auch persönlichkeitsfremd.

26 Ernst-Wolfgang Böckenförde, *Der Staat als sittlicher Staat*, Berlin 1978. Eine bewusste Gegenposition, da Böckenförde als Ghostwriter Schmidts vermutet worden war.

neuere Interpretation des Art. 1 GG in einem der führenden Kommentare weist dieser naturrechtlichen Begründung nur noch Suggestivkraft, aber keine Gestaltungsrelevanz mehr zu. Sie erlaubt auch – bisher ein Tabu – die Würde des einen gegen die des anderen abzuwägen. Damit wird auch der Anspruch auf unbedingte Achtung hinfällig. Dieser prominente Kommentar[27] unterwirft die Menschenwürde positivem Recht und damit potentiell auch dem Zeitgeist, ganz im Gegensatz zu seinem Vorläufer im gleichen Werk, der vom Geist der naturrechtlichen Wiederbesinnung der Gründerzeit getragen war. Widerspruch aus der Rechtswissenschaft wie von einem Kreis evangelischer und katholischer Sozialethiker blieb nicht aus.[28]

Andererseits führten diese Herausforderungen aber auch zu einer Wiederbelebung des Normativen und sogar des Religiösen als Orientierungsgröße im öffentlichen Diskurs. Der Agnostiker Jürgen Habermas schreibt dazu: "Religiöse Überlieferungen leisten bis heute die Artikulation eines Bewusstseins von dem, was fehlt. Sie halten die Sensibilität für Versagtes wach. Sie bewahren die Dimensionen unseres persönlichen und gesellschaftlichen Zusammenlebens, in denen noch die Fortschritte der kulturellen und gesellschaftlichen Rationalisierung abgründige Zerstörung angerichtet haben, vor dem Vergessen."[29] Nicht Missionierung ist natürlich das Ziel solcher Bemerkungen, sondern eine Partnerschaft in der Verteidigung ethischer Positionen, um Resonanz für sie in der Gesellschaft und im politischen Entscheidungsprozess zu gewinnen. Dies geht schon über die Verfassung hinaus und zielt auf eine Praxis, die ihren Wertvorgaben entspricht.

Es geht um eine Ordnung „in Verantwortung vor Gott und den Menschen". Man kann sie so pragmatisch begründen und

27 Matthias Herdegen, Kommentar zu Art. 1 Abs. 1 GG in: Theodor Maunz/ Günter Dürig/Roman Herzog (Hg.), *Kommentar zum Grundgesetz*, München 2003.
28 Bernhard Vogel (Hg.), *Im Zentrum: Menschenwürde. Politisches Handeln aus christlicher Verantwortung. Christliche Ethik als Orientierungshilfe*, Bonn 2006.
29 Jürgen Habermas, *Zwischen Naturalismus und Religion*, Frankfurt a.M. 2005, S. 13.

verteidigen, wie es 1949 geschehen ist und zuvor schon in einigen Länderverfassungen. Eine Nennung Gottes (*nominatio dei*) geschah auch später noch, z. B. nach der deutschen Vereinigung in Sachsen-Anhalt und Thüringen. In Niedersachsen sammelten Juden und Christen 1994 100.000 Unterschriften für die Aufnahme eines Gottesbezuges in die Verfassung – mit Erfolg. In Schleswig-Holstein erzielte eine bemerkenswerte überparteiliche Initiative 2016 eine Mehrheit im Landtag – aber nicht das notwendige Quorum von zwei Dritteln der Stimmen. Einige Verfassungen in Europa tun sogar den nächsten Schritt zur *invocatio dei* und stellen sich ausdrücklich unter den Namen Gottes, obgleich der sittliche Konsens, der dadurch untermauert werden soll, „seit Beginn der Neuzeit nicht mehr allein oder unangefochten aus Gott hergeleitet wird", wie di Fabio feststellt und im Gottesbezug eine Demuts- und Reflexionsformel angesichts menschlicher Hybris, Irrtumsanfälligkeit und Unvollkommenheit sieht.[30] Auch wenn in der Gesellschaft Gott verblasst, gilt es zu begründen und zu verteidigen, dass die Menschenwürde nicht als gesellschaftliche Konvention in der Verfassung gründet, sondern ihr voraus liegt. Die Argumentationsstärke jener ist gefragt, die das ethische, rechtliche und politische Eintreten für sie als das Wertvollste des jüdischen, griechischen und christlichen Ethos und als dauerhafte Pflicht erkannt haben.

Die Einsicht in menschliche Veränderungen ist wohl auch die Begründung für solch eine *nominatio* oder sogar *invocatio dei* in der säkularen Jetztzeit. Selbst im unvollendeten Europäischen Verfassungsprojekt fanden intensive Diskussionen dazu statt. Wenn sie auch scheiterten, sind sie doch bemerkenswert. Gleichwohl scheint dieser Gott der Verfassungen für viele nicht der gleiche wie der Gott der Theologie und des Glaubens zu sein, sondern eine Art numinoses limitatives Prinzip gegen die eben

---

30 Udo di Fabio, *Gottesbezug*, in: Staatslexikon Bd.2, [8]2018, Sp. 1407–1411 (1409). Siehe auch Hans Maier, *Gottesformeln. Zum Streit um den Namen Gottes in Verfassungen und Verträgen*, in: Ders., Christentum und Gegenwart, a.a.O., S. 96–101.

apostrophierte menschliche Hybris. Darin lässt sich erneut eine Erinnerung an die Konsensfindung – „in Verantwortung vor Gott und den Menschen" – 1949 sehen, vor allem aber an die Pluralität in den europäischen Gesellschaften, die als Konsequenz individueller Freiheit selbst ein Ausfluss der Menschenwürde ist.

Eine dieser Pluralität angemessene Lösung bietet wohl die polnische Präambel von 1997. Sie apostrophiert diejenigen, „die an Gott als die Quelle des Wahren, Gerechten, Guten und Schönen glauben", wie auch die anderen, „die diesen Glauben nicht teilen, aber universelle Werte respektieren, die aus anderen Quellen kommen". Diese Formulierung ist ehrlich. Sie passt zum pluralistischen Zustand des heutigen Europa und macht ihn zugleich nicht orientierungslos.

Wilfried Härle

„Die Würde des Menschen ist unantastbar"
Imago Dei und Rechtsstaat

1. Zeitgeschichtliche Annäherung an das Thema

„Die Würde des Menschen ist unantastbar. Sie zu achten und zu schützen ist Verpflichtung aller staatlichen Gewalt."[1] Ein halbes Jahrhundert lang galten diese beiden ersten Sätze des Artikels 1 des Grundgesetzes in der Bundesrepublik so gut wie unbestritten. Sie waren – und sind – nicht nur die Grundlage unserer Verfassung, sondern werden weithin auch als Norm des gesellschaftlichen Zusammenlebens verstanden, in Anspruch genommen und – zumindest theoretisch – respektiert. Dass die Achtung und der Schutz der Menschenwürde in unserem Staat und unserer Gesellschaft einen so hohen Rang bekommen konnten, war auch bedingt durch die verheerenden Erfahrungen aus der Zeit des Nationalsozialismus.[2] Besonders deutlich und eindrücklich formulierte die Verfassung des Freistaates Bayern vom

---

[1] Grundgesetz Art. 1 (1). Satz 1 bildet seit dem 01.01.2009 auch wortwörtlich den ersten Artikel der Charta der Grundrechte der Europäischen Union und hat damit europaweit einen hohen Rang erhalten, wenn auch nicht überall den einer Verfassungsnorm. Satz 2 unseres Grundgesetzes: „Sie zu achten und zu schützen ist Verpflichtung aller staatlichen Gewalt" ist hingegen nur in folgender modifizierter Form in die Charta der Europäischen Grundrechte aufgenommen worden: „Sie ist zu achten und zu schützen." (Europa-Recht, hg. von C. D. Classen, München [17]2001, S. 255). Auf diese Differenz werde ich unten in Abschn. 5.1 eingehen.

[2] Dass dies nicht nur für Deutschland sondern weltweit gilt, zeigt sich schon im Jahr 1948 an der Präambel und am Art. 1 der Allgemeinen Erklärung der Menschenrechte, deren erster Satz lautet: „Alle Menschen sind frei und gleich an Würde und Rechten geboren."; siehe: *Menschenrechte. Ihr internationaler Schutz*, hg. von Bruno Simma und Ulrich Fastenrath, München [4]1998, S. 6.

2. Dezember 1946 in ihrer Präambel diesen Zusammenhang:

> Angesichts des Trümmerfeldes, zu dem eine Staats- und Gesellschafts-
> ordnung ohne Gott, ohne Gewissen und ohne Achtung vor der Würde
> des Menschen die Überlebenden des zweiten Weltkrieges geführt hat,
> in dem festen Entschlusse, den kommenden deutschen Geschlechtern
> die Segnungen des Friedens, der Menschlichkeit und des Rechtes dau-
> ernd zu sichern, gibt sich das Bayerische Volk [...] nachstehende de-
> mokratische Verfassung.[3]

In dieser Präambel ist die Achtung der Menschenwürde zwar
noch kein *Rechts*satz der Verfassung, sondern „nur" eine Begründung für ihren Inhalt und ihr Ziel, aber damit wird der Art. 1 (1)
des Grundgesetzes jedenfalls vorbereitet.

Als ich mich 1999 zum ersten Mal öffentlich zum Thema
„Menschenwürde" äußerte,[4] hatte ich den Eindruck, es gebe in
unserer Gesellschaft im Blick auf das Thema „Menschenwürde"
einen weitgehenden Konsens, der genau besehen *zwei* Elemente
umfasse: einerseits das – geradezu emphatische – Bekenntnis
zur *Unantastbarkeit* der Menschenwürde als rechtliches und ethi-
sches Fundament unserer Gesellschaft; andererseits die Überzeugung, dass es für dieses Grundprinzip jedenfalls unter den
pluralistischen Gegenwartsbedingungen unserer Gesellschaft

---

3 *Verfassungen der deutschen Bundesländer*, hg. von Christian Pestalozza, München ⁵1995, S. 134. Einen Tag zuvor, also am 1. Dezember 1946, wurde als Art.
3 der Hessischen Verfassung beschlossen: „Leben und Gesundheit, Ehre und
Würde des Menschen sind unantastbar." (a.a.O., S. 352). Durch die Zusammen-
stellung von Würde mit Leben und Gesundheit, die beide angetastet werden
können, wird „unantastbar" hier offenbar nicht im ontologischen Sinn des
Nicht-*Könnens*, sondern nur im deontologischen Sinn des Nicht-*Dürfens* verstanden. Das unterscheidet den Art. 3 der Hessischen Landesverfassung und
den Art. 1 (1) des Grundgesetzes voneinander – ob bewusst oder unbewusst,
lasse ich hier offen.

4 In einem Vortrag auf dem Europäischen Theologenkongress in Wien mit
dem Titel: *Der Mensch Gottes. Die öffentliche Orientierungsleistung des christlichen
Menschenverständnisses*, in: *Menschenbild und Menschenwürde*, hg. von Eilert Herms,
Gütersloh 2001, S. 529–543.

nicht nur *eine* Begründung gebe, was entweder heißen kann: Es
gibt *mehrere* miteinander konkurrierende oder einander ergän-
zende Begründungen für sie, z.B. mit der Gottebenbildlichkeit
des Menschen oder mit der Vernunftnatur des Menschen, oder
es gibt für sie *gar keine* Begründung.[5] Zwar lag bereits seit dem
Jahr 1998 das Buch von Franz Josef Wetz „Die Würde der Menschen ist antastbar – Eine Provokation" vor und auch die einschlägigen Arbeiten von Peter Singer und Norbert Hoerster exis-
tierten bereits und wurden von mir damals erwähnt, aber es
konnte zu diesem Zeitpunkt noch so scheinen, als seien dies –
jedenfalls für unseren kulturellen Raum – lediglich schlecht begründete Einzelstimmen und Außenseiterpositionen, die insbesondere in der seriösen juristischen und ethischen Diskussion
keine Resonanz finden würden.

Das änderte sich jedoch schon bald danach – vor allem durch
die Neukommentierung von Art. 1 GG durch Matthias Herdegen[6] – so, dass Ernst-Wolfgang Böckenförde am 3. September
2003 in der FAZ titeln konnte: „Die Würde des Menschen war
unantastbar – Abschied von den Verfassungsvätern – Die Neukommentierung von Art. 1 des Grundgesetzes markiert einen
Epochenbruch".[7] Eine so dramatische Wende, wie sie Böcken-
fördes Rede vom „Epochenbruch" – m.E. zu Recht – zum Aus-

---

5 Als Begründung für diese letztgenannte Auffassung wurde gerne (aber etwas vorschnell) eine Aussage von Bundespräsident Theodor Heuß (aus dem
Jahrbuch für öffentliches Recht, n. F. 1/1951, S. 49) herangezogen, in der er die
Grundgesetzaussage über Menschenwürde als „nicht-interpretierte These" bezeichnete. Aber eine nicht-interpretierte These ist weder eine nicht-*begründete*
noch eine nicht-interpretier*bare* These. Das wurde nicht immer beachtet.

6 Matthias Herdegen, *Grundgesetz. Kommentar*, München 2003, Neuanpassung
2005 und 2006.

7 Man darf allerdings davon ausgehen, dass der Titel dieses Beitrags lediglich
dem Bemühen um eine journalistische Pointe geschuldet ist und nicht etwa
besagt, dass Böckenförde selbst auf Grund der Interpretation von Herdegen
seine Überzeugung von der Unantastbarkeit der Menschenwürde – im ontologischen Sinne – resignierend preisgegeben hätte.

druck bringt, hatte ich an der Millenniumsgrenze nicht erwartet. Auch deshalb habe ich mich seitdem immer wieder mit dem Thema „Menschenwürde" beschäftigt.[8] Daran schließt sich nun mit diesem Text die Beschäftigung mit dem Thema „Menschenwürde" unter den Leitbegriffen „Imago Dei" und „Rechtsstaat" an, die in der Entgegensetzung von „Menschenwürde" und „Willkür" ihre inhaltliche Pointe hat.

Zum genaueren Verständnis dessen, was mit Menschenwürde und Imago Dei gemeint ist, will ich jedoch zunächst (in Abschn. 2) die biblische und theologische Rede von der *Gottebenbildlichkeit (imago Dei)* als eine Vorläuferin des Konzepts der Menschenwürde skizzieren und sodann (in Abschn. 3) auf zwei begriffliche Unterscheidungen zurückgreifen, die in der Geschichte des Menschenwürde-Diskurses und der Anthropologie eine grundlegende Rolle gespielt haben.

2. Imago Dei als Vorläuferin der Menschenwürde

Das alttestamentliche Judentum hat die Einsicht, dass es eine allen Menschen gleichermaßen verliehene Auszeichnung des Menschen gibt, ohne Verwendung der Begriffe „Würde" oder „Menschenwürde" schon Jahrhunderte früher mit Hilfe der Begriffe *„Bild Gottes"* (Gen 1,26f.; 5,1 und 9,6) sowie *„Ehre und Herrlichkeit"* (Ps 8,6) zum Ausdruck gebracht. Das Christentum ist darin dem Judentum gefolgt. Worin besteht diese „Gottebenbildlichkeit" nach biblischem Verständnis, die ihn von den anderen Geschöpfen unterscheidet?

Die Erschaffung des Menschen *zum Bild Gottes* ist in der priesterschriftlichen Schöpfungserzählung (Gen 1,1–2,4a) das Neue, das von keinem anderen Geschöpf ausgesagt wird. D.h.,

---

[8] Meine beiden wichtigsten Veröffentlichungen dazu sind: *Würde. Groß vom Menschen denken*, München 2010, sowie: *Ethik*, Berlin/Boston (2011) [2]2018, S. 217–245.

der Mensch wird von seiner schöpfungsmäßigen Bestimmung her in einer bestimmten, ausgezeichneten *Beziehung zu Gott* gesehen. Diese Beziehung wird ausgedrückt durch die beiden hebräischen Begriffe „zelem" und „d'mut" (griechisch: „εἰκών" und „ὁμοίωμα"; lateinisch: „imago" und „similitudo").[9] Zwar bezeichnet „zelem" *eher* das Standbild oder die Statue mit Bildcharakter, während „d'mut" *eher* das Bild im Sinne des Vergleichbaren und Ähnlichen meint, aber dabei handelt es sich nicht um zwei selbständige Teile oder Elemente, sondern um wechselseitige Näherbestimmungen. Luthers Übersetzung: „ein Bild, das uns gleich sei" (Gen 1,26) bringt das gut zum Ausdruck.

Entscheidend ist: Es ist nicht *etwas* am Menschen, das ihn zu einem Bild Gottes macht – sei es die körperliche Gestalt, der aufrechte Gang, die Sprache, die Vernunftbegabung, die Ansprechbarkeit, die Zweigeschlechtlichkeit oder der Herrschaftsauftrag –, sondern gemeint ist *die Existenz im Gegenüber und in Relation zu Gott insgesamt*, die seine Erschaffung und Bestimmung zum Bild Gottes ausmacht – fast „auf gleicher Augenhöhe" mit Gott. Zu ihr ist der Mensch bestimmt. Diese Bestimmung ist mit dem Dasein des Menschen gegeben, und der Mensch entspricht ihr dann, wenn er in *Gerechtigkeit*, d.h. in Bundestreue Gott und seinen Mitgeschöpfen gegenüber lebt. Er kann diese Bestimmung zwar verleugnen und ihr widersprechen, aber er verliert diese Bestimmung auch dadurch – also durch die Sünde – nicht (siehe Gen 9,6). Im Zusammenhang mit der Gottebenbildlichkeit ist im Alten Testament von Anfang an von der Beauftragung

---

9 Zur Auslegungsgeschichte von Gen 1,26f. siehe C. Westermann, Genesis I, Kapitel 1–11, Neukirchen-Vluyn 1974, S. 203–222. Seit Irenäus von Lyon hat man immer wieder gemeint, damit würden zwei unterscheidbare Sachverhalte ausgesagt, nämlich einerseits die (bleibende) geschöpfliche Ausstattung des Menschen mit Vernunft und Willen, andererseits die (durch die Sünde verlorene) Entsprechung des Menschen zu Gottes Willen im Zustand der ursprünglichen Vollkommenheit (*in statu integritatis*). Nach einhelliger exegetischer Überzeugung ist eine solche *Unterscheidung* aber von den Begriffen und von den Regeln der hebräischen Sprache (*Parallelismus membrorum*) her nicht gerechtfertigt.

des Menschen zur (königlichen, fürsorglichen) Herrschaft des Menschen über die Tiere[10] die Rede (neben Gen 1,26 und 28; 9,1f. auch Psalm 8,7–9). Dieser Herrschaftsauftrag über die *Tierwelt* ist zwar nicht *identisch* mit der Gottebenbildlichkeit des Menschen als Relation zu *Gott*, aber er *folgt* aus ihr und zeigt, dass der Mensch im Blick auf die Gestaltung und Verwaltung der Erde zum verantwortlichen *Stellvertreter Gottes* bestimmt ist.

Hätte das nicht eine Revolution im Fühlen, Denken, Wollen und Handeln auslösen müssen, als in der antiken Gesellschaft, die vom grundlegenden Wertunterschied zwischen Männern und Frauen, Freien und Sklaven, Einheimischen und Fremden geprägt war, die Einsicht aufblitzte, dass *jeder Mensch als Mensch* gleiche Würde besitzt, und dass diese Würde unantastbar ist? Dass diese Einsicht faktisch erst nach vielen Jahrhunderten tatsächlich in ihrer Bedeutung für *alle* Menschen erkannt wurde und Schritt für Schritt zur Wirkung kam, hängt entscheidend damit zusammen, dass fast immer und fast überall nicht *alle* Mitglieder der Menschenfamilie im vollen Sinne als *Menschen* anerkannt, sondern teilweise als „Untermenschen", „seelenlose Kreaturen", „Tiere" oder „Ungeziefer" verstanden und abqualifiziert wurden. Davon waren (und sind) vor allem Frauen und Kinder, fremde Völker und Rassen, niedere gesellschaftliche Schichten und die Anhänger anderer Religionen betroffen.

Im Unterschied zu den Begriffen „Ehre" („chabod"; griech. „δόξα"), „Herrlichkeit" und „Würde" („hadar" und „set"; griech. „τιμή") – kommt zwar der *Begriff* „*Menschen*würde" in der Bibel nicht vor, aber die biblischen Aussagen über die besondere Stellung des Menschen in Relation zu Gott sowie im Verhältnis zu den anderen Geschöpfen und zu sich selbst, die seine Ehre, Herrlichkeit und Würde ausmachen, werden durch die Rede von

---

10 Siehe dazu Bernd Janowski, *Herrschaft über die Tiere*, in: Biblische Theologie und gesellschaftlicher Wandel, hg. Georg Braulik, W. Groß, S. McEvenue, Freiburg/Basel/Wien 1993, S. 192f., sowie neuerdings vom selben Autor *Anthropologie des Alten Testaments*, Tübingen 2019, S. 407–415.

einer allen Menschen unterschiedslos eignenden *dignitas humana* in der späteren lateinischen Sprache zutreffend erfasst und zur Geltung gebracht. Daher war und ist es ganz angemessen, dass das Christentum – spätestens seit Ambrosius von Mailand[11] – dafür dann auch den *Begriff* „Menschenwürde" (*dignitas conditionis humanae*) verwendet. Dass der Mensch diese ihm verliehene Bestimmung zur Gottebenbildlichkeit und Würde *nicht verlieren* (ihr aber widersprechen, sie ignorieren und sich ihr verweigern) kann, ist nicht Ausdruck einer Idealisierung des Menschen, sondern ist verbunden mit dem Wissen um seine Versuchlichkeit, Fehlbarkeit und Entfremdung. An beides, an die faktische Entfremdung und an die bleibende Bestimmung, erinnern nicht nur die biblischen Aussagen über die Gottebenbildlichkeit des Menschen *nach* dem „Fall" (Gen 9,6 und Jak 3,9), sondern vor allem die neutestamentlichen Aussagen über *Jesus Christus* als das Ebenbild Gottes, in dem die ursprüngliche Bestimmung des Menschen *verwirklicht* ist, und zwar so, dass dies zugleich allen anderen Menschen zugutekommt.[12]

Neben der Ehre, Herrlichkeit und Gottebenbildlichkeit, die allen Menschen *gleichermaßen* von Gott verliehen ist, kennt die biblische Überlieferung des Alten und Neuen Testaments auch *unterscheidende* Formen von Ehre („chabod") und Würde („set"), die Menschen aufgrund ihrer Stellung, ihres Geschlechts, ihres Alters oder ihrer Leistung zukommen. So wird in der Bibel zum Beispiel mit Blick auf Vater und Mutter (Ex 20,12 u.ö.), die Älteren oder Alten (Gen 49,3; Lev 19,32 u.ö.), Könige (1Petr 2,17), die Angehörigen des weiblichen Geschlechts (1Petr 3,7), die Ältesten in den Gemeinden (1Tim 5,17), die Hohenpriester (Hebr 5,4) dazu aufgefordert, ihre Würde anzuerkennen bzw. ihnen die Ehre zu geben, die ihnen speziell zusteht. Damit ist eine Unterscheidung

---

11 Ambrosius von Mailand, *De dignitate conditionis humanae*, in: Migne, Patrologia Latina, Bd. 17, Sp. 1105–1110.

12 Siehe dazu 2Kor 4,4; Kol 1,15f. und Hebr. 1,3; in Verbindung mit Röm 9,28; 1 Kor 15,49f.; 2 Kor 3,18 und Kol 3,10.

vorbereitet, die auch bei Cicero in der Form unterschiedlicher und gemeinsamer Würde auftaucht, von der nun die Rede sein soll.

3. Zwei grundlegende Differenzierungen zum Würdebegriff

3.1 Unterschiedliche und gemeinsame Würde

Diese erste Unterscheidung taucht bei Cicero[13] explizit dort auf, wo sich bei ihm der *lateinische Begriff* der Menschenwürde (*dignitas humana*) im ersten Jh. v. Chr. herauszubilden beginnt: Er definiert „Würde" generell als „das ehrenhafte und der Verehrung, Ehre und Ehrfurcht würdige Ansehen (*auctoritas*) eines Mannes",[14] unterscheidet dabei aber zwei „Rollen" (*personae*), mit denen „wir von der Natur gleichsam […] betraut sind. Die eine von ihnen ist gemeinsam, daher, dass wir alle teilhaben an der Vernunft und dem Vorrang, durch den wir vor den Tieren herausragen […] Die andere aber ist die, die einem jeden eigentümlich zugewiesen ist. Wie nämlich in den Körpern große Verschiedenheiten sind […] und ebenso den Gestalten teils Würde, teils Anmut innewohnen, so treten in den Seelen noch größere Verschiedenheiten auf"[15]

---

13 So in seinem Jugendwerk *De inventione rerum* (85 v. Chr.), dt. *Über die Auffindung des Stoffes*, Buch 2, hg. v. Theodor Nüßlein, Düsseldorf/Zürich 1998, S. 166/326f., sowie in seinem Alterswerk *De officiis* (44 v. Chr.), dt. *Vom rechten Handeln* I, hg. v. Karl Büchner, Zürich (1953) ⁴1994, S. 106.

14 *Dignitas est alicuius honesta et cultu et honore et verecundia digna auctoritas* (*De inventione rerum* II [s.o. Anm. 13], S. 166).

15 *Intelligendum … est duabus quasi nos a natura indutos esse personis; quarum una communis est ex eo, quod omnes participes sumus rationis praestantiaeque eius, qua antecellimus bestiis […], altera autem, quae proprie singulis est tributa. Ut enim in corporibus magnae dissimilitudines sunt, […] itemque in formis aliis dignitatem inesse, aliis venustatem, sic in animis existent maiores etiam varietates.* (*De officiis* [s.o. Anm. 13], S. 91f.). Wenige Seiten später (a.a.O., S. 98f.) erweitert Cicero diese Zweiteilung der

48

Der „Würde"-Begriff wird von Cicero in Verbindung mit Menschen also in zwei unterschiedlichen Bedeutungen verwendet: „Würde" kann *einerseits* das Achtung gebietende Sein bezeichnen, das ein Mensch aufgrund einer bestimmten *Leistung oder Stellung* in der Gesellschaft besitzt. Das kann sich auf z. B. moralische Qualitäten (herausragende Wohltäter der Menschheit), Menschengruppen (die Alten), Berufsgruppen (Staatsoberhäupter oder kirchliche Würdenträger) oder intellektuelle Eliten (bedeutende Erfinder oder Entdecker) beziehen.[16] Die davon zu unterscheidende *Menschen*würde orientiert sich jedoch gerade *nicht* an solchen Unterschieden, sondern ausschließlich an der *Tatsache des allen gemeinsamen Menschseins.* Darin kommt die aus der biblischen Überlieferung bekannte Überzeugung zum Ausdruck, dass der Mensch *als Mensch,* also *jeder* Mensch in *jeder* Phase seiner Entwicklung Achtung verdient, weil ihm eine Würde eignet, die mit seinem *Dasein* als Mensch gegeben ist.

In der *Sache* besteht hier also weitgehende Einmütigkeit zwischen der biblischen und der stoischen Überlieferung, nicht aber in ihrer *Begründung.* Während der Bibel zufolge die allen Menschen gemeinsame Würde eine von Gott mit der Erschaffung des Menschen verliehene *Bestimmung* seitens des Schöpfers ist, besteht sie dem stoischen Denken zufolge in der Anteilhabe des Menschen an der *Vernunftnatur.* Zwischen diesen beiden Begründungen muss aber dann kein Gegensatz bestehen, wenn die Vernunftnatur selbst nicht als eine Eigenschaft des Menschen, sondern als eine dem Menschen von Gott verliehene Bestimmung verstanden wird.

Rollen zu drei oder vier, indem er noch die Unterschiede hinzunimmt, die dem Menschen durch irgendeinen Zufall bzw. einen Zeitumstand (*casus aut tempus*) auferlegt werden, oder die wir uns willentlich wählen (*nostra voluntate*).

16 Dieses differenzierte Würdeverständnis ist weder kritikwürdig noch konkurriert es mit dem gemeinsamen Verständnis von Würde, von dem gleich die Rede sein soll, ist aber von ihm grundsätzlich zu *unterscheiden.* Eine Gesellschaft, die solche Differenzierungen z.B. aufgrund von Lebensleistung nicht wahrnimmt und achtet, beschädigt oder zerstört langfristig ihre eigene Stabilität.

3.2 Wert als Preis oder Würde

Spätestens seit Immanuel Kant ist eine zweite Unterscheidung im Zusammenhang mit der Menschenwürde bekannt und geläufig geworden: die zwischen *zwei Arten von Wert*. Kant unterscheidet zwischen einem *relativen* und einem *absoluten* Wert. Den ersteren, den er auch „*Preis*" nennt, billigt er allem zu, was für uns auf ersetzbare Weise nützlich ist oder uns gefällt, der letztere, für den er den Begriff „Würde" reserviert, kommt für ihn alleine dem Menschen als dem vernunftbegabten, sittlichen Wesen zu. In Kants eigenen Worten gesagt:

> Im Reich der Zwecke hat alles entweder einen Preis oder eine Würde. Was einen Preis hat, an dessen Stelle kann auch etwas anderes, als Äquivalent, gesetzt werden; was dagegen über allen Preis erhaben ist, mithin kein Äquivalent verstattet, hat eine Würde.[17]

Dabei ist in Kants Formulierungen *ein* Element der Unterscheidung nur andeutungsweise enthalten und geht aus ihnen nicht so deutlich hervor, wie man das wünschen würde: Der relative Wert, also der Preis, ist etwas, was *wir* einer Sache durch unsere Wert-Schätzung zuerkennen – sei es als Verkäufer oder Käufer, Eigentümer, Anbieter oder Nutzer –, hingegen ist die Würde etwas, was der „Sache", in diesem Falle also dem Menschen, *selbst eignet*.[18] Zwar ist auch die Würde ausgerichtet auf ein Gegenüber, bei dem sie Anerkennung finden will und soll, aber dieses Gegenüber *schafft nicht* die Würde und spricht sie nicht wirksam *zu*,

---

17 Immanuel Kant, *Grundlegung zur Metaphysik der Sitten* (1785), BA 77.

18 Diese Unterscheidung hat Eilert Herms in seinem Aufsatz: *Menschenwürde*, in: MJTh 17/2005, S. 79–134, bes. S. 89–96, erstmals mit Nachdruck herausgestellt. Er unterscheidet allerdings – über Kant hinausgehend – nicht zwischen „Preis" und „Würde" bzw. „relativem Wert" und „absolutem Wert", sondern (schon) zwischen „Wert" und „Würde". Zur Präzisierung des Verhältnisses von Wert und Würde bei Herms siehe seinen neuen Aufsatz: *Institutionen der physischen und kulturellen Reproduktion des Gemeinwesens. Sozialethische Betrachtung ihrer Regelung durch das Grundgesetz*, in: ZThK 115/2018, S. 47f.

sondern es anerkennt oder verkennt, achtet oder missachtet die Würde. Die Würde liegt jedoch im Würdeträger selbst.

Diese Unterscheidung zwischen Preis und Würde hat den Charakter eines scharfen Gegensatzes, der sowohl für das Verständnis als auch für die Anerkennung der Menschenwürde von großer Bedeutung ist. Wenn etwas bzw. jemand „über allen Preis erhaben" ist, wie Kant das treffend formuliert, dann heißt das auch, dass das-, der- oder diejenige nicht *gekauft oder verkauft* werden darf. Damit wird dasjenige, was Würde besitzt, aus der Welt möglicher *Waren* denkbar klar ausgegrenzt. Und das heißt zugleich, dass jede Form von Menschenhandel oder Sklaverei mit der Würde des Menschen unvereinbar ist. Und da das für *jede* Form gilt, gilt es auch für den Fall, in dem ein Mensch *sich selbst* (in die Sklaverei) verkauft. Die Menschenwürde bildet in dieser Hinsicht eine unübersteigbare Grenze für eine willkürliche Selbstbestimmung.[19] Das zeigt zugleich: Menschenwürde steht *über* Selbstbestimmung. An der Menschenwürde erweist sich die Sklaverei, die es fast überall und fast immer gegeben hat und noch gibt, weil sie der Besitzgier und Machtgier des Menschen geradezu unbegrenzte Nahrung gibt, als ein riesiger Schandfleck der Menschheitsgeschichte. Sie ist eine der bedrückendsten Formen der Missachtung von Menschenwürde, aber keineswegs die einzige. Will man möglichst genau verstehen, was Menschenwürde ist bzw. worin sie besteht, so empfiehlt es sich, den Blick auf die konkreten Formen zu richten, in denen Menschenwürde geachtet oder missachtet wird. Davon soll nun die Rede sein.

---

19 Das gilt natürlich auch für alle Arbeits- oder Beschäftigungsverhältnisse, in denen Menschen zwar ihre Arbeitszeit und -kraft gegen Bezahlung einem anderen zur Verfügung stellen, aber nicht *sich selbst*. Auf diese Unterscheidung ist auch in dem Grenzfall der Prostitution zu achten. Würden Prostituierte nicht nur ihre „sexuellen Dienstleistungen" gegen Geld zur Verfügung stellen, sondern sich selbst verkaufen, so wäre das eine Missachtung ihrer Menschenwürde.

4. Konkrete Formen der Achtung oder Missachtung der Menschenwürde

Die nachfolgenden Antworten erheben keinen Anspruch auf Vollständigkeit. Sie stellen jedoch die gängigen Verstehens- und Interpretationsmöglichkeiten von „Menschenwürde" dar und können insofern als *repräsentativ* bezeichnet werden. In Form einer kritischen Durchsicht soll diese Betrachtung Bausteine liefern für die Bildung eines angemessene(re)n Begriffs von „Menschenwürde". Dass dabei rechtliche Interpretationen eine besondere Rolle spielen, liegt daran, dass der Menschenwürde-artikel unseres Grundgesetzes ein *Rechts*text ist, der etwas sagt über die „Verpflichtung aller staatlichen Gewalt".[20] Aber in solchen Rechtstexten kommen immer auch ethische Überzeugungen zum Ausdruck, die sich grundsätzlich auf den angemessenen Umgang von Menschen miteinander beziehen.

4.1 Zweck oder bloßes Mittel

Unter den Texten, die für die Interpretation von Menschenwürde eine herausragende Rolle gespielt haben,[21] hat keiner eine größere Wirkungsgeschichte gehabt als die dritte Form von Kants Kategorischem Imperativ, die er selbst als „praktischen Imperativ" bezeichnet:

> Handle so, dass du die Menschheit, sowohl in deiner Person, als in der Person eines jeden andern, jederzeit zugleich als Zweck, niemals bloß als Mittel brauchest.[22]

Dieser Text hat vor allem durch die Tatsache, dass er im Grund-

---

20 Siehe dazu unten Abschn. 6.

21 Ich denke dabei auch z.B. an Gen 1,26–29 und Ps 8,6–9.

22 *Grundlegung zur Metaphysik der Sitten* (1785), in: Immanuel Kant, Werke in zehn Bänden, Hg. Wilhelm Weischedel, Bd. 6, Darmstadt 1968, BA 66 f.

gesetzkommentar von Maunz/Dürig[23] sowie in der Rechtsprechung des Bundesverfassungsgerichts[24] zur Auslegung und Konkretisierung von Menschenwürde Anwendung gefunden hat,
seine überragende Bedeutung gewonnen. Dabei ist zu beachten,
dass Kant – offensichtlich sehr bewusst – nicht vom *Menschen*
als Zweck spricht, der niemals bloß als Mittel gebraucht werden
dürfe, sondern von der *Menschheit* in der eigenen und fremden
Person. Hierbei ist „Menschheit" zwar nicht als Kollektivbegriff,
sondern als Wesensbegriff (= *humanitas* bzw. Menschsein) zu
verstehen, aber gleichwohl erschließt sich dadurch eine Interpretation, die nicht auf das Individuum begrenzt ist, sondern in
zweierlei Weise darüber hinausreicht: einerseits, indem es um die
Menschheit in der *eigenen und fremden* Person geht, was die wichtige Einsicht enthält, dass die Missachtung der Menschenwürde
eines anderen Menschen immer auch die eigene Menschenwürde tangiert; andererseits, indem es um die Menschheit in der Person eines *jeden anderen* geht, woraus sich der nicht begrenzbare
Charakter der Menschenwürde ergibt. Daran leuchtet vor allem
die Erfahrung ein, dass Menschen dann, wenn sie gar nicht in
ihrem Eigenwert und ihrer Eigenbedeutung wahrgenommen
und geachtet, sondern als *bloßes* Mittel für einen fremden Zweck
gebraucht, richtiger: missbraucht werden, sich in ihrer Würde
zu Recht missachtet fühlen. Dabei ist ein besonders krasser Fall
solcher Missachtung zweifellos die Tötung eines Menschen, um
damit für andere Menschen oder für das Gemeinwesen einen
Vorteil zu erreichen.[25] Insoweit ist die Unterscheidung zwischen

---

23 Grundgesetz. Kommentar, München 1958ff. Art. 1, Abs. 1, Rdnr. 28.
24 BVerfGE 9,89 (95); 27,1 (6); 28,386 (391); 45,187 (228); 50,166 (175) sowie
87,209 (228). Vgl. aber auch Horst Dreier, *Menschenwürde in der Rechtsprechung des
Bundesverwaltungsgerichts*, in: Eberhard Schmidt-Aßmann u. a. (Hg.), Festgabe 50
Jahre Bundesverwaltungsgericht, Köln u. a. 2003, S. 201–222.
25 Die Logik, die einer solchen Missachtung zugrunde liegt, formuliert in der
Vorgeschichte der johanneischen Passionserzählung der Hohepriester Kaiphas
mit dem Satz: „Es ist besser für euch, ein Mensch sterbe für das Volk, als dass
das ganze Volk verderbe" (Joh 11,50).

dem Behandeln eines Menschen als Zweck oder *bloß* als Mittel eine durchaus brauchbare und einleuchtende Konkretisierung dessen, was Achtung bzw. Missachtung von Menschenwürde konkret bedeutet.

Gegen die Rede vom (Selbst-)Zweck sowie vom bloßen Mittel – bezogen auf die Interpretation von Menschenwürde – wird jedoch häufig eingewandt, sie sei viel zu blass und unbestimmt, um in konkreten Entscheidungssituationen ein Kriterium an die Hand zu geben, ob eine bestimmte – geplante oder durchgeführte – Handlung als Achtung oder Missachtung der Menschenwürde zu interpretieren sei. Diese Kritik ist jedoch – wie eben angedeutet – nicht ganz berechtigt; denn es gibt Situationen, in denen es tatsächlich um die Entscheidung geht, ob ein Mensch gefährdet oder getötet werden darf, um die Lebens-, Gesundheits- oder Entwicklungschancen anderer Menschen zu erhöhen. Das eklatante Beispiel hierfür sind *nicht* Notwehrhandlungen,[26] in denen es um die Abwendung einer akuten Lebensgefahr geht, sondern *Menschenversuche*, die – ohne Einwilligung des Probanden – bewusst dessen Gefährdung oder Tötung in Kauf nehmen, um dadurch ein bestimmtes Gut oder einen Wert für *andere* zu erreichen.[27] In solchen Fällen kann also konstatiert

---

26 Das kann m.E. gesagt werden, obwohl nicht leicht einzusehen ist, warum im Fall der Notwehr oder Nothilfe – z.B. in Form des sog. „finalen Rettungsschusses" – nicht ebenfalls eine Missachtung der Menschenwürde vorliegt. Der entscheidende Unterschied zwischen dem Menschenversuch und dem finalen Rettungsschuss als Nothilfe besteht darin, dass im ersten Falle – relativ willkürlich und schuldlos – *irgendein Mensch* geopfert wird, um für andere Menschen – möglicherweise – Vorteile zu schaffen. Im zweiten Fall wird jedoch ein bestimmter lebensbedrohlicher Angriff abgewehrt, wobei die Tötung des *Angreifers* in Kauf genommen wird.

27 Wer in unserem Kulturbereich in den letzten Jahren für verbrauchende Forschung an menschlichen Embryonen eingetreten ist, hat dies darum in der Regel so getan, dass er zunächst bestritten hat, dass es sich bei solchen Embryonen überhaupt um mit Menschenwürde ausgestattete menschliche Wesen handelt, um daraufhin die Vernichtung solcher „Zellgebilde" im Interesse der medizinischen Forschung zu bejahen. Eine Ausnahme von dieser Argumen-

werden, dass ein Mensch als bloßes Mittel gebraucht wird und nicht zugleich Zweck ist und dass darum seine Menschenwürde missachtet wird. Aber gleichwohl muss man konstatieren, dass die Kant'sche Aufforderung, die Menschheit in der eigenen oder einer fremden Person „niemals bloß als Mittel" zu gebrauchen, *nicht ausreicht*, um konkret zu beschreiben, worin die Achtung bzw. Missachtung von Menschenwürde besteht.

4.2 Selbstbestimmung oder Fremdbestimmung

Fragt man, worin die Achtung oder Missachtung von Menschenwürde über das bisher Gesagte hinaus sich konkret zeigen kann, so wird insbesondere in der gegenwärtigen medizinethischen Diskussion – und hier vor allem bezogen auf das Lebensende – die Beachtung oder Nichtbeachtung der *Willensäußerungen* eines Menschen im Blick auf nicht-gewünschte medizinische Behandlungsmaßnahmen als exemplarischer Fall für die Achtung oder Infragestellung von Menschenwürde gewichtet. Als „menschenunwürdig" gilt demzufolge ein Sterben oder eine dauerhafte Krankheitssituation, in denen Menschen gegen ihren ausdrücklichen Wunsch und Willen durch medizinische Maßnahmen am Leben erhalten werden. Darüberhinausgehend erscheint in vielen neueren Texten „Menschenwürde" geradezu als *Synonym* für „Selbstbestimmung"[28]. Diese Ausweitung der Argumentation hat jedoch die fatale Folge, dass man im Blick auf alle Situationen, in denen die Selbstbestimmungs*möglichkeit* eines Menschen eingeschränkt oder verloren gegangen ist, auch von einer Ein-

---

tationsstrategie bildet Peter Singer (*Praktische Ethik* [1979], dt. Stuttgart ²1994, S. 195–224, sowie: *Leben und Tod*, Erlangen 1998, S. 87–109), der insofern einen entscheidenden Schritt weiter geht, als er den Menschenwürdegedanken überhaupt ablehnt und das Menschsein im Sinne der Zugehörigkeit zur Spezies homo sapiens für ethisch irrelevant erklärt.

28 Siehe zu den damit verbundenen semantischen, ethischen und rechtlichen Problemen meinen Aufsatz: *Autonomie – ein vielversprechender Begriff*, in: W. Härle, Menschsein in Beziehungen, Tübingen 2005, S. 213–241.

schränkung oder einem Verlust der *Menschenwürde* ausgehen müsste. Wenn es so wäre, wäre das katastrophal; denn das hieße, dass Föten und Kleinstkinder, intellektuell schwerstbehinderte und komatöse Menschen sowie Alzheimerpatienten und demenziell Erkrankte im Endstadium keine Menschenwürde (mehr) hätten. Aber gerade sie sind ein besonderes Bewährungsfeld für die Bedeutung von Menschenwürde.[29]

Trotzdem kann man es tatsächlich mit guten Gründen als eine Missachtung der Würde eines Menschen bezeichnen, wenn andere in ihrem Umgang mit einem Menschen etwas tun, was dessen *ausdrücklicher, klarer, dauerhafter Willensäußerung widerspricht* – es sei denn, es gäbe gravierende Gründe für diese Nicht-Beachtung, z.B. das Wissen darum, dass der Patient sich in einem Zustand der Verwirrung befindet oder dass seine Willensäußerungen selbst ein Symptom seiner Krankheit (z.B. einer Depression) sind. Zwar gibt es gewiss keinen – in der Menschenwürde oder anderweitig begründeten – Anspruch, dass menschliche Willensäußerungen generell zu befolgen wären, wohl aber muss man sagen, dass es zur Würde des Menschen gehört, die Anwendung medizinischer Maßnahmen an sich selbst untersagen zu dürfen bzw. auf sie verzichten zu können.

4.3 Entscheidungsfreiheit gegen Willensbeugung[30]

Ein anderes Phänomen, an dem die Achtung oder Missachtung von Menschenwürde konkret wird, ist nach allgemeiner Auffassung die Androhung oder Anwendung von Zwangsmaßnahmen, etwa in Gestalt von Folter, die dazu dient, den Willen eines

---

29 Siehe dazu E. Benda, *Erprobungen der Menschenwürde am Beispiel der Humangenetik*, in: Aus Politik und Zeitgeschehen, Beiheft 3, 19.01.1985, S. 18.

30 Zu der in diesem Abschnitt angesprochenen Frage nach der ethischen Legitimität der Willensbeugung durch Folter habe ich mich ausführlicher geäußert in dem Aufsatz *Kann die Anwendung von Folter in Extremsituationen aus der Sicht christlicher Ethik gerechtfertigt werden?* in: Wilfried Härle, *Christlicher Glaube in unserer Lebenswelt*, Leipzig 2007, S. 337–356.

Menschen zu beugen oder zu brechen, sei es zur Erzwingung eines Geständnisses oder einer Aussage. Obwohl es Situationen gibt, in denen es als „menschlich verständlich" erscheint, dass ein Ermittlungsbeamter in der Hoffnung auf Rettung eines bedrohten Menschenlebens Foltermaßnahmen androht oder anwendet, ist doch nicht zu bestreiten, dass damit die Würde dessen, dem diese Androhung oder Anwendung gilt, missachtet wird. Diese Missachtung besteht darin, dass die Androhung oder Anwendung von Gewalt das Ziel hat, den Betroffenen gegen seinen Willen zu einer Aussage zu veranlassen, die er nur deswegen macht, weil er Angst vor Schmerzen hat oder nicht (mehr) in der Lage ist, diese zu ertragen. Durch die Androhung oder Anwendung von Folter wird der menschliche Wille, der in das Zentrum der menschlichen Persönlichkeit hineinreicht, gebeugt oder gebrochen, und das ist mit der Achtung der Würde eines Menschen nicht vereinbar.[31]

Es kommt noch hinzu, dass man im Falle der Folter nie mit letzter Gewissheit wissen kann, dass man es bei dem Menschen, den man für den Täter hält oder der sich selbst als solchen bezeichnet, tatsächlich mit dem Täter zu tun hat, der unter Drohung oder Gewaltanwendung die gewünschte Aussage machen könnte. Handelt es sich möglicherweise um einen Wichtigtuer oder Trittbrettfahrer oder um einen zu Unrecht Verdächtigten oder Angeklagten? Und was bedeutet es dann für das Opfer und für den Folternden, wenn Foltermaßnahmen (in diesem Fall natürlich ergebnislos) angewandt werden? Wie können Folterer

---

31 Obwohl dies hier nicht mein Thema ist, möchte ich doch anmerken, dass dieser Satz m.E. nicht nur im Hinblick auf die Anwendung von Folter gilt, sondern auch für Erziehungsmaßnahmen gegenüber Kindern, wobei allerdings hier die Ausnahmesituationen zu bedenken sind, in denen Kinder davor bewahrt werden (müssen), sich selbst oder anderen einen Schaden zuzufügen, den sie nicht überblicken und verantworten können. Solcher Respekt vor der Menschenwürde von Kindern schließt das entschlossene Setzen klarer Grenzen nicht aus, sondern ein – in der Familie, in der Kindertagesstätte und in der Schule.

und Gefolterter damit umgehen und leben? Auch hieran zeigt sich der enge Zusammenhang zwischen fremder und eigener Menschenwürde.

4.4 Wahrung der Intimität gegen Bloßstellung

Ein weiteres Anwendungsfeld für die Achtung oder Missachtung von Menschenwürde bezieht sich auf die Bloßstellung oder Demütigung von Menschen. Dass die Bedeckung der menschlichen Blöße und die Respektierung des Schamgefühls von großer Bedeutung für das Menschsein des Menschen und für die Achtung seiner Würde ist, bringt schon die biblische Urgeschichte in der Kontrastierung von Gen 2,25 mit Gen 3,7.10 und 21[32] eindrucksvoll zur Geltung, wobei bemerkenswert ist, dass Gott selbst den gefallenen Menschen, die aus dem Paradies vertrieben werden, Kleider aus Fellen macht, um ihre Blöße zu bedecken.[33]

Aber es gibt natürlich zahlreiche andere Formen, durch die Menschen bloßgestellt, gedemütigt, der Lächerlichkeit preisgegeben oder zum Gegenstand des Spottes gemacht werden[34], die allesamt mit der Achtung der Menschenwürde nicht vereinbar sind, sondern deren Missachtung darstellen. Orte solcher Missachtung oder Achtung sind z. B. illegale Militärgefängnisse, Krankenhäuser und Altenheime, aber neuerdings auch in verstärktem Maß das Internet. Es gehört zur Würde des Menschen, dass das, was er von sich nicht preisgeben möchte und auf dessen Kenntnis die Öffentlichkeit keinen Anspruch hat, auch tatsächlich im Verborgenen bzw. in der Sphäre seiner Intimität verbleiben und nicht durch andere aufgedeckt werden darf.[35]

---

32 Siehe auch Gen 9,20–27.

33 Vgl. dazu meine Dogmatik, Berlin ⁵2018, Abschn. 13.4.1.1.

34 Hierfür bietet die Passionsgeschichte, wie sie in allen vier Evangelien überliefert ist, reichliches Anschauungsmaterial, das auch vielfältig in die bildende Kunst Eingang gefunden hat.

35 Die Öffentlichkeit von Gerichtsverfahren stellt keine Missachtung der Menschenwürde dar, sondern dient (auch) der Transparenz und Rechtsstaatlichkeit

4.5. Gleichberechtigung gegen Diskriminierung

Als letztes Feld für die Konkretisierung der Achtung oder Missachtung von Menschenwürde nenne ich den Ausschluss von Menschen von der Teilhabe an der Rechtsgleichheit innerhalb einer Gesellschaft aufgrund z.B. von ethnischer Zugehörigkeit, sozialer Stellung, Geschlecht, sexueller Orientierung, Weltanschauung oder Religion. Gerade die Tatsache, dass in der Geschichte der Menschheit über lange Zeit hin Ausländer („Barbaren"), Kranke, Sklaven, Frauen und Kinder sowie ethnische oder religiöse Minderheiten als „Nicht-Menschen" oder als „Untermenschen" behandelt bzw. misshandelt wurden, empfinden wir zu Recht als eine eklatante Missachtung ihrer Menschenwürde. Letztlich läuft dies in allen genannten Fällen darauf hinaus, diesen Menschen ihr volles, gleichberechtigtes Menschsein abzusprechen und ihnen daraufhin die Rechte, Partizipationsmöglichkeiten und Achtungserweise zu entziehen, auf die sie als Menschen ein Anrecht haben.

An dieser Stelle zeigt sich übrigens, dass wir offenbar eine erfreuliche, tiefsitzende Hemmung haben, Menschen ihre Menschenwürde und ihre Menschenrechte abzusprechen oder diese zu missachten. Wer vorhat, dies zu tun, sucht auffällig oft nach Mitteln und Wegen, zunächst dem Gegenüber abzusprechen, dass es sich bei ihm überhaupt um einen Menschen handelt und nicht vielmehr nur um „human vegetable", also um „menschliches Gemüse", um einen bloßen „Zellhaufen", um „Schwangerschaftsgewebe"[36] oder – so früher – „Ungeziefer". Das

---

des Verfahrens. Dies gilt m.E. jedoch nicht im Blick auf Maßnahmen, die über die Verurteilung und den Strafvollzug hinaus einen Täter öffentlich bloßstellen, wie dies allem Anschein nach in den USA möglich ist, wo ein Sexualstraftäter dazu verurteilt wurde, folgende Warnungstafel vor seinem Haus aufzustellen: „Danger – Registered Sex Offender Lives Here". (Diese Nachricht – samt zugehörigem Foto – entnehme ich dem Feuilleton der FAZ vom 17. November 2004, S. 35).

36 Mit diesem Begriff bezeichnet „Pro familia" in ihren Broschüren für junge

zeigt aber auch, dass die Hemmung häufig nicht stark genug ist, um in jedem Fall wirksam zu werden.

4.6 Fazit der Konkretisierungen

Fragt man sich, ob und wie diese unterschiedlichen Konkretisierungen der Achtung bzw. Missachtung von Menschenwürde untereinander zusammenhängen und darum zusammenfassend beschrieben werden können, so ist das nicht auf den ersten Blick zu erkennen. Was verbindet *Selbstzweck* (vs. *bloßes Mittel*), *Selbstbestimmung* (vs. *Fremdbestimmung*), *Entscheidungsfreiheit* (vs. *Willensbeugung*), *Initimität* (vs. *Bloßstellung*) und *Gleichberechtigung* (vs. *Diskriminierung*) so miteinander, dass man daraus eine umfassende *Definition von Menschenwürde* ableiten könnte? Ich habe bei der Beschäftigung mit dieser Frage im Laufe der Zeit die Überzeugung gewonnen, dass der Schlüssel zum Auffinden des Gemeinsamen, Verbindenden und Umfassenden im Begriff und Phänomen der *Achtung bzw. Missachtung* selbst liegt. Das kommt zum Ausdruck durch folgende definitorische Aussage: *„Würde ist Anrecht auf Achtung, und Menschenwürde ist das mit dem Dasein als Mensch gegebene Anrecht auf Achtung als Mensch"*.[37] Eine solche ge-

---

Menschen durchgehend Embryonen und Föten, mit dem offensichtlichen Ziel, ihnen gegenüber die Tötungshemmung herabzusetzen oder diese ganz zum Verschwinden zu bringen, da es sich ja angeblich nicht um Menschen, sondern nur um Gewebe handelt.

37 Siehe dazu meine beiden Bücher: *Würde*, München 2010, S. 14, und *Ethik*, Berlin/Boston ²2018, bes. S. 227–229. In einem davor liegenden ersten Zugriff hatte ich statt „Anrecht" den Begriff „Anspruch" verwendet. Durch meine Tübinger Kollegin Elisabeth Gräb-Schmidt wurde mir jedoch bewusst (gemacht), dass der Begriff „Anspruch" etwas zu Subjektives hat, als dass er für die Definition von „Menschenwürde" geeignet wäre. Das könnte freilich auch durch den Begriff „Recht" vermieden werden. Er hat jedoch das Problem, dass darunter in der Regel kodifiziertes, also staatlich gesetztes Recht verstanden wird. Aber der Staat kann nicht Menschenwürde durch Rechtssetzung verleihen oder entziehen, sondern sie nur durch Rechtstexte und durch seine politische Praxis anerkennen – oder missachten. Der Begriff „Anrecht" ist hingegen geeignet,

ballte Formulierung erfordert eine Erläuterung, und mit ihr will ich mich nun im folgenden Abschnitt meines Textes zunächst kurz beschäftigen.

5. Würde als „Anrecht auf Achtung"

Grundlegend an dem eben gegebenen Definitionsversuch ist zweierlei, das in den Begriffen „Anrecht" und „Achtung" zum Ausdruck kommt und der Erläuterung bedarf:

5.1 Würde als Anrecht

Menschenwürde ist ein Anrecht, und zwar ein *objektives* Anrecht, d. h. ein Anrecht, dessen Gegebensein und Geltung nicht davon abhängt, dass es von dem Betreffenden eingefordert, von anderen zugebilligt oder respektiert wird. Das unterscheidet ein Anrecht einerseits von subjektiven *Ansprüchen*, die Menschen erheben, weil sie etwas erreichen, bekommen oder besitzen möchten, andererseits aber auch von Rechten oder Auszeichnungen, die von ihnen entweder im Lauf ihrer Lebensgeschichte erworben oder ihnen von anderen (irdischen) Instanzen zuerkannt bzw. verliehen werden. Dabei sahen wir bereits zu Beginn,[38] dass es Formen von *Würde* gibt, die auch den Charakter eines Anrechts auf Achtung haben, aber erst durch Leistung erworben oder durch andere Menschen verliehen (und gegebenenfalls dann auch wieder entzogen) werden. So ist z.B. die Würde eines Wohltäters der Menschheit eine durch Handlungen erworbene Würde, und die Würde eines Staatsoberhauptes ist eine verliehene und (in der Regel) zeitlich begrenzte Würde. Von diesen

---

beide Missverständnisse zu vermeiden; denn ein Anrecht hat einen objektiven Charakter und kann auch existieren, wenn es (noch) nicht vom Staat als gesetztes Recht formuliert ist.

38 Siehe oben Abschn. 3.1.

differenzierenden und differenzierten Formen der Würde unterscheidet sich die Menschenwürde dadurch, dass sie *allen* Menschen zukommt und zwar *in gleicher Weise*, nämlich alleine aufgrund ihres Menschseins. Das soll durch die Rede von dem objektiven Anrecht zum Ausdruck kommen, das jedem Menschen mit seinem Dasein gegeben ist. Unter einem solchen objektiven Anrecht ist etwas zu verstehen, das von anderen (und sogar vom Träger selbst) Anerkennung, Beachtung, Respektierung oder Erfüllung *verlangt*. Wird diese Anerkennung etc. versagt oder bleibt sie aus, so verliert das objektive Anrecht nicht seine Geltung, sondern „nur" seine Anerkennung. Aber das Anrecht selbst ist „unantastbar" und kann darum nicht verloren gehen. Wohl aber können Menschen durch die Verweigerung der Anerkennung und Respektierung dieses Anrechts sich aneinander und an sich selbst schuldig machen.

5.2 Würde und Achtung

Menschenwürde ist ein Anrecht auf *Achtung*. Achtung ist ein facettenreicher, vielschichtiger Begriff. Er umschließt in jedem Fall ein Wahrnehmen des Gegenübers (im Unterschied zum Ignorieren), er umfasst ein Ernstnehmen des Gegenübers und einen respektvollen Umgang mit ihm, und zwar gerade mit ihm in seiner Eigenheit und Eigenart. Man kann (und sollte) jedoch nicht sagen, dass Achtung automatisch *Zustimmung oder Akzeptanz* einschließt. Es ist möglich, einem Menschen mit Achtung zu begegnen, auch wenn man ihm auf der ganzen Linie widersprechen muss und ihn auch in seinem Verhalten oder seinen Äußerungen nicht akzeptieren kann. Die Achtung äußert sich dann unter Umständen gerade darin, diesen Widerspruch und dieses Missfallen ihm gegenüber offen auszusprechen. Und solcher Widerspruch ist nicht die geringste Form von Achtung, und es ist vor allem nicht die selbstverständlichste Form von Achtung. Zu einer Kultur der Achtung, die alles andere als selbstverständlich ist, gehört der offene, kritische, nicht herabwürdigende Umgang miteinander. Das bewusst zu machen und einzuüben, ist eine pädagogische Aufgabe, mit der gar nicht früh genug begonnen und gar nicht spät genug aufgehört werden kann.

5.3 Anrecht auf Achtung als Mensch

Wenn Menschenwürde ein Anrecht auf Achtung ist, das mit dem Dasein des Menschen gegeben ist, dann schließt die Achtung der Menschenwürde in jedem Fall die Anerkennung des Würdeträgers[39] als *Mensch* ein, und das heißt zugleich: die Anerkennung des Würdeträgers als (potentieller oder aktueller) Würdeadressat,[40] d.h. als ein Wesen, das auch dazu in der Lage ist, die Würde anderer Wesen zu erkennen, anzuerkennen, zu achten – oder eben auch zu missachten. An dieser Differenzierung und Verbindung zwischen Würdeträger und Würdeadressat lässt sich zeigen, dass und inwiefern sich Menschenwürde von einer Tierwürde oder allgemeinen Geschöpfwürde unterscheidet, ohne dass man deswegen bestreiten muss, dass auch Tiere und andere Geschöpfe eine spezifische Würde besitzen. Denn wir haben zwar Grund zu der Annahme, dass Menschen von einem gewissen Entwicklungs- und Bildungsstand an in der Lage sind zu erkennen, dass ein Wesen Würde hat und uns darum mit der (unausgesprochenen) Forderung begegnet, diese zu achten (wie dies z.B. Knud Eiler Løgstrup und Emmanuel Levinas gelehrt haben[41]), aber wir haben keinen Grund zu der An-

---

39 Nicht ,Würdenträgers' – obwohl es die auch gibt.

40 Auf die Bedeutung des Menschen als Würdeadressat für das angemessene Verständnis von Menschenwürde hat Eilert Herms in seinem Aufsatz: *Menschenwürde* in: MJTh XVII/2005, S. 79–134, mit überzeugenden Argumenten hingewiesen.

41 Knud Ejler Løgstrup nennt dies „die unausgesprochene, sozusagen anonyme Forderung an uns, das Leben des anderen ... in unseren Schutz zu nehmen" (*Die ethische Forderung*, Tübingen [1959] ²1968, S. 18). Ähnlich verweist Emmanul Levinas auf das Antlitz des Anderen, aus dem – ohne Worte – die Bitte um Schonung seiner Existenz spricht (*Die Bedeutung und der Sinn* [1964], in: Ders.,

nahme, dass auch andere Geschöpfe zu solcher Erkenntnis und Achtung bzw. Missachtung in der Lage sind.[42] Das heißt aber zugleich: Das, was den Menschen anderen Geschöpfen gegenüber auszeichnet, besteht vor allem in dessen Verantwortlichkeit für andere Kreaturen (und für sich selbst). Was den Menschen gegenüber anderem *unterscheidet*, ist also etwas, das ihn in spezifischer Weise mit diesen anderen *verbindet*. Umso erschreckender und bedrückender ist es, wenn ein Mensch diese Sonderstellung zur Missachtung der Würde anderer (menschlicher und außermenschlicher) Geschöpfe oder seiner eigenen Menschenwürde missbraucht.

6. Menschenwürde als Schutzwall gegen Willkür

6.1 Menschenwürde als ethische und als rechtliche Kategorie

Weil diese beiden Momente (Anrecht und Achtung) im Begriff der Menschenwürde als eines objektiven Anrechts auf Achtung als Mensch zu einer Einheit verbunden sind, darum ist es kein Widerspruch, wenn Art. 1 GG in seinem ersten Satz sagt: „Die Würde des Menschen ist unantastbar", und dem im zweiten Satz anfügt: „Sie zu achten und zu schützen ist Verpflichtung aller staatlichen Gewalt". Es scheint nur auf den ersten Blick widersprüchlich zu sein, dass etwas (in diesem Fall die Menschenwürde) als unantastbar bezeichnet wird und im gleichen Atemzug die Verpflichtung ausgesprochen wird, dieses ‚Unantastbare' zu (achten und zu) schützen. Ist es unantastbar, so braucht man es allem Anschein nach nicht zu schützen. Bedarf es des Schutzes, so ist es offenbar nicht unantastbar. Dass diese schlichte logi-

---

Humanismus des anderen Menschen, Hamburg 1989, S. 40f.).

42 Die Unterordnung eines Tieres unter ein Leittier oder unter einen Menschen – sei es instinktiv, auf Grund von Dressur, aus Anhänglichkeit, Angst oder um erwarteter Belohnung willen – ist kein Fall von Würde-Achtung, kann aber als Analogie dazu gewertet werden.

sche Folgerung dem Sachverhalt nicht gerecht wird, zeigt sich dann, wenn man Menschenwürde erfasst als „das mit dem Dasein als Mensch gegebenen Anrecht auf Achtung als Mensch".[43] Dann muss man nämlich sagen, dass dieses Anrecht insofern unantastbar ist, als es niemandem (ganz oder teilweise) – abgesprochen oder genommen werden kann.[44] Dass man dieses unantastbare Anrecht gleichwohl, ohne es einschränken oder beseitigen zu können, missachten, ignorieren oder – bildlich gesprochen – mit Füßen treten kann, ist ebenso wahr und macht die Formulierung von Satz 2 des Menschenwürdeartikels im Grundgesetz nicht nur verständlich, sondern unverzichtbar. Die Achtung kann verweigert werden, das Anrecht (auf Achtung) bleibt aber bestehen. Darum darf die Verweigerung der Achtung nicht akzeptiert oder toleriert, ja nicht einmal bagatellisiert werden.

Das ist auch – wie bereits eingangs vermerkt[45] – aufgenommen worden in die Charta der Europäischen Grundrechte in der Formulierung: „Sie [sc. die Würde des Menschen] ist zu achten und zu schützen." Man könnte sogar sagen, dass dieses Element durch die Weglassung der Adressierung an die „staatliche Gewalt" eine sachgemäße *Ausweitung* erfahren hat. Dass dadurch aus der (grund-)*rechtlichen* Bestimmung von Art. 1 GG faktisch eine *ethische* Bestimmung wird, die für alle ethischen Subjekte gilt, verändert zwar ihren Charakter[46], hebt aber ihren Sinn nicht auf, sondern weitet ihn aus. Trotzdem ist diese Reduktion des

---

43 S.o. bei Anm. 37.

44 Das konnte nach 1945 zum Ausdruck kommen in dem Satz von ehemaligen KZ-Häftlingen: „Die Nazis haben versucht, uns alles zu nehmen – auch unsere Menschenwürde –, aber das konnten sie nicht".

45 Siehe oben Anm. 1.

46 Diese Veränderung kommt darin zum Ausdruck, dass die Missachtung der Menschenwürde oder die Unterlassung ihres Schutzes im zwischenmenschlichen, vorstaatlichen Bereich kein justiziables Delikt ist, das man zur Anzeige bringen könnte, wenn damit nicht ein anderes, strafrechtlich zu ahndendes Delikt verbunden ist.

Rechtstextes in der Charta gegenüber dem Grundgesetz nicht ganz unproblematisch; denn durch den Wegfall des Verweises auf die, und zwar auf *alle* staatliche Gewalt, kommt *ein* Element der Menschenwürde, und zwar ihrer Achtung und ihres Schutzes, nicht mehr zu *Worte*, das von grundsätzlicher Bedeutung ist. Man kann dieses Element in Form der These zum Ausdruck bringen: Das Recht auf Achtung und Schutz der Menschenwürde ist primär ein *Abwehr- und Schutzrecht* des einzelnen Menschen[47] gegenüber dem *Staat*, und zwar – wie Art. 1 GG zutreffend formuliert – gegenüber der staatlichen *Gewalt*.

6.2 Staatliches Gewaltmonopol als missbrauchbare Errungenschaft

Diese letzte Formulierung könnte als offene oder verdeckte Kritik an der staatlichen Verfügung über *Gewaltmittel* und ihren Einsatz, ja am staatlichen *Gewaltmonopol* schlechthin verstanden werden. Gegenüber diesem Missverständnis will ich mich sofort verwahren. Deshalb spreche ich in der Überschrift vom staatlichen Gewaltmonopol als einer *Errungenschaft*. Weil sich das leider nicht von selbst versteht, will ich es in der gebotenen Kürze – auch theologisch – begründen.

Nicht jede Rechtsordnung setzt das alleinige Verfügungsrecht über die Anwendung von Gewaltmitteln von Seiten der legitimen Obrigkeit bzw. des Staates voraus. Eine Alternative zu diesem staatlichen Gewaltmonopol war für lange Zeit (auch in Europa) das *Fehderecht*, durch das der *private* Gewaltgebrauch in Rechtshändeln durch Gesetz oder Gewohnheit geregelt war. Mit der Christianisierung Europas begannen unter Karl dem Großen die Bemühungen, das Fehderecht einzudämmen bzw. zugunsten

---

47 Ich spreche hier bewusst nicht (nur) vom einzelnen *Bürger*, weil damit eine unsachgemäße Verengung verbunden sein könnte. Achtung und Schutz der Menschenwürde ist kein *Bürgerrecht*, sondern ein – und zwar das höchste – *Menschenrecht*.

des staatlichen Gewaltmonopols zu beenden. Abgeschlossen wurden diese Bemühungen im Wesentlichen[48] unter Kaiser Maximilian, also am Vorabend der Reformation. Für die Begründung des staatlichen Gewaltmonopols war die Einsicht maßgeblich, dass andernfalls ein gesellschaftliches Chaos in Form eines *bellum omnium contra omnes* drohe. Diese Einsicht wurde (und wird) gerne zum Ausdruck gebracht durch Formulierungen wie die beiden folgenden: Es kommt darauf an, das (angebliche) „Recht" des Stärkeren durch die Stärke des Rechts zu ersetzen, oder es müsse das Ziel sein, „die Herrschaft des Rechts"[49] aufzurichten. Dahinter steckt die Erfahrung und Einsicht, die in dem von Luther gern gebrauchten Sprichwort zum Ausdruck kommt: „Niemand soll (darf, kann) in eigener Sache Richter sein".[50] Dabei wird letztlich aus der *Unfähigkeit* der Menschen, in eigenen Streitangelegenheiten zugleich Partei zu sein und als Richter einen fairen Ausgleich zu finden, die *Unerlaubtheit* gefolgert, selbst zusätzlich zu der Rolle als Partei auch die Richterrolle zu übernehmen.

Diese Richterrolle kommt nur denen zu, die dazu von der jeweiligen legitimen Obrigkeit (Volk, Parlament, Regierung) eingesetzt sind. Auch die Obrigkeit selbst hat sich im Übrigen diesen Rechtsinstanzen und ihren Urteilssprüchen zu unterwer-

---

48 In Form des Duells und seiner quasi-rechtlichen Regelungen blieb freilich bis ins 19. Jahrhundert eine solche Praxis am Rande der Legalität bestehen.

49 Diese Formulierung taucht im Jahr 1948 – unabhängig voneinander – in zwei Texten von grundlegender Bedeutung auf: in dem Bericht der IV. Sektion der ersten Vollversammlung des ÖRK (siehe W. Härle, *Zum Beispiel Golfkrieg*, Hannover 1991, S. 67) sowie in der Präambel der „Allgemeinen Erklärung der Menschenrechte" (siehe *Menschenrechte. Ihr internationaler Schutz*, hg. von Bruno Simma und Ulrich Fastenrath, München ⁴1998, S. 5). Auch später wurde diese Formulierung immer wieder gebraucht.

50 Dieses Sprichwort kommt bei Luther als ein allgemein anerkannter Rechtsgrundsatz (in allen drei oben zitierten Formen) insgesamt etwa zehn Mal vor, so z.B. in M. Luther, Deutsch-Deutsche Studienausgabe (= DDStA) 3,149,14f., 469,16–18 und 583,15–20, und wird von Luther regelmäßig auch als Ablehnungsgrund für das Führen von Kriegen und als Gebot der Konfliktlösung auf dem offiziellen Rechtsweg verwendet.

fen.[51] Da es aber zu den Charakteristika des Strafrechts gehört, dass seine Verbote mit (wirksamen) *Sanktionen* versehen sind oder jedenfalls sein können, zieht „die Herrschaft des *Rechts*" unweigerlich die Androhung oder Ausübung von *Gewalt* nach sich. Und das gilt, obwohl das Ziel der Gewaltandrohung *nicht* die Gewaltanwendung, sondern deren *Vermeidung* auf dem Weg der Prävention ist.

6.3 Die reformatorische Zwei-Regimente-Lehre als Hintergrund

Die positive Wertung des staatlichen Gewaltmonopols und der Gewaltandrohung und -ausübung – beide in strenger Bindung an das Recht –, stößt keineswegs auf allgemeine Zustimmung. Vielmehr erscheint vielen Menschen nur eine konsequent gewaltfreie, pazifistische Position mit der christlichen Botschaft vereinbar zu sein. Demgegenüber zeigt die reformatorische Zwei-Regimente-Lehre, deren Wurzeln im Neuen Testament liegen[52] und die Luther im Laufe seines Lebens Stück für Stück entwickelt, entfaltet und angewandt hat, dass der legitime staatliche

---

51 Das macht Luther vor allem in seinem Sendbrief zur Wurzener Fehde deutlich (WA Br 10,32–36, abgedruckt in: W. Härle, *Zum Beispiel Golfkrieg*, Hannover 1991, S. 53–59). Vgl. hierzu und zum folgenden Text W. Härle, »*Niemand soll in eigener Sache Richter sein«. Luthers Sicht der Obrigkeit und der demokratische Rechtsstaat*, in: U. Heckel u.a. (Hg.), Luther heute. Ausstrahlungen der Wittenberger Reformation, Tübingen 2017, S. 294–318.

52 Siehe dazu Mt 22,17–21; 26,52; Mk 10,42–45; Joh 18,33–38; Röm 13,1–7; Tit 3,1; 1Petr 2,13f. In diesen Schriften finden sich auch die Aussagen, die Gewaltanwendung untersagen: Mt 5,38–40 und 44; Röm 12,19 und 1Petr 3,9. Deshalb stellt sich schon für Luther die Frage, wie beide Aussagenreihen miteinander zu vereinbaren sind. Seine Antwort darauf entwickelt er – ausgehend vom Neuen Testament und von Augustin – in seiner Schrift von 1523: „Von der weltlichen Obrigkeit: Wie weit man ihr gehorsam schuldet" (DDStA 3,217–289). Bereits in dieser Schrift löst Luther sich von der überlieferten Vorstellung, es gehe um zwei „Reiche" im Sinne von Herrschaftsgebieten oder Menschengruppen und erkennt, dass man die beiden *regna* als *regimenta*, d. h. als zwei *Regierweisen* Gottes zu verstehen hat.

Gebrauch von Gewalt zu der von Gott gewollten, guten Ordnung der Welt gehört.

Ausgangspunkt von Luthers Sicht der Obrigkeit und ihres Gewaltmonopols ist deren Zuordnung zum *Heilsratschluss* Gottes für die Welt: Gott hat die Menschheit in Jesus Christus von Anbeginn zur ewigen Liebesgemeinschaft mit sich bestimmt, und er hat die Verwirklichung dieses Ziels in seinen Händen behalten. Sie geschieht durch seinen Geist, der den Glauben, also das Vertrauen auf Gott und damit die Gemeinschaft der Menschen mit Gott weckt, „wo und wann Gott will" (CA V). Dieses Wirken hat Gott jedoch an die Verkündigung und an das Hören des Evangeliums von Jesus Christus gebunden. Für diese Verkündigung und für dieses Hören nimmt Gott die Mitwirkung von Menschen in Anspruch. Das ist Gottes zur Erlösung führende Regierweise Gottes, sein Regiment „mit der Rechten". Es ist aber Gottes Wille für die von ihm geschaffenen und zur ewigen Liebesgemeinschaft mit sich bestimmten Menschen, dass sie schon auf Erden in irdischem Frieden und irdischer Gerechtigkeit miteinander leben. Das ist Gottes der Erhaltung dienende Regierweise, sein Regiment „mit der Linken", das hingeordnet ist auf das ewige Heilsziel. Die Verwirklichung dieses irdischen Ziels, legt Gott jedoch in die Hände der Menschen und damit in die Verantwortung der Menschheit.

Während das Glauben weckende Geistwirken Gottes den Menschen zur Zustimmung und Einwilligung gewinnen will, erfolgt die Schaffung und Erhaltung des irdischen Friedens und der irdischen Gerechtigkeit notfalls auch gegen menschlichen Widerstand, der seine Wurzel in der menschlichen Selbstsucht, Rücksichtslosigkeit und Trägheit hat. Es gehört zu der von Gott geschaffenen menschlichen Natur, dass die Sünde und damit dieser Widerstand des Menschen durch Gottes Schöpferwirken nicht ausgeschlossen ist. Aber Gott überlässt die Menschheit gleichwohl nicht der Macht und den Folgen der Sünde, sondern tritt ihr mit seinem göttlichen, von Menschen auszuführenden Erhaltungswillen entgegen.

Die *Ziele* des göttlichen Erlösungs- und Erhaltungswillens unterscheiden sich, aber sie widersprechen einander nicht – im Gegenteil: Sie *gehören zusammen.* Das kann man von den *Mitteln,* die zu diesen Zielen führen sollen, nicht sagen. Sie unterscheiden sich nicht nur, sondern sie widersprechen sich sogar punktuell. Während Gottes erlösende Regierweise nur durch die vom Heiligen Geist bewahrheitete Evangeliumsverkündigung unter striktem *Ausschluss aller menschlichen Gewalt (sine vi humana, sed verbo,* CA XXVIII) geschieht, geschieht Gottes erhaltende Regierweise durch eine politische Rechts- und Friedensordnung, deren Durchsetzung auch „unter Androhung und Ausübung von Gewalt" (Barmer Theologische Erklärung V) erfolgt. Der legitime Gebrauch menschlicher Gewalt ist folglich das *Schibboleth* zur *Unterscheidung* der beiden Regierweisen Gottes.

Luther weist ausschließlich dem weltlichen Regiment den Gebrauch von Gewalt zu und vertritt insofern das Gewaltmonopol des Staates, aber das heißt keineswegs, dass es für ihn einen willkürlichen Gebrauch der Gewalt durch den Staat gäbe. Im Gegenteil: Es ist Ausdruck einer (durch Gott verhängten) Verwirrtheit der Fürsten, „dass sie meinen, sie könnten alles, was sie wollen, tun und ihren Untertanen gebieten. Und die Untertanen irren auch und glauben, sie seien verpflichtet, in allem zu gehorchen". „Denn auch in weltlichen Sachen darf man nicht gewaltsam vorgehen, wenn nicht zunächst das Unrecht durch das Recht besiegt worden ist."[53] Es ist ein Charakteristikum von Luthers Sicht des Staates, dass er den politischen Einsatz von Gesetz und Gewalt gegen Unrecht und Aufruhr seitens der legitimen Obrigkeit nicht nur für erlaubt, sondern für *geboten* hält. Er vertritt diese Auffassung mit derselben Entschiedenheit, mit der er den Einsatz von Gewalt in Gottes Regiment zur Rechten, also in der Erlösungsordnung *ablehnt.* Hier kennt und akzeptiert er aus christlicher Sicht nur das *Erleiden* des Unrechts und – wo es um Gewissensfragen geht – den *passiven* Widerstand.

---

53 So DDStA 3,223,14–16 und 267,25–27.

6.4 Einhegung des Gewaltmonopols durch Gewaltenteilung und Ethos

Sowohl im Fall der bloßen Gewaltandrohung als auch der tatsächlichen Gewaltanwendung verfügt das staatliche Gewaltmonopol über eine enorme *Machtfülle*, die grundsätzlich auch missbraucht werden kann und darum auch als potenziell bedrohlich empfunden und erlebt wird. Deshalb habe ich in Abschnitt 6.2 im Blick auf das staatliche Gewaltmonopol von einer *missbrauchbaren* Errungenschaft gesprochen. Das hebt die Größe und positive Bedeutung dieser Errungenschaft nicht auf, macht aber bewusst, dass gegen ihre Missbrauchsmöglichkeiten Vorkehrungen getroffen werden müssen.

Fragt man sich, worin die Missbrauchsmöglichkeit des staatlichen Gewaltmonopols konkret besteht, so kann man generell sagen: in einem Gebrauch der Androhung und Anwendung von Gewalt, der durch die *Willkür* derer gekennzeichnet ist, die über die Mittel zur Androhung und Anwendung von Gewalt verfügen. Unter Willkür ist dabei ein Verhalten zu verstehen, das durch nichts anderes als das beliebige Wollen der handelnden Instanz gesteuert wird und keiner Begrenzung oder Kontrolle durch allgemeine Regeln, durch andere Institutionen, durch die Rücksicht auf andere Menschen oder durch die Achtung vor ihnen unterliegt. Daran wird erkennbar, „Willkür" bildet einen scharfen *Gegensatz* zu „Achtung der Menschenwürde" und zu „Menschenwürde als Anrecht auf Achtung". Solche Willkür kann durch Vielerlei motiviert und angetrieben sein: durch ideologische Programmatik, Machtstreben, Überlegenheitsgefühl, Minderwertigkeitsgefühl, Habgier etc., wobei diese möglichen Faktoren sich miteinander auch verbinden und verbünden können und damit eine besonders wirksame und bedrohliche Dynamik entfalten.

Dieser mögliche Missbrauch des staatlichen (wie jedes anderen) Gewaltmonopols bedarf deshalb dringend zu seiner Vermeidung oder Bekämpfung wirksamer Vorkehrungen, durch die das Gewaltmonopol zwar nicht aufgehoben, wohl aber begrenzt und eingehegt wird. Das geschieht einerseits in *formaler* Hinsicht durch die *Begrenzung* der staatlichen Gewalt durch die Institutionalisierung der *Gewaltenteilung* (in Legislative, Exekutive und Judikative) und damit zugleich durch die Bindung der staatlichen Gewalt an das *Recht* sowie andererseits in *inhaltlicher* Hinsicht durch die rechtlich verbriefte Achtung der Menschenwürde und Menschenrechte – auch und gerade seitens des Staates – wie sie Art. 1 (1) des Grundgesetzes unübersehbar festschreibt. Die Vermeidung, Aufhebung oder Überwindung des *Missbrauchs* des staatlichen Gewaltmonopols durch Willkür hat ihrerseits den Charakter einer zwingenden *ethischen Forderung*. Sie ist kein Adiaphoron. Was gegen diesen Missbrauch mit legalen Mitteln *möglich* ist, hat zu geschehen. Dabei richtet sich dieser Imperativ an „die Regierenden und Regierten",[54] also an die Gesamtheit derer, die in einem Gemeinwesen politische Verantwortung tragen.

Was dabei in formaler und inhaltlicher Hinsicht zu beachten und zu tun ist, hat sich im bisherigen Text andeutungsweise gezeigt. Dies hier im Detail auszuführen, würde jedoch seinen Rahmen sprengen. Nur so viel sei abschließend unterstrichen: Jede Form der Vermeidung oder Überwindung von politischem[55] Gewaltmissbrauch, der auf Willkür basiert, erfordert den Einsatz von *Menschen*. Und als verpflichtende Aufgabe erfordert sie demzufolge ein *Ethos*, das sich an der Achtung und dem Schutz der Menschenwürde orientiert. Seine Vermittlung und Anwen-

---

54 Die Rede von der „Verantwortung der Regierenden und Regierten" aus These V der Barmer Theologischen Erklärung von 1934 gehört m.E. zu den besonders gut *gelungenen* sprachlichen Elementen dieses wichtigen theologischen Dokuments.

55 Die Betonung des *politischen* Gewaltmissbrauchs besagt nicht, dass das Gesagte *nur* für den Bereich der Politik gälte und nicht auch für andere gesellschaftliche Bereiche (wie z.B. für die Institutionen der Wirtschaft, der Publizistik, der Bildung, der Religion und der Familie), sondern sie ist nur der thematischen Zuspitzung geschuldet, die mit dem Thema der Erfurter Tagung „Würde und Willkür" und demzufolge auch mit dieser Veröffentlichung vorgegeben war.

dung lässt sich nicht auf einzelne Phasen oder Sektoren des Lebens begrenzen, sondern umfasst das menschliche Leben vom Anfang bis zum Ende. Das stellt eine *umfassende Bildungsaufgabe* dar, an der auch die christlichen Kirchen mitzuwirken haben.

Friedemann Richert

Ein Lob auf das Grundgesetz
Zum Verhältnis von Vernunft, Politik und Religion[1]

Dem Andenken an Robert Spaemann

1. Würdigung

Robert Spaemann zählt zu den bedeutendsten und profiliertesten Philosophen unserer Gegenwart. Das kommt nicht von ungefähr. Denn schon als 14-Jähriger wusste er um das menschenverachtende Unrecht und Verbrechen, das im Namen der Nationalsozialisten in Deutschland und Europa, vor allem an den Juden, begangen wurde. So sagte Spaemann: „Das Verhalten gegenüber den Juden war für mich der augenfälligste Beweis für die unchristliche Barbarei des NS-Regimes."[2] Eingedenk dieser Barbarei hatte Robert Spaemann es auch 1944 mit 17 Jahren gewagt, sich sowohl dem Fahneneid auf Adolf Hitler als auch dem Gestellungsbefehl zur Wehrmacht zu entziehen. Robert Spaemann war auf einem Bauernhof im südlichen Münsterland untergetaucht. Er war kein politischer Pazifist, sondern ein aufrecht katholischer und frommer Christ. Darum war es einzig und allein seine der Wahrheit verpflichtete, katholische Haltung, die ihn zu diesem persönlich riskanten Schritt bewogen und geführt hat.[3] Wer aber mit seinem Leben für seinen Glauben und seine Überzeugung einsteht, dessen Wort findet Beachtung und Gehör. So ist sein philosophisch weises Wort bis heute in Politik,

---

1   Dieser Beitrag ist der überarbeitete Artikel *Lob auf das Grundgesetz* im Deutschen Pfarrblatt, Heft 7, 2017, 117. Jahrgang, S. 391–395.

2   Robert Spaemann, *Über Gott und die Welt*, Stuttgart 2012, S. 39.

3   Vgl. a.a.O., S. 35–54.

Gesellschaft, Wirtschaft, Kirche und Medien gefragt und geachtet.

Robert Spaemann studierte Philosophie, Geschichte, Romanistik und Theologie und kommt aus der sogenannten Ritterschule, die auch weitere bedeutende Denker wie Ernst-Wolfgang Böckenförde, Hermann Lübbe, Odo Marquard oder Ludger Oeing-Hanhoff hervorgebracht hat. Von 1962–1969 lehrte Robert Spaemann Philosophie an der Technischen Hochschule Stuttgart, danach bis 1971 an der Universität Heidelberg. Ab 1972 lehrte er Philosophie an der Universität München, von wo aus er 1992 emeritierte. Außerdem war er Gastprofessor in Paris, Rio de Janeiro, Louvain-la-Neuve sowie an der Chinesischen Akademie der Sozialwissenschaften in Peking. Er erhielt die Ehrendoktorwürde der Universitäten Fribourg, Navarra, Washington sowie Santiago de Chile. Im Jahre 2001 verlieh ihm die Stadt und Universität Heidelberg den Karl-Jaspers-Preis. Und Papst em. Benedikt XVI. schätzte ihn als Berater, ebenso der Rat der Evangelischen Kirche in Deutschland. Deswegen kann man Robert Spaemann durchaus als praeceptor Germaniae, als Lehrer Deutschlands bezeichnen.

Mit seinem gesamten philosophischen Leben und Wirken hat Robert Spaemann stets auch die politische Landschaft in Deutschland und Europa in ihrer vielfältigen Gemengelage thematisiert und immer sein Wort für den demokratischen Rechtsstaat erhoben. Ausgangspunkt seiner politischen Überlegungen ist seine unwiderlegbare Einsicht, dass Herrschaft für Gesellschaft und Staat eine unabdingbare Voraussetzung ist.[4] Diese Herrschaft wird sinnvollerweise vom Staat verantwortet, wobei diesem hierbei zwei Aufgaben zufallen: „Der Staatszweck ist einerseits die Ermöglichung und Verwirklichung des guten Lebens im Ganzen, das nicht durch den Staat selbst gesetzt und definiert ist. Andererseits ist es die Erhaltung der Bedingungen

---

4   Robert Spaemann, *Zur Kritik der politischen Utopie*, Stuttgart 1977, S. 135ff.

dieses guten Lebens."[5] Mit dieser Definition benennt Spaemann die Konturen dessen, was er unter einer vernünftigen, demokratischen Herrschaft versteht: Vernünftig ist diese nur dann, wenn sie die Ermöglichung und die Verwirklichung des guten Lebens im Ganzen garantiert. Und gerechtfertigt ist diese vernünftige Herrschaft wiederum, wenn sie die Erhaltung dieser Bedingungen des guten Lebens gewähren kann. Garantiert aber werden beide Bedingungen einer gerechten Herrschaft nur durch deren Souveränität. Denn eine souveräne Herrschaft besitzt „die Fähigkeit zur Selbstbeschränkung, weil sie nicht mehr unter dem Zwang ständiger Selbstbehauptung steht. […] Die souveräne Macht kann sich erstmals den Luxus leisten, moralischen Erwägungen, Gesichtspunkten der praktischen Vernunft Raum zu geben und das Gemeinwesen allmählich von der naturwüchsigen in eine vernünftige und gerechte Form zu überführen."[6] Als vernünftig und gerecht kann eine Herrschaft demnach dann bezeichnet werden, wenn sie ein gutes und gelingendes Leben garantieren kann.

Um für all dies einen rechtsverbindlichen Rahmen abzugeben, ist unser deutsches Grundgesetz im Jahre 1949 verabschiedet worden. Nach Robert Spaemann gilt es, die mit dem Grundgesetz garantierten Rechte und Pflichten gegenüber allen zeitgeistbedingten Relativierungen und ideologischen Verengungen nicht nur zu verteidigen, sondern diese selbst mit dem Geist des Grundgesetzes, also in „Verantwortung vor Gott und den Menschen", zu hinterfragen und ihnen mit Vernunftgründen zu widersprechen. Denn unser Grundgesetz befördert keine Wertegemeinschaft, sondern konstituiert eine vernünftige Rechtsgemeinschaft in Form des liberalen Rechtsstaats. Dieser stattet alle seine mündigen Bürger mit den gleichen Rechten und Pflichten aus, und das unabhängig von ihren religiösen oder weltanschaulichen Auffassungen, und erwartet ebenso von seinen Bürgern

---

5 A.a.O., S. 11.
6 A.a.O., S. 86.

die unbedingte Achtung und Wahrung der durch das Grundgesetz gegebenen Gesetze.

Am 10. Dezember 2018 ist Robert Spaemann im Alter von 91 Jahren verstorben. Mit ihm verband mich eine langjährige Freundschaft und geistige Verbundenheit. Es erfüllt mich mit Dankbarkeit und Demut, ihn meinen geistigen Lehrer nennen zu dürfen. Ihm zum Andenken ist nachfolgender Artikel geschrieben, der sich seiner politischen Philosophie verpflichtet weiß.

2. Zur Aufgabe der Politik

Wir Menschen sind langsame Wesen. Wir brauchen eine uns schützende Wohlordnung. Denn alle Menschen wollen zu allen Zeiten ein gutes und gerechtes, ein friedliches und wahrhaftiges Leben führen.

Wir Menschen sind gefährlich. Denn wir versprechen mit unserem Erscheinen mehr zu sein, als wir in Wirklichkeit sind. Nur wir können lügen, betrügen und anderen mit List und Tücke schaden. Wären wir indes Engel, also ohne Sünde, würden wir sehr wohl ohne Recht und Gesetz auskommen. Dem ist aber nicht so. Wir Menschen benötigen notwendig ein uns schützendes Recht.

Wir Menschen sind gesellige Wesen. Wir suchen die Gemeinschaft von Familie und Gesellschaft und finden uns darum im Staate ein. Wir brauchen darum soziale Gesetze.

Wir Menschen sind religiöse Wesen. So sehnen wir uns nach himmlischem Frieden in unseren irdischen Gefilden und benötigen hierfür die heilige Wohlgestalt des geordneten Glaubens.

Wir Menschen sind von Grund auf verschieden. Was dem einen heilig ist, ist dem anderen profan und bedeutungslos.

Wir Menschen sind gewaltbereit und böse. Nur ein handlungsfähiger Rechtsstaat kann dem Einhalt bieten.

Das alles zu gewährleisten ist Aufgabe der Politik. Politik hat somit das Gut des Lebens allumfassend zu schützen.

3. Zur Freiheit des Grundgesetzes

Das am 23. Mai 1949 für die Bundesrepublik Deutschland erlassene Grundgesetz steht in der demokratischen Tradition der Verfassung des Deutschen Reiches, wie sie am 31. Juli 1919 in Weimar beschlossen wurde. Insofern hat unsere Bundesrepublik dieses Jahr zwei demokratische Jubiläen zu feiern: die 100-Jahrfeier der Weimarer Reichsverfassung und die 70-Jahrfeier des Grundgesetzes. Für dieses war vor allem ein Gedanke handlungsleitend: Nie mehr totalitäre Politik im Namen des deutschen Volkes, nie mehr repressive Gesinnungsethik, nie mehr gebeugtes und menschenverachtendes Recht, nie mehr bevormundende Gesetze, nie mehr eine die Menschenwürde missachtende, gesellschaftspolitische Ideologie. Darum bestimmte sich das deutsche Volk als eine politische Gemeinschaft von freien, mündigen und geselligen Bürgern, die jedem deutschen Staatsbürger ein gutes, schützendes und soziales Recht gewährt und jeden Menschen in seiner Existenz und Würde achtet. Deshalb hat der Artikel 1 des Grundgesetzes den Schutz der Menschenwürde zum Inhalt. Dieser wird wie folgt ausgeführt:[7]

(1) Die Würde des Menschen ist unantastbar. Sie zu achten und zu schützen ist Verpflichtung aller staatlichen Gewalt.

(2) Das Deutsche Volk bekennt sich darum zu unverletzlichen und unveräußerlichen Menschenrechten als Grundlage jeder menschlichen Gemeinschaft, des Friedens und der Gerechtigkeit in der Welt.

(3) Die nachfolgenden Grundrechte binden Gesetzgebung, vollziehende Gewalt und Rechtsprechung als unmittelbar geltendes Recht.

---

7 Vgl. Grundgesetz, Artikel 1, 39. Auflage, München 2004.

4. Zur Trennung von Staat, Kirche und Religion

Die im Grundgesetz kategorial gesetzte Maxime der Menschenwürde mit der daraus folgenden Verpflichtung aller staatlichen Gewalt, die Menschenwürde unverbrüchlich zu achten und zu schützen, hat denn auch zur Vorordnung des staatlichen Rechts vor allen kirchlichen oder religiös begründeten Rechtsgütern geführt. Ideengeschichtlich ist diese Trennung von Staat und Kirche schon bei Martin Luther mit seiner sogenannten Zwei-Reiche-Lehre grundgelegt, die vereinfacht Folgendes lehrt: Die Kirche enthält sich aller Eingriffe in den Staat mit seiner eigenen Rechtsgewalt, weswegen die Kirche umgekehrt frei ist für ihre eigentliche Aufgabe: die Verkündigung des Evangeliums.[8] Staat und Kirche stehen einander sozusagen in achtsamer Neutralität gegenüber. Begründet ist diese staatliche Neutralität in der historischen Erfahrung der, mit der Reformation einhergehenden, notwendig gewordenen Loslösung der Politik von der kirchlich-konfessionellen Umarmung.

So kann der Augsburger Religionsfrieden von 1555 durchaus als Geburtsstunde der säkularen, modernen Politik betrachtet werden. Die folgenden verheerenden Glaubenskriege des 16. und 17. Jahrhunderts in Europa haben zudem die vernünftige Einsicht reifen lassen, dass nur eine religionsneutrale staatliche Gewalt in der Lage sein wird, ein friedliches Zusammenleben der verfeindeten religiösen Lager zu ermöglichen. Mit der sich fortan mehr und mehr durchsetzenden gesellschaftlichen Unterscheidung von „öffentlich" und „privat" wurden zudem für das Zusammenleben in einem Staat Lebensbereiche gewonnen, in denen Politik, Kirchen und Religion eine ideale Kohärenzform für ein gerechtes Miteinander zugewiesen bekamen. Nicht mehr der Staat und die Reichskirche, sondern der aufgeklärte mündi-

---

8 Vgl. hierzu: Friedrich Mildenberger, *Theologie der lutherischen Bekenntnisschriften*, Stuttgart 1983, S. 102f., 114–116; 186–193.

ge Bürger hatte nunmehr sein Verhältnis zur Religion zu klären, und das sowohl im öffentlichen als auch privaten Raum. Und es ist Kant gewesen, der mit seinem Postulat vom öffentlichen Vernunftgebrauch diese bürgerliche Mündigkeit bestärkt hat, sollen doch, so Kant, alle Staatsbürger stets von ihrer „Vernunft in allen Stücken öffentlichen Gebrauch machen".[9] Das heißt aber, in öffentlichen Dingen, also Politik, Gesellschaft und Gemeinschaft betreffend, hat die aufgeklärte Vernunft als Ratgeber zu dienen und nicht mehr die durch Religion geoffenbarte Erkenntnis. Denn nur der Vernunftglaube gründet in der reinen Vernunft. Und diese macht den Staat aus, weswegen auch das Denken dem Erkennen vorausgeht. Zwar kann der Glaube als Erkenntnis im subjektiven Sinne als zureichend bestimmt werden, objektiv aber, im Bereich des Denkens, da ist der Glaube ein unzureichendes Fürwahrhalten. Deswegen ist der aufgeklärt-säkulare Staat jeglicher Religion erhaben, weswegen für Kant feststeht: Allein das vernünftige Denken leitet in seinem praktischen Gebrauch zur Idee des Guten, der Sittlichkeit, hin.[10] Darum ist der Reichsdeputationshauptschluss im Jahre 1803 eine folgerichtige politische Entscheidung gewesen, der über die Säkularisierung zum wohlbegründeten Ende der deutschen Reichskirche geführt hat.[11] Und umgekehrt begründen die schrecklichen Erfahrungen des totalitären Staates im 20. Jahrhundert mit Nationalsozialismus und Kommunismus mit den darin zu Teilen gleichgeschalteten Kirchen die Vorherrschaft des staatlichen Rechts vor allen weltanschaulichen oder religiösen Rechtsgütern, wie dies mit dem Inkrafttreten des Grundgesetzes in Deutschland der Fall ist.

---

9 Immanuel Kant, *Was ist Aufklärung?*, Darmstadt 1983, A 484.

10 Vgl. Immanuel Kant, *Was heißt: Sich im Denken orientieren*, Darmstadt 1983, A 316–319.

11 Die freilich mit dem Reichsdeputationshauptschluss für die Kirchen verbundenen rechtlichen Einschnitte wie Auflösung der geistlichen Territorien und ökonomische Enteignungen der Bistümer und Reichsstifte sollen nicht verschwiegen werden.

Somit setzt unser Grundgesetz mit der Trennung von Staat und Kirche einen historischen Endpunkt in der Säkularisierung. Deswegen beinhaltet Artikel 140 des Grundgesetzes, mit seiner Aufnahme von Artikel 137, Abs. 1 der Weimarer Reichsverfassung, zugleich das Ende und das Verbot einer Staatskirche. Dieses Ende des Staatskirchentums kommentiert der ehemalige Präsident des Bundesverfassungsgerichts Hans-Jürgen Papier wie folgt: Artikel 140 Grundgesetz „stellt neben der individuellen und kollektiven Religionsfreiheit nach Art. 4 GG und dem kirchlichen Selbstverwaltungsrecht nach Art. 137, Abs. 3 WRV in Verbindung mit Art. 140 GG einen der Eckpfeiler der kirchenrechtlichen Ordnung in Deutschland dar".[12] Und das gilt unabhängig von dem als „hinkende Trennung" bezeichneten Verhältnis von Staat und Kirche, wie dies etwa beim Religionsunterricht als ordentlichem Lehrfach in den öffentlichen Schulen zum Tragen kommt.[13]

5. Zur kulturellen Bindung des deutschen Volkes

Diese Vorordnung des staatlichen Rechts vor allen religiös begründeten Rechtsforderungen ist ihrerseits in der kulturellen Bindung des deutschen Volkes begründet. Hierzu bemerkt der Verfassungsrechtler und ehemalige Verfassungsrichter Udo di Fabio:

Das Grundgesetz beharrt zwar ohne Wenn und Aber auf der Souveränität des ganzen Deutschen Volkes, gerade auch weil

---

12 Hans-Jürgen Papier, *Möglichkeiten und Grenzen der Religionsausübung in der Einwanderungsgesellschaft*, in: Materialdienst, EZW, 4, Berlin 2017, S. 123.

13 Vgl. Grundgesetz, Artikel 7, Satz 3: „Der Religionsunterricht ist in den öffentlichen Schulen mit Ausnahme der bekenntnisfreien Schulen ordentliches Lehrfach. Unbeschadet des staatlichen Aufsichtsrechtes wird der Religionsunterricht in Übereinstimmung mit den Grundsätzen der Religionsgemeinschaften erteilt. Kein Lehrer darf gegen seinen Willen verpflichtet werden, Religionsunterricht zu erteilen."

diese 1949 ein noch nicht erreichtes politisches Ziel war. Aber hinter diesem Anfang steht das Wissen, dass die wahre Freiheit einzelner Menschen und ganzer Völker nie in der isolierten Ungebundenheit, in autokratischer Unbiegsamkeit liegen kann. Die Freiheit vollendet sich erst mit der freiwilligen Bindung, mit der eigenen Einsicht in das Notwendige. Bindung und Selbstbeschränkung gründen in dem Bewusstsein, die Bindung zwar notfalls aus freien Stücken lösen zu können, aber letzte Erfüllung doch in der gelingenden Bindung und einer Ethik selbst erkannter Pflichten zu finden. Die verfassungsgebende Gewalt betont deshalb ihre „Verantwortung vor Gott und den Menschen". Dies ist keineswegs hohles Pathos, sondern schöpft aus den tiefsten Quellen unserer Kultur. Mit dem Gottesbezug machen die Deutschen ihre christliche Identität deutlich: eine Identität, die andere Glaubensrichtungen weder ausschließt noch gar bekämpft, aber auch nicht gleichgültig gegenüber dem Verfall oder der Gefährdung der eigenen geistigen und religiösen Wurzeln ist.[14]

Demnach ist der deutsche Staat nicht streng laizistisch, sondern er geht vielmehr einen Mittelweg zwischen Laizismus und Staatskirchentum,

> und er hat ein berechtigtes Interesse an der religiösen Vielfalt seines Volkes. Nach der Konstitution des Grundgesetzes sollen daher die Weltanschauungs- und Religionsgemeinschaften im Gemeinwesen wirken, sich darstellen und sich entfalten können. Säkularität ist mit anderen Worten für die öffentliche Ordnung des Staates, nicht aber auch für den öffentlichen Raum der Gesellschaft verlangt.[15]

Darum ist das Grundgesetz in einer ganz bestimmten verantwortungsethischen Haltung geschrieben worden, die dem einzelnen Bundesbürger, allen gesellschaftlichen Gemeinschaften,

---

14 Udo di Fabio, *Einführung in das Grundgesetz*, VII, in: Grundgesetz, 39. Auflage, München 2004.

15 Hans-Jürgen Papier, *Möglichkeiten und Grenzen der Religionsausübung in der Einwanderungsgesellschaft*, in: Materialdienst, EZW, 4, Berlin 2017, S. 124.

allen Religionsgesellschaften sowie allen Parteien ein geordnetes und gerechtes Maß der Teilnahme an der freiheitlichen demokratischen Grundordnung ermöglicht, und zwar innerhalb der für alle geltenden staatlichen Gesetze.

Genau diese freiheitliche demokratische Grundordnung spiegelt sich auch in dem demokratischen Wechselspiel zwischen den Parteien, den Kirchen und den anderen Religionsgesellschaften wider: Den Kirchen etwa werden vom Gesetzgeber bestimmte gesellschaftserhaltende Aufgaben zuerkannt. Dies zeigt sich einerseits in der staatlichen Gewährung des Körperschaftsstatus sowie durch das staatliche Beachten des Subsidiaritätsprinzips. In beiden Verfahren kommt zum Ausdruck, dass der Staat an sich kein Selbstzweck ist, während umgekehrt den Religionsgesellschaften, also etwa den Kirchen, ein die staatlichen Fundamente und Gemeinschaft bewahrendes und förderndes Handlungsprinzip zugesprochen wird. Auf diese Weise stehen die Religionsgesellschaften, also auch die Kirchen, in der staatlichen Pflicht, ihre gesellschaftliche Wirksamkeit in Verantwortung vor Gott und den Menschen gesamtgesellschaftlich zu gestalten. Insofern kommt den Kirchen im gesellschaftlichen Diskurs die Aufgabe eines gesamtgesellschaftlichen Brückenbauers und Hermeneuten zu, der seine Stimme über die parteipolitischen Ränkespiele hinweg zur Wohlgestalt der Gesellschaft und dem Volk zu erheben hat. Und zu dieser Wohlgestalt gehört es auch, dass die Kirchen vor allem diejenigen geistigen Grundlagen pflegen und beleben, von denen unser säkularer Staat lebt. So formuliert Hans-Jürgen Papier:

> Auch hier gilt die alte, einst von Ernst-Wolfgang Böckenförde formulierte Erkenntnis, dass unser Verfassungsstaat einerseits von bestimmten identitätsstiftenden Voraussetzungen abhängt, etwa von einem gewissen Maß an Homogenität an Sprache, Kultur, Tradition, Werteanschauung, Wertebewusstsein, und zwischenmenschlicher Solidarität.[16]

---

16 A.a.O., S. 130.

Für die Kirchen sowie alle anderen Religionsgesellschaften ist dies aber von kategorialer Bedeutung: Alle Kirchen sowie Religionsgesellschaften haben sich darum der parteipolitischen Betätigung oder parteipolitischen Positionierung zu enthalten, denn es ist nicht ihre Aufgabe, die politische Willensbildung des Volkes zu gestalten und mithin Parteipolitik zu betreiben. Wollen sie das dennoch, so müssten sie hierfür eigens eine politische Partei gründen. Als historischer Verweis mag hier die 1870 gegründete Deutsche Zentrumspartei dienen, die sich als christliche und soziale Partei definiert und bis heute als politische Partei anerkannt ist.

6. Zum kirchlichen Wächteramt

Dass sich indes die Kirche immer wieder auch als politisch berufene Größe versteht, leitet sie selbst vom kirchlichen Wächteramt ab, mittels dessen die Kirche zu gesellschaftlichen Fragen und Entwicklungen etwa in Form von Denkschriften oder kirchlichen Verlautbarungen öffentlich Stellung nimmt.[17] Ursprünglich ist aber die Vorstellung des Wächteramtes der Kirche der lutherischen Orthodoxie entnommen, und zwar in der Lehre vom dreifachen Amt Christi (officium Christi triplex), nämlich dem officium propheticum (Prophetenamt), dem officium sacerdotale (Priesteramt) und dem officium regium (Regierungsamt). Für das kirchliche Wächteramt ist das officium propheticum von Interesse, worunter man das Geschäft Christi versteht, den Menschen den himmlischen Ratschluss der Erlösung zu verkündigen. Dies vollzog Christus selbst, solange er auf Erden war und übte damit zugleich diejenige prophetische Tätigkeit aus, die in der rechten Lehre und Verkündigung des Willen Gottes bestand. Dieses prophetische Amt hat Christus dann im heiligen Lehramt

---

17 Vgl. zu Folgendem: Heinrich Schmid, *Die Dogmatik der evangelisch-lutherischen Kirche*, Gütersloh ⁹1979, S. 226–243.

fortan der Kirche anvertraut, sodass dieses durch die Wirksamkeit von Wort und Sakrament konstituiert ist. Auf dieses Lehramt wird darum jeder Pfarrer bei seiner Investitur im Rahmen der Amtsverpflichtung offiziell verpflichtet, wie dies etwa in der Evangelischen Landeskirche in Württemberg der Fall ist.[18]

Freilich ist diese Lehre vom kirchlichen Wächteramt eine rein kirchliche und kann darum für sich nicht beanspruchen, von gesamtgesellschaftlicher oder gar politischer Bedeutung zu sein. Somit gebührt es der Kirche auch nicht, parteipolitische Empfehlungen oder Wertungen abzugeben und sich wertend zu Parteien zu äußern, die über das Grundgesetz legitimiert sind, gibt es doch keine Staatskirche mehr. Wie fragwürdig solch ein kirchenamtliches Äußern wäre, zeigt sich an der vom Grundgesetz gewährten Rechtsposition anderer Religionsgesellschaften gegenüber. Denn wären parteipolitische Empfehlungen oder Warnungen über das kirchliche Wächteramt legitimiert, so könnten in unserem neutralen und nunmehr pluralistischen Staate auch andere Religionsgesellschaften dieses „prophetische Wächteramt" für sich in Anspruch nehmen: So könnten etwa muslimische Würdenträger die schrittweise Anpassung des öffentlichen Raums und der Rechtsprechung an die gesellschaftspolitischen Erfordernisse des Islams einfordern, ganz im Duktus

---

18 Diese lautet wie folgt: „Im Aufsehen auf Jesus Christus, den alleinigen Herrn der Kirche, bin ich bereit, mein Amt als Diener des göttlichen Wortes zu führen und mitzuhelfen, daß das Evangelium von Jesus Christus, wie es in der Heiligen Schrift gegeben und in den Bekenntnissen der Reformation bezeugt ist, aller Welt verkündigt wird.

Ich will in meinem Teil dafür Sorge tragen, daß die Kirche in Verkündigung, Lehre und Leben auf dem Grund des Evangeliums gebaut werde, und will darauf achthaben, daß falscher Lehre, der Unordnung und dem Ärgernis in der Kirche gewehrt werde. Ich will meinen pfarramtlichen Dienst im Gehorsam gegen Jesus Christus nach der Ordnung unserer Landeskirche tun und das Beichtgeheimnis wahren" (*Kirchenbuch für die Evangelische Landeskirche Württemberg, Zweiter Teil: Sakramente und Amtshandlungen, Teilband: Einführungen*, Stuttgart 1985, S. 45).

einer der wichtigsten religiösen Autoritäten des sunnitischen Islam, des Rektors der Kairoer Al-Azhar-Universität, Ahmad Mohammad al-Tayyeb. Der hatte sich gegenüber dem Unionspolitiker Volker Kauder, das Verhältnis von Staat und Religion betreffend, wie folgt geäußert:

> Hören Sie bitte auf, mit mir darüber zu reden, dass der Islam durch die Aufklärung muss. Wir wollen nicht durch die Aufklärung, denn bei der Aufklärung ist das Ergebnis gewesen, dass der Staat über der Religion steht, und bei uns muss die Religion über dem Staat stehen.[19]

Demnach steht für diesen hohen Islamgelehrten fest, dass ein säkularer Staat, wie etwa unsere Bundesrepublik Deutschland mit ihrer Gesetzgebung, für den Islam letztlich keine bindende Gültigkeit besitzt. Hier wäre indes ein Wort der Zurückweisung und der öffentlichen Kritik angezeigt gewesen, und zwar sowohl von der Kirche als auch den Parteien. Denn Kirche und Parteien sind beide, als gesellschaftlich anerkannte Rechtsgrößen, dazu berufen, den säkularen Rechtsstaat unseres Grundgesetzes gegen all jene Bestrebungen zu verteidigen, die unser Grundgesetz ablehnen. Die Haltung von Herrn al-Tayyeb widerspricht nämlich kategorial unserem Grundgesetz und dem damit ermöglichten pluralen Leben. Auf diese geistige Gemengelage ist die Evangelische Kirche in Deutschland (EKD) bereits im Jahre 2006 mit ihrer Denkschrift: „Klarheit und gute Nachbarschaft – Christen und Muslime in Deutschland" konstruktiv eingegangen.[20] Allein die nötige mediale und gesellschaftliche Diskussion fand hierüber nicht statt, andernfalls wäre das Diktum von Herrn al-Tayyeb politisch und medial nicht kommentarlos geblieben.

---

19 www.welt.de, vom 03.12.2016 (abgerufen am 24. April 2017).

20 Vgl. EKD-Texte 86: *Klarheit und gute Nachbarschaft – Christen und Muslime in Deutschland. Eine Handreichung des Rats der EKD*, Hannover 2006.

7. Zum notwendigen Ende des Kirchenasyls

Es kann darum nicht im Interesse unseres säkularen Rechtsstaates sein, einem religiös begründeten Wächteramt einen gesellschaftspolitisch relevanten Stellenwert zuzuerkennen, es sei
denn im Sinne der vom Grundgesetz garantierten Meinungsfrei-
heit. Andernfalls würde der Rechtsstaat seine weltanschauliche
Neutralität aufgeben und somit seine Souveränität verlieren. Das
aber kann in einer pluralen Gesellschaft in niemandes Interesse
sein. Somit entfällt, aufgrund der pluralen Gesellschaft und der
nicht nur durch die Kirchen wohlwollend und intensiv beförder-
ten multikulturellen Gestalt unserer Gesellschaft, das kirchlich-
politische Wächteramt und somit die geistig-gesellschaftliche
Vorherrschaft der Kirchen für ein bestimmtes Politikmodell, es
sei denn das der republikanischen Demokratie unseres Grundgesetzes. Dies anzuerkennen, zu befördern und als Handlungs-
maxime allen kirchenpolitischen Äußerungen zugrunde zu legen, ist die einzige politische Aufgabe, die der Kirche in unserem
bundesrepublikanisch-deutschen Rechtsstaat zufällt.

Dementsprechend ist auch das Kirchenasyl eine rechtsstaatlich nicht zu rechtfertigende Haltung und Handlungsweise der
Kirchen. Der zur Begründung des Kirchenasyls gerne herange-
zogene Artikel 4 des Grundgesetzes mit seinem Verweis auf die
Glaubens-, Gewissens- und Bekenntnisfreiheit ist staatsrecht-
lich nicht tragbar, denn alle Religionsgesellschaften haben sich
innerhalb der für alle geltenden Gesetze zu bewegen. Oder um
es mit Hannah Arendt zu sagen: „Güte kann im Öffentlichen
nur einen korrumpierenden Einfluß haben, wo immer sie sich
zeigt."[21] Deswegen ist das staatliche Recht kategorial dem kirchlichen Selbstbestimmungsrecht vorgeordnet. Zudem erheben
sich gegen das Kirchenasyl Einwände des säkularen Staates ange-

---

21 Hannah Arendt, *Vita activa oder Vom tätigen Leben*, München/Zürich 2002,
S. 74.

sichts unserer pluralen und multireligiösen Gesellschaft: Sofern der Islam zu Deutschland gehört, wie sehr einflussreiche Teile unserer Medienwelt und viele gesellschaftliche und politische Verantwortungsträger behaupten, folgt daraus dessen Anerkennung als Religionsgesellschaft. Somit aber könnten etwa solche rechtsstaatlich anerkannten Moscheegemeinden ihrerseits ein Moscheenasyl für sich in Anspruch nehmen. Und zwar immer dann, wenn ihrer Meinung nach der säkulare Rechtsstaat zu Unrecht gegen das individuelle Menschenrecht verstößt, indem er etwa gegen muslimisch aufrechte Dschihadisten vorzugehen gedenkt, die gegen unser Recht strafrechtlich relevant verstoßen haben. Eine Moscheengemeinde könnte, analog den Kirchen, für sich das Moscheenasyl in Anspruch nehmen, um den bedrängten Glaubensbrüdern einen religiös begründeten Schutz gegenüber der staatlichen Verfolgung zu gewähren.

Diesen Gedanken zu Ende gedacht, wäre dies das Ende des Rechtsstaates. Um dies zu verhindern, ist fortan jegliches Kirchenasyl sowohl kirchenrechtlich als auch strafrechtlich abzulehnen. Indes stellt sich beim kirchlichen Festhalten am Kirchenasyl fortan doch die Frage, ob das kirchliche Verständnis unseres Rechtsstaates nicht fragil geworden ist.

8. Zur Aufgabe der politischen Parteien

Ganz anders verhält es sich mit den politischen Parteien. Diesen wird durch das Grundgesetz vor allem die Aufgabe der Beförderung der politischen Willensbildung des Volkes zugewiesen: „Die Parteien wirken bei der politischen Willensbildung des Volkes mit."[22] Ein bewährtes Kennzeichen hierfür ist das Auftreten und Bestehen von politischen Parteien, die ihrerseits bestimmte Weltanschauungen und Haltungen, somit Interessen und Werte vertreten. Darum sind Parteien eben parteiisch, während Kir-

---

22 GG Art. 21, Satz 1.

chen ihrem Bekenntnis gemäß kirchlich und parteipolitisch neutral zu sein haben. In der Politik konkurrieren die Parteien deswegen mit ihren Interessen und Werten um die Zustimmung der mündigen Bürger. So wollen und sollen Parteien Gesellschaft gestalten. Folglich sollen unsere Parteien nach dem Grundgesetz bei der politischen Willensbildung des Volkes mitwirken, sofern sie in ihrer inneren Ordnung den demokratischen Grundsätzen des Grundgesetzes entsprechen. Andernfalls entscheidet allein das Bundesverfassungsgericht über die Verfassungswidrigkeit einer Partei.[23] Das aber heißt: Jede vom Bundesverfassungsgericht nicht verbotene Partei kann an der politischen Willensbildung des Volkes teilnehmen, kann somit gewählt werden und in den Parlamenten an eben dieser politischen Willensbildung des Volkes mitwirken.

Das gilt für die in ihren Interessen und ihren Wertekanons voneinander so weit auseinanderliegenden Parteien wie etwa Bündnis90/Die Grünen, die Piraten, die Linke und die AfD ebenso wie etwa für die Unionsparteien, die FDP und die älteste Partei Deutschlands, die SPD. Sofern diese Parteien auf der Basis des Grundgesetzes ihre Interessen und Werte vertreten und damit Politik betreiben, sind diese Parteien für alle mündigen Bürger wählbar. Wen der mündige Bürger freilich wählt, ist allein seiner persönlichen Überzeugung und Verantwortung überlassen.[24] Auf diese Weise wehrt das Grundgesetz der politischen Bevor-

---

23 Vgl. GG Art. 21.

24 So kritisiert die vormalige Bischöfin der EKM, Ilse Junkermann, die Entscheidung des Evangelischen Kirchentags, die AfD von den Podien beim Kirchentag auszuschließen, als der Demokratie nicht dienlich, vgl. Interview der Woche, Bischöfin Ilse Junkermann: *Das Evangelium ist politisch*, in: Deutschlandfunk vom 21.04.2019. Heftige Kritik an der mangelhaften Diskursbereitschaft des DEKT übt der Redakteur Jan Feddersen unter der Überschrift *Was für ein Misstrauen. Der am Mittwoch beginnende Evangelische Kirchentag ist eine Wellness-Mogelpackung. AfD-Politiker*innen dürfen sich dort nicht einmal selbst blamieren*, taz vom 22.06.2019, und wird dafür in den Kommentarspalten selbst heftig angegriffen: https://taz.de/Evangelischer-Kirchentag/!5600666/, aufgerufen am 24.06.2019.

mundung durch kirchliche, religiöse oder weltanschauliche Lebensdeutungen, ist es doch keine Ansammlung von beliebigen politischen Werten und wandelbaren Interessen, sondern Ausdruck einer aufgeklärten und mündigen Rechtsgemeinschaft.

9. Zur uneingeschränkten Öffentlichkeit

Und dieses politisch vernünftige System bedarf der uneingeschränkten Öffentlichkeit, andernfalls wird kein gutes Recht und keine Gerechtigkeit im Staate herrschen. Deswegen sollten nicht nur Politiker und „Kirchenfürsten" in Bezug auf das jüngst verabschiedete Gesetz zur Verbesserung der Rechtsdurchsetzung in sozialen Netzwerken[25] bei Immanuel Kant in die Schule gehen: Unter den großen Philosophen hat vor allem er der Öffentlichkeit eine aufklärerische Funktion zugeschrieben. Kant nennt das „die transzendentale Formel des öffentlichen Rechts" und definiert diese wie folgt: „Alle auf das Recht anderer Menschen bezogene Handlungen, deren Maxime sich nicht mit der Publizität verträgt, sind unrecht."[26] Für Kant hat dieses Prinzip nicht nur eine ethische, sondern auch eine juridische Kategorie, ohne die Recht und Gerechtigkeit, vernünftige Willensbildung und mündige Bürgerschaft, mithin also Politik, nicht denkbar sind. Demnach kann nur das rechtmäßig und damit gut und gerecht sein, was das Licht der Öffentlichkeit nicht scheut. So stellt zurecht der Historiker Egon Flaig im Sinne Kants fest:

> Alle Maximen, alle Gründe für das Handeln, sind in der Öffentlichkeit darzulegen und haben sich der Prüfung auszusetzen. Ein solches Prüfen kann deswegen gelingen, weil diese Öffentlichkeit den Charakter eines republikanischen Forums hat: Der Widerstreit von Meinungen

---

25 Vgl. Gesetz zur Verbesserung der Rechtsdurchsetzung in sozialen Netzwerken (Netzwerkdurchsetzungsgesetz – NetzDG) vom 1. September 2017, veröffentlicht in: Bundesgesetzblatt Jahrgang 2017 Teil I Nr. 61, ausgegeben zu Bonn am 7. September 2017.

26 Immanuel Kant, *Zum ewigen Frieden*, Darmstadt 1983, A 93.

lässt sich schlichten, indem auf jedwede Gewalt verzichtet wird, und indem die Gegner den Konflikt in eine Kontroverse transformieren, die sie auf diese Weise austragen. Die Kontrahenten sowie alle Teilnehmer sind antwortpflichtig und haben Rechenschaft über ihre Gründe zu geben – was die Griechen logon didonai nannten.[27]

So wir unser Grundgesetz ernst nehmen, formt sich daraus eine ganz bestimmte politische Kultur, nämlich die der demokratischen und republikanischen Haltung, die sich primär über die politischen Parteien zu vollziehen hat. Von einer politischen Willensbildung des Volkes durch die Kirchen oder Religionsgesellschaften ist im Grundgesetz ausdrücklich nicht die Rede. Und das ist um der Demokratie willen gut so.

27 Egon Flaig, *Die Niederlage der politischen Vernunft*, Springe 2017, S. 38.

Kapitel II

Zeichen und Symbole von Kultur und Rechtsordnung

Udo Di Fabio

Zur Lage der Demokratie
Globale Wirtschaft und politische Partikularität

1.

Die globale Wirtschaft scheint das Schicksal der partikularen Demokratien. Doch die Globalisierung ist nicht so neu, wie wir denken. Sie ist Kennzeichen der gesamten Neuzeit, sie ist durch Ungleichzeitigkeiten und Pendelschläge in der Entwicklung geprägt. Im Jahr 1990 erreichte der internationale Handel ungefähr wieder das Niveau von 1913. Da die Neuzeit vor gut 500 Jahren bereits mit der Entdeckung der Welt und der Erschließung des Fernhandels den Konflikt um überseeische Besitzungen gestartet hat, konnte man seit Ende des Kalten Krieges eher von einer Normalisierung sprechen als von einer neuen Epoche. Die Zeit der Weltkriege zwischen 1914 und 1945 war die eigentliche Zäsur, mit ihren Tendenzen zur staatlich dirigierten Kriegswirtschaft, Blockadepolitik, Raubzügen, Mangelverwaltung und der Dominanz von Politik und Militär. Einiges davon blieb konserviert durch die Blockbildung im Kalten Krieg bis zum Fall der Mauer und bis zum Zusammenbruch des Ostblocks.

Erst zu dem Zeitpunkt, als Francis Fukuyama vom Ende der Geschichte sprach,[1] wurden jene Versprechen wahr, die der amerikanische Präsident Franklin D. Roosevelt und der britische Premier Winston Churchill im August 1941 als Atlantik-Charta verabschiedet hatten: das westliche Kriegsziel mit der Wiederherstellung des klassischen Völkerrechts, die Menschenrechte,

---

[1] Francis Fukuyama, *The End of History and the Last Man*, New York 1992.

die Selbstbestimmung der Nationen, die Offenheit der Meere und der freie Welthandel.[2]

2.

Und doch wurde die Entwicklung der globalen Wirtschaft nach 1990 nicht in der großen historischen Perspektive als Wiederherstellung von Normalität, sondern als Zäsur im Vergleich zu den vorangegangenen Jahrzehnten wahrgenommen. Die Zeit zwischen 1950 und 1990 markiert vier Jahrzehnte einer in den meisten westlichen Ländern, zumal in Deutschland, als außerordentlich gelungen empfundenen Symbiose zwischen Demokratie und sozialer Marktwirtschaft.[3] Im Grunde genommen hatten die westlichen Gesellschaften aus den beiden Weltkriegen eine Lektion gelernt. Der vor allem europäische Kolonialismus und der imperialistische Wettlauf um Ressourcen, billige Arbeitskräfte und Absatzmärkte hatten gemeinsam mit Schutzzollpolitik und steigendender Rüstungsspirale ganz wesentlich zum Ausbruch des Ersten Weltkriegs beigetragen. Darauf hatte bereits das 14-Punkte-Programm des amerikanischen Präsidenten Woodrow Wilson reagiert und eine vernünftige Nachkriegsordnung in Aussicht gestellt. Daraus wurde nichts, weil der erste Weltkrieg Hass und Gewalt Vorschub geleistet hatte, totalitäre Konzepte erstarkt waren und die Friedensbedingungen von Versailles nicht auf Ausgleich, sondern auf Kleinhaltung des Gegners ausgerichtet waren. Aber nichts hatte so sehr weltweit Eindruck gemacht wie der Zusammenbruch der Weimarer Demokratie unter den Schlägen der Weltwirtschaftskrise. Bei den Reichstagswahlen 1928 erreichte die NSDAP lediglich 2,6% der Stimmen, und die SPD wurde mit knapp 30% die stärkste Par-

---

2 Di Fabio, *Herrschaft und Gesellschaft*, Tübingen 2018, S. 254f.

3 Zum Konzept der Sozialen Marktwirtschaft: Alfred Müller-Armack, *Wirtschaftsordnung und Wirtschaftspolitik*, Bern/Stuttgart 1976; Christian Hecker, *Soziale Marktwirtschaft und Soziale Gerechtigkeit: Mythos, Anspruch und Wirklichkeit*, in: Zeitschrift für Wirtschafts- und Unternehmensethik, 12(2), 2011, S. 269ff.

tei. Nur zwei Jahre später unter dem Eindruck der sich wie ein Flächenbrand ausbreitenden Weltwirtschaftskrise, unter den Bedingungen von Kapitalmangel und einbrechenden Steuereinnahmen, unter den Folgen einer Rezession und einem steilen Anstieg der Arbeitslosenzahlen veränderten sich die Stimmverhältnisse. Die NSDAP wuchs auf 18,3%, die Kommunisten steigerten ihr Ergebnis auf 13,1% der Stimmen, und die Weimarer Koalition aus Sozialdemokraten, Zentrum und Liberalen erreichte keine Mehrheit mehr.[4]

Was immer ansonsten an sozialpsychologischen Ursachen für den Aufstieg und die Inbesitznahme politischer Macht durch die Nazis eine Rolle gespielt haben mochte, das Elend der Weltwirtschaftskrise und die rigide Sparpolitik unter Reichskanzler Brüning schienen jedenfalls der entscheidende Impuls für diese Entwicklung zu sein. Auch im fernen Osten hat möglicherweise die japanische militärische Expansion nach China etwas damit zu tun, dass das Vertrauen in den westlichen Weg zum Wohlstand zwischen dem sowjetischen Experiment in Russland und der Schwäche des wirtschaftlich und politisch angeschlagenen Westens in Japan rapide abgenommen hatte.

3.

Den Müttern und Vätern des Bonner Grundgesetzes von 1949 stand der Zusammenbruch der Weimarer Demokratie ebenso klar vor Augen wie der Regierung unter Konrad Adenauer und seinem Wirtschaftsminister Ludwig Erhard. Dass das Grundgesetz beispielsweise kein Plebiszit des Bundesvolkes vorsah, war einem gewissen Misstrauen gegenüber dem Souverän geschuldet. Für Ludwig Erhard war gerade deshalb der Erfolg der sozialen Marktwirtschaft entscheidend für den Erfolg der Demokratie. Unter den neuen demokratischen Eliten der Fünfzigerjahre war klar, dass ohne Wirtschaftswachstum, ohne die

---

4   Di Fabio, *Die Weimarer Verfassung*, München 2018, S. 167ff.

Kraft zum raschen Wiederaufbau und auch ohne die Integration breiter Schichten die neue parlamentarische Demokratie bald ebenso in gefährliches Fahrwasser geraten könnte. Das Wirtschaftswachstum der Fünfzigerjahre, angeheizt durch den Bedarf des Wiederaufbaus, durch Arbeitskräftemangel, den Korea-Boom und durch die Förderung des Freihandels in einem ordoliberalen, ideell von Walter Eucken beeinflussten marktwirtschaftlichen Ordnungsrahmen, führte den Soziologen Helmut Schelsky schon Anfang der Fünfzigerjahre zu der Formulierung der „nivellierten Mittelstandsgesellschaft".[5] Hier war die Nivellierung nicht negativ gemeint, sondern als klassenlose, mobile Leistungsgesellschaft. Bildungsaufstieg, soziale Durchlässigkeit, starke Gewerkschaften und die Umstellung auf die umlagefinanzierte Rentenversicherung im Jahr 1957 bewirkten eine unerwartet deutliche Verbesserung der materiellen Lebensbedingungen. Starke Wachstumsraten bis in den zweistelligen Bereich führten dazu, dass die Realeinkommen der Arbeiter bereits Anfang der Fünfzigerjahre über das Vorkriegsniveau gestiegen waren. Der Wohnungsbestand in der Bundesrepublik erreichte schon 1954 wieder das Niveau von 1938, und der Bundeshaushalt war bis 1968 stets ausgeglichen. Im Jahr 1957 erreichten CDU und CSU, jene protestantisch erweiterten Nachfolgeparteien von Zentrum und Bayerischer Volkspartei, die absolute Mehrheit von Stimmen und Mandaten. Im Wahlkampf hatten sich die beiden Volksparteien CDU/CSU und SPD nichts geschenkt. Adenauer behauptete, ein Wahlsieg der SPD bedeute den Untergang Deutschlands, die SPD warnte vor dem Gang in eine klerikalfaschistische und atomar bewaffnete Republik. Doch danach begann die Konvergenz jenseits der alten weltanschaulichen Gräben, weil sich auch die politische Linke nicht der Faszination des Erfolges der sozialen Marktwirtschaft entziehen konnte.

---

5 Helmut Schelsky, *Die Bedeutung des Schichtungsbegriffs für die Analyse der gegenwärtigen deutschen Gesellschaft*, in: Ders., Auf der Suche nach Wirklichkeit, Düsseldorf/Köln 1965, S. 331ff.

Zehn Jahre später war zwar vom CDU-Staat und vom restaurativen Klima der Fünfzigerjahre die Rede,[6] aber das war lediglich für bestimmte Arten des ignoranten Umgangs mit der Vergangenheit oder sittliche alte Zöpfe zutreffend. Insgesamt verfehlte die Restaurationslegende die Wirklichkeit einer überaus lebendigen, von großen parlamentarischen Debatten, von erheblicher Mobilität und dem Wachsen staatsbürgerlichen Bewusstseins gekennzeichneten Dekade. Die Demokratie war gefestigt, und dennoch waren die ersten Dellen im Wirtschaftswachstum und die Ruhr-Krise der sechziger Jahre sofort wieder Anlass zur Sorge. Grund war der Wahlerfolg der NPD, die 1966 in Hessen 7,9% der Stimmen erzielte[7] und mit ihrer an die nationalsozialistische Diktion anschließenden politischen Programmatik auch in anderen Bundesländern wuchs und 1969 mit 4,3% der abgegebenen Zweitstimmen nur relativ knapp den Einzug in den damals fest in der Hand von drei Fraktionen befindlichen Bundestag verpasste.

4.

Globalsteuerung und antizyklische Politik, die zur Zeit des SPD-Wirtschaftsministers Karl Schiller mit deficit spending und Konjunkturprogrammen betrieben wurden, wollten immer deutlicher das Versprechen der Demokratie einlösen, stabile Rahmenbedingungen möglichst krisenfrei zu garantieren. Nicht zuletzt wollte man damit Akzeptanz und Stabilität der Demokratie sichern. Die immer stärkere Öffnung für den Welthandel, die Globalisierung und das europäische Binnenmarktprojekt waren nicht nur Mechanismen der Friedenswahrung durch Handel

---

6 Zu den Ursprüngen der Restaurationsthese in der linkskatholischen Publizistik, mit der die umwälzenden Zäsuren der Westbindung, Demokratisierung und sozialen Marktwirtschaft geradezu grotesk desavouiert wurden: Heinrich August Winkler, *Der lange Weg nach Westen*, Band II, München ⁴2002, S. 178f.

7 Heinrich August Winkler, *Der lange Weg nach Westen*, Band II, München ⁴2002, S. 238.

und Wandel, sondern auch aussichtsreiche Strategien zur Förderung von Wohlstand und Wachstum. Insofern waren die westlichen Staaten im Bann der Verheerungen der großen Weltwirtschaftskrise von 1929 und des im Kalten Krieg bestehenden Wettbewerbs der Systeme nur allzu bereit, lediglich einen „halbierten Keynes" politisch zu praktizieren: Sowohl wachsende Staatsschulden als auch eine steigende Verschuldung privater Haushalte wurden in Zeiten guter Konjunktur regelmäßig nicht hinreichend reduziert, wie das der Ökonom eigentlich in seinem antizyklischen Rezept vorsah[8]. Das westliche Währungs- und Finanzsystem ist seit der Weltfinanzkrise immer noch in einem prekären Zustand, weil es angesichts hoher Schuldenlasten nicht zugleich Dynamik und Stabilität in einer rational überschaubar gesteuerten Weise ermöglichen kann. Selbst in vergleichsweise starken Ländern wie Italien oder Frankreich fällt deshalb die Erhöhung der Wettbewerbsfähigkeit schwer, während der Spielraum für teure Nachfragestimulation oder Modernisierung der Infrastruktur fehlt.[9]

Die Logik der internationalen wirtschaftlichen Verflechtung und der zunehmenden politischen Kooperation verlagern politisches Entscheiden vor allem in der Europäischen Union mehr und mehr auf die verhandelnde transnationale Exekutive, und das macht die nationalen Parlamente zu Vollzugsorganen dessen, was Regierungen ausgehandelt haben. Das Europaparlament hat demgegenüber erheblich an Statur gewonnen. Es ist indes kein Gesetzgeber mit dem üblichen Resonanzboden einer politisch gefächerten öffentlichen Meinung, sondern vor allem ein politisch, national und vom Interessenzuschnitt breit

---

8 Theoretische Grundlage der antizyklischen Konjunktursteuerung: John Maynard Keynes, *The General Theory of Employment, Interest and Money*, New York 1936.

9 Clemens Fuest/Mathias Dolls/Friedrich Heinemann/Andreas Peichl, *Reconciling Insurance with Market Discipline. A Blueprint for a European Fiscal Union*, in: CESifo Economic Studies 62(2), 2016, 210ff.

gefasster Verhandlungsakteur, der gemeinsam mit Kommission und Rat im Trilog beim ordentlichen Gesetzgebungsverfahren agiert. Es entsteht dabei eine Kluft zwischen den politischen Primärräumen der nationalen Bühnen und der europäischen Willensbildung. Die Sachlogik einer Brüsseler Verhandlungsrunde oder eines transatlantischen Handelsabkommens kann nicht wirklich transparent gemacht werden. Sie kann nur entweder akzeptiert oder pauschal abgelehnt werden. Dieser Sachzwang transnationalen, vernetzten Regierens macht zwar nationale politische Entscheidungen keineswegs unmöglich, bereitet aber ein Geflecht wirtschaftlicher Kalkulation der Standortvorteile, politischer Rücksichtnahmen und rechtlicher Bindungen. Nationales Entscheiden wirkt in diesem übernationalen Bestimmungsgeflecht irgendwie erratisch und als Kennzeichen einer populistischen Verweigerungshaltung, die sich allerdings längst ausgedehnt hat. Demgegenüber haftet dem gemeinsamen Entscheiden auf der überstaatlichen Bühne der Charakter einer opaken Expertokratie[10] an – mit dem Anschein der unausweichlichen Tendenz zur demokratischen Entmündigung der Völker. All das ist Nahrung für Populismus, zumal dann, wenn sich tatsächliche Schwächen im Institutionensystem des Westens offenbaren.[11] Solche systemisch bedeutsamen Schwächen entstehen, wenn bestimmte Grundlagen von Wirtschaft und Gesellschaft nicht in einer verlässlich zweckrationalen Weise gesteuert werden können. Dafür war die Weltfinanzkrise und ist die Migrationskrise ein Beleg. Eine systemisch bedeutsame Schwäche liegt auch in der geopolitischen Unfähigkeit des Westens, als Ordnungsfaktor etwa im Nahen Osten aufzutreten oder die womöglich strategisch angelegte Einflussnahme fremder Mächte auf Staaten innerhalb der EU zu verhindern.

---

10 Ein alter Vorwurf, siehe etwa Helmut Krauch, *Kritik an der Expertokratie*, Heidelberg 1964.

11 Di Fabio, *Herrschaft und Gesellschaft*, Tübingen 2018, S. 186ff.

5.

Aus der Geschichte lernen ist notwendig. Es kann aber auch ein Fehler sein, einen historisch als fatal erkannten Wirkungszusammenhang unbedingt vermeiden zu wollen, sich dabei in einer starren Weise zu fixieren. Das Trauma des Schwarzen Freitag im Oktober 1929 und der Großen Depression mit der globalen Erschütterung der Demokratien soll sich nicht wiederholen. Der Protektionismus und nationale Egoismus sollen in der atlantischen westlichen Welt keine Rolle mehr spielen. Inzwischen kann man im wirtschaftlich wachsenden und immer selbstbewusster werdenden asiatischen Raum hören, dass der Westen sich mit seinen Instrumenten, seinen sozialstaatlichen Orientierungen und Offenheitsfantasien selbst gefährde und man sich daher geopolitisch Sorgen machen müsse. Die chinesische KP nutzt die Gelegenheit, nicht nur dem heimischen Publikum, sondern an alle Weltgegenden die Botschaft neuer Stabilität und Führungsstärke zu senden. In China wird zurzeit vorgeführt, was aus dem revolutionären Raum eines grenzüberschreitenden Internets werden kann, wenn nämlich politische Planungskader ihre Auffassung von gesellschaftlicher Harmonie im Netz durchsetzen und dazu das alte völkerrechtliche Souveränitätsargument auffrischen. Die digitale Verwandlung der Welt[12] mit ihrer neuen und überraschenden Wertschöpfung auf der Grundlage von Big Data, von wachsender Automatisierung und künstlicher Intelligenz stellen die Beziehung von Wirtschaft und Demokratie vor komplett neue Fragen, während die alten Probleme keineswegs gelöst sind. So treffen zurzeit die digitale Modernisierung und Revolutionierung der Gesellschaft zum Kapitalismus 4.0 auf die Altlasten der antizyklischen Politik

---

12 Bernd von Mutius, *Die Verwandlung der Welt*, Stuttgart 2001; Udo Di Fabio, *Vom autonomen Verbraucher zum vernetzten Nutzer. Wie verändert die digitale Gesellschaft den Verbraucherschutz?*, in: Blättel-Mink/Kenning (Hg.), Paradoxien des Verbraucherverhaltens, Wiesbaden 2019, S. 3ff.

und die Krisenreaktion der jüngeren Vergangenheit. Hinter den Kulissen der Notenbanken in Tokio, Washington und Frankfurt herrscht Ratlosigkeit über die Frage, wie man eigentlich geldpolitische Instrumente wieder wirksam machen kann, wie Fehlallokationen und Blasenbildungen ebenso wie Staateninsolvenz verhindert werden können und wie ein neuer Stabilitätsraum entstehen soll.

Aber auch der Kern des Modells sozialer Marktwirtschaft ist betroffen. In Frankreich versuchte Emmanuel Macron die Thermik seines charismatischen Erfolgs für rasche Arbeitsmarktreformen zu nutzen. Der Gelbwestenprotest nötigte dem Präsidenten aber wieder die Rückkehr zu klassischer Ausgabe- und Beschwichtigungspolitik auf.

Entriegelte Arbeitsmärkte gelten als beschäftigungsfördernd, und das macht die arbeitende Mitte der Gesellschaft stark. Erwerbsarbeit prägt die Lebensperspektive und die wirtschaftliche und politische Urteilskraft. Wenn eine Gesellschaft es mit hoher und langanhaltender Arbeitslosigkeit zu tun bekommt, ist das eine Belastung für die Demokratie. In der Spätphase der Weimarer Republik bedeutete Massenarbeitslosigkeit materielles Elend. Die heutigen Möglichkeiten des Sozialstaates beugen solchen Verhältnissen wirksam vor. Doch eine Existenz aus der Hand des verteilenden Staates als allgemeine Lebenserfahrung führt gleichwohl zur Erosion einer demokratischen Bürgerkultur, die nicht unwesentlich auf den Erfahrungen eigener Existenzsicherung und Vermögensbildung gründet. Erfolgreiche Marktteilnahme in Erwerbsverhältnissen fördert bürgerliches Selbstbewusstsein. Die Verlagerung geringqualifizierter Arbeit unter Globalisierungsbedingungen und der geringe Abstand von existenzsichernden Einkommen zu sozialstaatlichen Formen der Mindestsicherung wird zu einem Strukturproblem, auf das zum Beispiel ein Lenkungseingriff wie der Mindestlohn reagiert.

Doch wenn Preiseingriffe wie beim Strompreis oder bei Mieten nicht begrenzt bleiben, entfernt sich die Politik ganz allmählich von der sozialen hin zu einer politisch gelenkten

Marktwirtschaft. Und auch der europäische Währungsraum wird nicht durch eine Einführung dauerhafter Transfers Stabilität gewinnen. Die mitgliedstaatlichen Wirtschaftsräume und damit die gesamte Union würden dadurch Antriebskraft verlieren. Insofern stehen die Demokratien des Westens vor grundlegenden konzeptionellen Fragen. Soll man Meinungsgurus der Digitalbranche glauben, dass demnächst durch die technische Entwicklung 80 % aller Arbeitsplätze wegfallen und nur noch ein bedingungsloses Grundeinkommen hilft? Aber was hieße das für die Chance auf lebendige Demokratie und für ein verfassungsrechtliches Menschenbild? Und was wäre, wenn nach Einführung eines bedingungslosen Grundeinkommens, das von allen Komplexitätsproblemen des differenzierten Sozialstaates erlösen soll, dann doch der Bedarf nach bezahlbarer Arbeit steigen würde? Suchen wir nicht heute schon recht verzweifelt nach Erziehern und Lehrerinnen, und wo sind Ärzte in der ländlichen Versorgung?

Wir kennen die Zukunft nicht, auch wenn ihre Schattenspiele in die Höhle der Gegenwart fallen. Wer in offenen Gesellschaften verlässlich navigieren will, braucht Kenntnis des Geländes und normative Leitplanken. In den letzten Jahren hat man in Deutschland solche Grundfragen mit Hinweis auf den 1. Artikel der deutschen Verfassung zu beantworten versucht: Die Würde des Menschen ist unantastbar. Doch hier steckt auch für das Verhältnis von Staat und Wirtschaft ein tieferes Verständnisproblem. Die Architekten der sozialen Marktwirtschaft kamen häufig aus einem religiös-christlichen Ambiente.[13] Für sie ging es darum, den totalitären Kollektivismus ebenso wie einen kaltherzigen radikalen Liberalismus abzuwehren. Die marktwirtschaftliche Ordnung mit Privateigentum, Privatautonomie und Vertragsfreiheit ist die Grundlage der Wirtschaft, und die rechtsstaatliche Demokratie ist die Grundlage politischer Herrschaft.

---

13 Hans Maier (Hg.), *Die Freiburger Kreise. Akademischer Widerstand und Soziale Marktwirtschaft*, Paderborn 2014.

Beide Dimensionen bilden eine Entfaltungsordnung für die Menschen, damit sie selbstbestimmt und selbstexpansiv über sich hinauswachsen, dabei den jeweils anderen in seiner Person achten und mit Hilfsbedürftigen und Schwachen mitmenschlich zugewandt und helfend umgehen. Im Mittelpunkt steht der einzelne Mensch und die Besonderheit der menschlichen Art, die manchmal auch vor dem unbedachten Verhalten Einzelner geschützt werden muss, wenn es um das Selbstverständnis der menschlichen Gattung selbst geht. Tiefergehend kann man die Würde des Menschen als Konstitutionsprinzip der gesamten Verfassung verstehen, solange man ihre Ambivalenzen nicht auflöst. Man muss sich also dessen bewusst sein, dass im demokratischen Staat ein Recht der Mehrheit besteht, eine Ordnung nach ihren Vorstellungen zu entwerfen, diese von der Mehrheit geschaffene Ordnung zugleich jedoch nicht den Eigensinn, die Privatautonomie und die Eigenverantwortlichkeit eines jeden einzelnen Menschen ebenso wenig wie seinen Eigenwert aus dem Blick verlieren darf. In der freien Gesellschaft existiert eine normative Doppelhelix individueller Entfaltung und gemeinschaftlicher Gestaltung.[14] Beides ist nie identisch, aber aufeinander bezogen. Die Demokratie, der Gesetzgeber, muss die Grundrechte beachten, und die Einzelnen müssen sich an die Gesetze im demokratischen Staat halten. Differenzierungen wie die zwischen Staatsbürgern und Ausländern sind keine Attacke auf die universellen Menschenrechte, sondern eine notwendige Ambivalenz. Schließlich hängt die individuelle Entfaltungsfreiheit von funktionierenden Rechtsstaaten konstitutiv ab, und die Staaten müssen die Bedingungen ihrer Existenz kontrollieren können. Soziale Marktwirtschaft bedeutet insofern, dass der Staat auch in seinen überstaatlichen Verbindungen eine faire Wettbewerbs- und Entfaltungsordnung schaffen und verteidigen muss, die sowohl dem Einzelnen ermöglicht, für seine Existenz selbst zu sorgen und wirtschaftlich erfolgreich zu sein, als auch staatli-

---

14 Di Fabio, *Schwankender Westen*, München 2015, S. 137ff.

chen Gemeinschaften den Zugang zum Erfolg eröffnet. Wenn sich im wirtschaftlichen Bereich Fehlentwicklungen wie die Bildung von Monopolen oder Oligopolen zeigen, muss der Staat reagieren. Wir beobachten heute, dass die digitale Wirtschaft mit gänzlich neuen Modellen der Wertschöpfung der Realwirtschaft zum Teil Ressourcen nimmt. Wir erleben, dass die geopolitischen Machtverhältnisse wieder robuster werden und sich auch gegen Europa richten können, von dem über Jahrhunderte hinweg eine expansive Dynamik ausging. Hier kommt es sehr darauf an, über faire Wettbewerbsbedingungen zu reden und die Entscheidungsfreiheit der Einzelnen, ihre Eigentumspositionen, ihre Privatautonomie, ihre Eigenverantwortlichkeit zu erhalten. Der soziale Rechtsstaat dringt immer wieder neu auf eine angemessene Bildung, damit junge Menschen diese Kompetenzen erlernen können. Fördern und Fordern, Erziehen und Bilden sind keine Ladenhüter, sondern universelle Sozialstaatsaufträge, mit denen die Zukunft gewonnen wird. Das Menschenbild des Grundgesetzes ist religiös und weltanschaulich neutral, aber bei der Zentralität des einzelnen Menschen, dem Respekt vor seiner Urteilskraft und alltagsweltlichen Vernunft auch sehr entschieden festgelegt und bereit, diese Position zu verteidigen.

Die Frage, was sozial an einer Wirtschaftsordnung und wie viel Intervention auch des demokratischen Staates in die Wirtschaft erlaubt ist, ohne den Entfaltungsraum der Grundrechte allzu sehr zu beschneiden, bleibt ebenso aktuell wie die Frage, wie eine europapolitisch oder international vernünftige, friedliche und faire Wettbewerbsordnung aussieht. An vielen Stellen sind normative Grundverständnisse der Vergangenheit bereits ins Rutschen geraten. Alte Fragen, die seit der antiken Philosophie im Umlauf sind, werden wieder neu gestellt. So gibt es eine Diskussion, ob der Klimawandel durch eine Änderung des individuellen Verhaltens beeinflusst werden kann[15], oder ob nur

---

15 Niels Boeing, *Verzicht rettet die Welt nicht*, Die Zeit, Beitrag vom 12. Mai 2019, abrufbar unter: https://www.zeit.de/zeit-wissen/2019/03/flugreisen-klimaschutz-

zentrale politische Vorgaben eine Wende zum Besseren bringen können. Hier wird unmerklich der Rahmen verschoben, weil das Verhalten des Einzelnen nicht mehr entscheidend zählt, sondern politische Planvorgaben. Eine solche Haltung entfernt sich vom Menschenbild des Grundgesetzes, wonach es auf den Einzelnen und seine Urteilskraft ankommt. Auf der anderen Seite akzeptieren viele nicht mehr, dass auch die individuelle Entfaltungsfreiheit nicht nur auf einen abstrakten Rahmen angewiesen ist, sondern auch kulturelle Fundamente und stabile Institutionen benötigt. Individuelle Selbstbestimmung ist zentral, muss sich mitunter aber auch gefallen lassen, dass eine demokratisch regierte Gemeinschaft der eigenen Selbstbestimmung Grenzen setzt, selbst bei so höchstpersönlichen Entscheidungen wie bei der künstlichen Befruchtung, der Leihmutterschaft oder einem selbstbestimmten Lebensende. Hier spürt man mitunter den Verlust des Institutionenwissens, des Respekts vor einer gesetzgeberischen Entscheidung, mit dem einfachen Argument, der Staat dürfe eine Freiheit in einer Frage nicht beschränken, die für den Einzelnen als existenziell wahrgenommen wird. Doch in der normativen Doppelhelix muss die Spannungslage zwischen individueller Entfaltung, und demokratischer Gemeinschaftsbildung erhalten bleiben. Das heißt, die eine Sphäre darf nicht zugunsten einer anderen verletzt werden. Wie soll eine gerechte Wirtschaftsordnung unter den Bedingungen neuer machtpolitischer Strategien von Großraumstaaten angesichts globaler Problemlösungsbemühungen etwa in Bezug auf den Klimawandel oder angesichts der sanften Durchdringung aller Lebensbereiche durch digitale Informationstechnologien und künstliche Intelligenz aussehen? Es geht heute nicht darum, das Alte wieder aufzuwärmen oder zurück in eine angeblich heile Vergangenheit zu gehen. Es geht vielmehr darum, eine klare normative Orientierung zu gewinnen, damit wir in einer unübersichtlicher werdenden Welt nicht unbeabsichtigt etwas zerstören, von dem wir abhängen.

---

gewissen-co2-emissionen-treibhausgase (zuletzt aufgerufen am 15.05.2019).

Benjamin Hasselhorn

Die Grenzen der Nächstenliebe
Überlegungen zu den politischen
Implikationen des Christentums

1. Es ist nicht alles Gold, was glänzt

Zu Beginn des 20. Jahrhunderts wird Europa durch den Kampf
mit der islamischen Welt geschwächt. Zur selben Zeit beginnen
sich die Völker Asiens unter dem Banner des Panmongolismus
zusammenzuschließen. Es gelingt ihnen, Frankreich zum Verrat
zu bewegen und die europäischen Staaten militärisch zu besiegen. 50 Jahre lang regiert eine asiatische Elite den europäischen
Kontinent. Dann erhebt sich eine gesamteuropäische Verschwörung, verjagt die fremden Usurpatoren und gründet einen europäischen Staatenbund. Es bricht die Zeit der Vorurteilsfreiheit
und der Vernunft an. Vernunft heißt aber nicht Materialismus,
denn dieser ist längst als unsinnig entlarvt, aber auch dem nai-
ven religiösen Aberglauben hängt kein Gebildeter mehr an. Die
christlichen Kirchen sind stark geschrumpft, in ihren Reihen
befinden sich nur noch die ganz Überzeugten.

Einer von diesen letzten Christen ist ein besonders begabter
junger Mann. Er hat sich militärische Verdienste erworben, besitzt ein gewisses Vermögen, ist philosophisch gebildet, schrift-
stellerisch begabt und sozial engagiert, nur seine genaue Herkunft ist unbekannt. Er weiß um seine Vorzüge und ist überzeugt, in der Lage zu sein, das Werk Christi zu vollenden. Um
dieses Ziel zu erreichen, verfasst er das Buch „Der offene Weg zu
Frieden und Wohlfahrt der Welt". In diesem Buch entwirft er
eine Lösung für alle wesentlichen Menschheitsprobleme, ohne
sich im Streit der Parteien und Ideologien auf eine Seite zu schlagen.

Edle Ehrfurcht vor den alten Überlieferungen und Symbolen wird sich hier verbinden mit einem weiten und kühnen Radikalismus sozialpolitischer Forderungen und Weisungen, eine unbegrenzte Freiheit des Gedankens mit tiefstem Verständnis für alles Mystische, ein unbedingter Individualismus mit brennendem Eifer fürs Gemeinwohl, der erhabenste Idealismus der leitenden Prinzipien mit voller Bestimmtheit und Lebendigkeit der praktischen Lösungen.[1]

Das Buch wird in sämtliche Sprachen der Welt übersetzt und in millionenfacher Auflage verkauft. Wer es liest, ist begeistert, jedem erscheint es als die Wahrheit, als die tatsächliche Lösung aller brennenden Probleme. Der Verfasser wird zum berühmtesten Menschen der Welt. Als in Berlin die konstituierende Versammlung der Vereinigten Staaten Europas stattfindet, beschließt man, die Exekutivmacht in die Hand eines Einzigen zu legen, um eine Instanz über dem in Europa weiterhin drohenden Parteienstreit zu etablieren. Fast einstimmig wird der Autor des „offenen Weges" zum lebenslänglichen Präsidenten der Vereinigten Staaten Europas gewählt, und als er eine charismatische Dankesrede hält, wird er durch die begeisterte Versammlung zum Römischen Kaiser ausgerufen.

Im ersten Jahr seiner Herrschaft bringt er den Weltfrieden, indem er alle ihm und einander widerstrebenden Weltteile militärisch unterwirft und so den Weltstaat schafft. Im zweiten Jahr seiner Herrschaft setzt er eine Sozialreform um, die universale soziale Gerechtigkeit bringt und den Wohlstand auf eine Weise verteilt, dass jeder einzelne Bürger Anteil an ihm hat. Im dritten Jahr seiner Herrschaft erscheint ein Wundertäter namens Apollonius, der das Volk mit allerlei magischen Zeichen und Wundern unterhält. Es gibt in der Tat keine Probleme mehr. Die Welt

1 Wladimir Solowjew, *Kurze Erzählung vom Antichrist*. Übersetzt und erläutert von Ludolf Müller (Quellen und Studien zur russischen Geistesgeschichte, Bd. 1), Donauwörth, ⁹2002, S. 23–24. Siehe auch: Joseph Roth, *Der Antichrist* (1936). Romane. Erzählungen. Aufsätze. Köln/Berlin 1964. In diesem Band im Beitrag von Thomas A. Seidel, im letzten Kapitel seines Textes „In hoc signo vinces", S. 174.

scheint in ihre posthistorische Phase eingetreten zu sein. Nur eine letzte Frage ist noch offen, nämlich die religiöse. Der Kaiser möchte sein Verhältnis zu den christlichen Kirchen klären. Nur noch ein paar Millionen Christen existieren weltweit, und sie sind weiterhin in die drei großen Konfessionen des Katholizismus, des Protestantismus und der Orthodoxie getrennt. Das Papsttum wurde schon vor langer Zeit aus Rom vertrieben und hat seinen Exilssitz in Petersburg gefunden. Das Zeremoniell der katholischen Kirche ist auf ein Minimum reduziert worden, seine Hierarchie ist aber noch intakt. Der Protestantismus hat sein Zentrum nach wie vor in Deutschland, die sogenannten Liberalen gehören ihm aber nicht mehr an, sie sind längst ins Lager der ungläubigen Humanisten übergewechselt, die protestantische Kirchenführung verbindet vielmehr umfassende akademische Bildung mit einem tiefen biblischen Glauben. Die orthodoxe Kirche bemüht sich weiterhin um die Verbindung von theologischer Dogmatik und lebendigem Volksglauben und um eine Bewahrung der liturgischen Tradition.

In dieser Situation lädt der Kaiser alle Christen zu einem ökumenischen Konzil nach Jerusalem ein. Hier, auf dem Tempelberg, hat er sich seinen Palast bauen lassen, und darin findet das Konzil statt. Es sind nicht nur geistliche Würdenträger, sondern auch der niedere Klerus und eine Auswahl gläubiger Laien eingeladen, sodass die Versammlung aus insgesamt 3.000 Menschen besteht. Den Vorsitz der Katholiken übernimmt Papst Petrus II., ein temperamentvoller Italiener, der erst auf dem Weg zum Konzil zum Papst gewählt worden ist. Die Orthodoxen wählen den greisen Bischof Johannes zu ihrem Sprecher, von denen manche Einfältige behaupten, es handle sich um den niemals gestorbenen Apostel und Lieblingsjünger Jesu. Den Protestanten steht der Tübinger Theologieprofessor Ernst Pauli vor, „ein ausgetrockneter älterer Herr von kleinem Wuchs, mit riesiger Stirn, scharfer Nase und glattrasiertem Kinn."[2]

---

2   A.a.O., S. 33.

Das Konzil wird durch eine Ansprache des Kaisers eröffnet. Er erklärt, er habe seine christlichen Brüder zusammengerufen, weil er ihnen eine besondere Freude machen möchte. Was immer ihnen das Teuerste auf der Welt sei, wolle er ihnen geben. Da die Versammlung sich außerstande sieht, spontan eine gemeinsame Antwort zu formulieren, unterbreitet der Kaiser einen Vorschlag: Er wisse, dass den Katholiken die geistliche Autorität besonders wichtig sei. Er werde daher anweisen, dass das Papsttum wieder seinen angestammten Sitz in Rom nehmen und über den Kirchenstaat regieren dürfe. Er wisse zugleich, dass den Orthodoxen die Überlieferung heilig sei. Er schlage daher die Gründung eines Weltmuseums für christliche Archäologie in Konstantinopel vor und außerdem die Gründung einer liturgischen Kommission, die sich der Bewahrung der Überlieferung im täglichen Leben widmen solle. Schließlich sei ihm bewusst, dass den Protestanten „die persönliche Wahrheitsgewißheit und die freie Erforschung der Schrift"[3] ein Herzensanliegen sei. Er biete daher die Gründung eines Weltinstituts für freie Erforschung der Heiligen Schrift an, das er mit einem üppigen Jahresbudget ausstatten werde. Als Gegenleistung für alle diese Wohltaten verlange er nichts weiter, als dass die Versammelten ihn, den Kaiser, als ihren „wahren Führer und Herrn"[4] anerkennten.

Mit seiner Rede gelingt es dem Kaiser, den überwiegenden Teil der Versammlung auf seine Seite zu ziehen. Nur eine kleine Gruppe Christen aus allen drei Konfessionen, darunter Petrus, Johannes und Ernst Pauli, lehnen das Angebot ab. Verständnislos fragt der Kaiser, was ihnen denn das Teuerste am Christentum sei? Der orthodoxe Bischof erhebt sich und antwortet:

> Großer Herrscher! Das Teuerste am Christentum ist für uns Christus selbst – Er selbst, und alles, was von Ihm kommt; denn wir wissen, daß in ihm die ganze Fülle der Gottheit leibhaftig wohnt. Aber auch von dir, Herrscher, sind wir bereit, jegliches Gute entgegenzunehmen, sobald wir in deiner freigebigen Hand die heilige Hand Christi erkennen.

---

3 A.a.O., S. 37.
4 A.a.O., S. 36.

> Und auf die Frage, was du für uns tun kannst, ist dies unsere klare
> Antwort: Bekenne jetzt hier vor uns Jesus Christus, den Sohn Gottes,
> erschienen im Fleische, auferstanden und wiederkommend – bekenne
> ihn, und voller Liebe werden wir dich aufnehmen als den wahren Vor-
> läufer Seiner Wiederkunft und Herrlichkeit.

Der Kaiser erstarrt. Schon in der Vergangenheit haben manche renitenten Christen ihm vorgeworfen, es fehle seinen Büchern an jener Herzenswärme und Einfältigkeit, die aus dem wahren Glauben an Christus komme. Überhaupt komme Christus in seinen Werken zur sozialen, politischen und ökonomischen Gerechtigkeit gar nicht vor. Die meisten hatten sich aber dadurch überzeugen lassen, dass das alte abergläubische Frömmigkeitsgerede der Verbreitung der wahren Botschaft des Evangeliums nur im Wege stehe, und dass es doch viel besser sei, in christlichem Geist von Nächstenliebe und Humanität zu wirken, ohne sich ausdrücklich auf Christus zu berufen, als dauernd den Namen des Herrn zu bemühen und nichts zu bewirken.

Der Kaiser antwortet nichts, sondern blickt den orthodoxen Bischof stumm und hasserfüllt an. Der Magier des Kaisers beschwört eine schwarze Wolke herauf, mitten im Gebäude. Bischof Johannes ruft aus: „Kindlein – der Antichrist!" Daraufhin wird er durch einen Blitzschlag aus der Wolke niedergestreckt und fällt tot zu Boden. Nun erhebt sich Petrus und wiederholt, was Johannes gesagt hat. Er stößt den Kaiser förmlich aus der Kirche aus. Daraufhin trifft auch Petrus ein tödlicher Blitzschlag aus der Wolke. Der Kaiser findet seine Sprache wieder. Er erklärt die Wolke zu einem göttlichen Zeichen. Gott selbst habe die beiden Ketzer Johannes und Petrus gerichtet. Der Kaiser erhebt sich und verlässt mit dem ihm treuen Teil der Versammlung den Palast. Unter großem Jubel der nach Jerusalem gereisten Pilger wird vor dem Palast die Vereinigung aller christlichen Konfessionen unter dem Bischof von Rom erklärt und der Magier Apollonius zum neuen Papst auserkoren. Die erste Maßnahme des neuen Papstes ist die Verkündigung eines vollkommenen und absoluten Ablasses für alle vergangenen, gegenwärtigen und zukünftigen Sünden.

Unterdessen ereignet sich im Inneren des Palasts eine andere ökumenische Vereinigung. Professor Pauli, der den Vorsitz des verbliebenen Häufleins übernommen hat, erklärt, dass Bischof Johannes den Antichrist richtig als solchen enttarnt und Papst Petrus ihn rechtmäßig aus der Kirchengemeinschaft ausgestoßen habe. Er selbst werde mit den verbliebenen Christen sowie den Leichnamen der beiden Märtyrer in die Wüste gehen, um dort die Wiederkunft Christi zu erwarten.

In der Wüste erwachen Johannes und Petrus wieder zum Leben, sodass nun die wahre Vereinigung des petrinischen, johanneischen und paulinischen Christentums vollzogen werden kann. Der Kaiser wird einige Zeit später besiegt – und zwar von den Juden, die sich gegen ihn auflehnen, nachdem ihnen klar wird, dass er keiner von ihnen ist. Nach dem Sieg über den Kaiser erscheint Christus dem jüdischen Volk, das sich bekehrt und gemeinsam mit den verbliebenen Christen eine tausend Jahre währende Herrschaft mit Christus antritt.

So hat sich der russische Philosoph und Dichter Wladimir Solowjew das Ende der Geschichte und das Kommen des Antichrist vorgestellt. Seine „Kurze Erzählung vom Antichrist" erschien erstmals im Jahr 1900, kurz vor seinem Tod. Die Erzählung ist Teil eines 1899 und 1900 geschriebenen größeren Werks Solowjews, „Drei Gespräche über Krieg, Fortschritt und das Ende der Weltgeschichte mit Einschluß einer kurzen Erzählung vom Antichrist". In diesen drei Gesprächen unterhalten sich fünf russische Gesprächsteilnehmer. Die Erzählung vom Antichrist wird von Herrn Z. in einem langen Monolog vorgelesen. Die an den Gesprächen beteiligte Dame äußert nach der Verlesung ihr Unverständnis: „Worin liegt denn nun schließlich der Sinn dieses Dramas? Und ich verstehe trotz allem nicht, warum Ihr Antichrist solchen Haß gegen Gott hat, wo er doch im Grunde ein guter Mensch ist?" Herr Z. antwortet:

> „Eben nicht ‚im Grunde'. Und darin liegt auch der ganze Sinn. Und ich nehme zurück, was ich früher gesagt habe, daß ‚man den Antichrist mit bloßen Sprichworten nicht erklären kann'. Man kann ihn ganz

erklären mit einem einzigen und noch dazu überaus simplen Sprich-wort: ‚Es ist nicht alles Gold, was glänzt.' Denn Glanz hat dieses ver-fälschte Gute übergenug, aber wirkliche Kraft keine."[5]

Was hat Solowjews „Kurze Erzählung vom Antichrist" in einer Abhandlung über die politischen Implikationen christlicher Nächstenliebe zu suchen? Sie stellt das erste von zwei nötigen Warnschildern auf, die ein solches Thema begleiten müssen. Auf dem Schild steht: Gut und Böse liegen manchmal viel näher zu-sammen, als wir glauben. Allzu oft scheint es nicht das absichts-voll Böse, sondern das fehlgeleitete Gute zu sein, aus dem großes Verderben hervorgeht. Allzu oft lautet das Gegenteil von „gut" „gut gemeint" und ist der Weg in die Hölle mit guten Absichten gepflastert. Allzu oft wird vergessen, dass das moralisch „Gute" in der Politik eine hochgefährliche Währung ist, denn wer das „Gute" auf seiner Seite glaubt, der neigt rasch dazu, über Leichen zu gehen.

2. Die Bibel als Störfeuer

Auf dem zweiten Warnschild, wenn es um Nächstenliebe und Politik aus christlicher Perspektive geht, steht: Sei vorsichtig in deinem Umgang mit der Bibel! Gerade wer im biblischen Kanon die Heilige Schrift erblickt und glaubt, dass in ihr Gottes Wort enthalten sei, sollte sich hüten, die Bibel selektiv zu lesen. Groß ist die Gefahr, dass man sich an jene Stellen hält, die das eigene Weltbild bestätigen, und über diejenigen Stellen hinwegsieht, die ihm widersprechen. Wer ohnehin ein streitsüchtiges Gemüt hat, sollte um das Herrenwort „Ich bin nicht gekommen, Frieden zu bringen, sondern das Schwert" (Mt 10,34) einen Bogen machen und sich lieber an das andere Herrenwort „Selig sind, die Frieden stiften" (Mt 5,9) halten. Dem Matthäusevangelium zufolge fuhr

---

5   A.a.O., S. 48.

Jesus nach seinem Satz über den Frieden und das Schwert folgendermaßen fort: „Denn ich bin gekommen, den Menschen zu entzweien mit seinem Vater und die Tochter mit ihrer Mutter und die Schwiegertochter mit ihrer Schwiegermutter." (Mt 10,35) Wer mit seinen Eltern im Clinch liegt, für den ist diese Stelle denkbar ungeeignet; man sollte sich dann lieber an das vierte Gebot halten. Groß ist die Versuchung, die eigene Konfliktscheu hinter einer großen moralischen Haltung à la „Wenn dich jemand auf deine rechte Backe schlägt, dem biete die andere auch dar" (Mt 5,39) zu verstecken, und ebenso groß ist die Versuchung, das mit der eigenen Streitsucht oder der eigenen Selbstgerechtigkeit zu tun.

Sei vorsichtig in deinem Umgang mit der Bibel! Besonders evangelische Christen müssen dieses Warnschild ernstnehmen. Denn das reformatorische Schriftprinzip scheint zu einem Schriftgebrauch nach je eigenem individuellen Bedürfnis geradezu einzuladen. So jedenfalls lautet ein Argument, das seine romtreuen Kritiker schon Luther entgegenbrachten. Als dieser sich im April 1521 auf dem Wormser Reichstag weigerte, seine Schriften zu widerrufen, begründete er dies mit dem Hinweis auf sein Gewissen, das im Wort Gottes gefangen sei. Solange er nicht durch die Heilige Schrift und klare Vernunftgründe widerlegt werde, könne er nichts widerrufen, denn sein Gewissen verbiete ihm das. Weniger bekannt als Luthers Rede ist die Gegenrede des Kaisers, mit der dieser die Verhängung der Reichsacht über Luther verteidigte: Wie wahrscheinlich, so Kaiser Karl V., ist es, dass ein einzelner Mönch mit seiner Auslegung der Schrift im Recht ist, wenn er damit ganz allein gegen mehr als tausend Jahre kirchlicher Tradition steht?[6]

In der Disputation Luthers mit Johannes Eck zwei Jahre zuvor, 1519, in Leipzig war diese Frage schon einmal diskutiert

---

6 Luthers Rede auf dem Wormser Reichstag am 18. April 1521 (lateinische Fassung): WA 7, 825–857. Zur Rede Karls vgl. Heinz Schilling, *Martin Luther. Rebell in einer Zeit des Umbruchs*, München, ³2014, S. 223–228.

worden, mit dem Ergebnis, dass hier tatsächlich ein fundamentaler Unterschied zwischen römischem und „lutherschem" Schriftgebrauch bestand.[7] Es ging dabei um wesentlich mehr als um die klassische Frage: „Allein die Schrift" oder „Schrift und Tradition"? Keineswegs nämlich ging die Verteidigung der kirchlichen Auslegungstradition durch Eck so weit, dass er die Tradition etwa gleichberechtigt neben die Schrift gestellt hätte (oder, wie es heute beliebt ist, die Schrift einfach zu einem Teil der Tradition erklärt hätte). Eck war sich genau wie Luther darüber im Klaren, dass die Heilige Schrift die Norm und Richtschnur für Glaubensfragen sei. Das sei schon daran erkennbar, dass die kirchliche Auslegungstradition ja tatsächlich Auslegungstradition sei, also gar nichts anderes beanspruche, als die Heilige Schrift auszulegen und verständlich zu machen. Der Unterschied zwischen Eck und Luther bestand vielmehr darin, dass Eck der Tradition eine höhere Verbindlichkeit zuwies als Luther, der wiederum meinte, den eigentlichen Sinn der Schrift auch ohne die Auslegungen der Kirchenväter zu verstehen, im Zweifelsfall sogar besser als sie. Wenn also Luther Eck vorwarf, er stelle Augustinus über Paulus und damit einen Kirchenvater über das Wort der Heiligen Schrift, so hielt Eck dem entgegen, dass selbstverständlich Paulus über Augustinus stehe, aber zugleich auch Augustinus über Martin Luther. Das Argument ist dasselbe wie bei Karl V.: Wie kommt der einzelne Mönch dazu, sein subjektives Verständnis der Heiligen Schrift für verbindlicher zu halten als das durch eine jahrhundertlange Auslegungstradition längst objektiv gewordene Schriftverständnis der kirchlichen Tradition?

Dieses Argument hat viel für sich. Luther hielt trotzdem zeit seines Lebens unbeirrt dagegen. Er verwies darauf, dass jede

7 WA 2, 250–383. Vgl. dazu Notger Slenczka, *Die Schrift als „einige Norm und Richtschnur"*, in: Die Autorität der Heiligen Schrift für Lehre und Verkündigung der Kirche, hrsg. von Karl-Hermann Kandler (Lutherisch Glauben. Schriftenreihe des Lutherischen Einigungswerkes 1), Neuendettelsau 2000, S. 53–78.

Auslegung, und komme sie von Augustinus, am eigentlichen Sinn der Schrift zu messen sei, und dass man diesen eigentlichen Sinn der Schrift auch tatsächlich klar erkennen könne. Das ist zwar einerseits „empirisch Unfug"[8], da es zahlreiche unterschiedliche Auslegungsmöglichkeiten von Bibeltexten gibt, ohne dass ein objektivierbarer Beurteilungsmaßstab vorhanden wäre. Andererseits aber hatte sich Luther der Sinn der Heiligen Schrift auf eine Weise offenbart, die für ihn jeden Zweifel an der Richtigkeit seines Verständnisses ausschloss und hinter die er nicht mehr zurückgehen konnte. Dieses richtige Verständnis der Schrift hatte er weder durch autonomes Forschen noch durch besonders kluge Interpretation erreicht, sondern durch „anklopfendes" Lesen. Er selbst schilderte im Nachhinein sein berühmtes „Turmerlebnis", in dem ihm die entscheidende reformatorische Erkenntnis von der Rechtfertigung des Sünders durch den Glauben gekommen war, so, dass ihm der Römerbrief des Apostels Paulus wie eine verschlossene Tür erschienen sei, bis er den wahren Sinn des Textes entdeckt und das Gefühl gewonnen habe, „durch geöffnete Tore in das Paradies eingetreten zu sein".[9]

Das heißt: Für Luther ist diejenige Auslegung der Schrift die richtige, die sich dem Leser tatsächlich als das geoffenbarte Wort Gottes erschließt. Das ist immer noch kein objektives, sondern ein subjektives Kriterium, aber die Subjektivität ist hier keine freie, autonome und letztlich beliebige, sondern eine empfangende. Wenn Luther sein Schriftverständnis gegen Augustinus verteidigte, dann stand dahinter nicht die Hybris des Größenwahnsinnigen, der sich für besser hält als den großen Kirchenvater, sondern das Nicht-anders-Können desjenigen, dem „im Me-

8 A.a.O., S. 60.
9 Martin Luther, *Vorrede zum ersten Band der Wittenberger Ausgabe der lateinischen Schriften*, 1545: WA 54, 179–187. Übersetzung nach: Martin Luther, Lateinisch-deutsche Studienausgabe, hrsg. von Wilfried Härle, Johannes Schilling und Günther Wartenberg, 3 Bde., Leipzig 2006–2009, Bd. 2, S. 491–509, hier S. 507.

dium der Schrift der schenkende Gott begegnet ist"[10] und der die Erfahrung einer „Selbstdurchsetzung der Schrift gegen den eigenen Geist des Interpreten"[11] gemacht hat.

Auf diese letzte Wendung kam für den Berliner Lutherforscher Karl Holl alles an. Am Reformationstag 1917 hielt er einen Vortrag über die Frage „Was verstand Luther unter Religion?", mit dem er in den folgenden Jahren die sogenannte „Lutherrenaissance" auslöste.[12] Für Holl war Luthers Religion „Gewissensreligion im ausgeprägtesten Sinne des Wortes"[13]. Grundidee der „Gewissensreligion" war dabei laut Holl die Überzeugung, dass man den Willen Gottes im Gewissen erfahre. Sicher könne man sich dessen sein, weil das Gewissen dem eigenen gewöhnlichen, von Ichsucht beherrschten Willen widerspreche, und zwar fundamental. „Gegen den eigenen Geist", das ist das Kriterium, an dem ich demzufolge das Wort Gottes erkenne. Wenn dieses Kriterium wegfällt, dann steht dem Verfall in die autonome Subjektivität des Schriftgebrauchs nichts mehr im Wege, dann wird die Bibel unter den Vorbehalt des subjektiven Urteils des Auslegers gestellt, dann verliert sie letztlich faktisch ihre Funktion als Glaubensgrundlage, denn dann ist es die je eigene individuelle Weltanschauung, die bestimmt, was eigentlich in der Bibel steht, und vor allem, wie sie zu verstehen ist. Dann haben Johannes Eck und Kaiser Karl V. gegen Luther Recht.

Evangelischer Bibelgebrauch lebt von der Ernsthaftigkeit, mit der die Bibel gelesen, gehört und studiert wird. Die Auslegung der Bibel in die Hand des Individuums zu legen, ist und bleibt allerdings ein hochriskantes Unternehmen, und das Risiko wird noch einmal dadurch gesteigert, dass das subjektive Einleuchten

---

10 Slenczka, *Schrift* (wie Anm. 7), S. 74.

11 A.a.O., S. 77.

12 Grundlegend zur Lutherrenaissance ist bis heute: Heinrich Assel, *Der andere Aufbruch. Die Lutherrenaissance – Ursprünge, Aporien und Wege. Karl Holl, Emanuel Hirsch, Rudolf Hermann* (1910–1935), Göttingen 1994.

13 Karl Holl, *Was verstand Luther unter Religion?*, in: Ders., Gesammelte Aufsätze zur Kirchengeschichte. I. Luther. Tübingen ⁶1932, S. 1–110, hier S. 35.

des Textes faktisch zum Beurteilungsmaßstab wird. Denn allzu nahe liegt es, vom empfangenden zum beurteilenden Lesen überzugehen und statt sich vom Bibelwort kritisieren zu lassen, selbst das Bibelwort zu kritisieren, jedenfalls dasjenige Bibelwort, das einem widerspricht. Das birgt die große Gefahr, den evangelischen Bibelgebrauch in sein Gegenteil umzudrehen und die eigene weltanschauliche oder politische Überzeugung zum Auslegungsmaßstab zu machen, anstatt zuzulassen, dass die eigenen Überzeugungen durch das Bibelwort in Frage gestellt werden. Wenn keine Auslegungstradition verbindlich ist – weder Augustinus noch Luther –, dann legt jeder Christ die Bibel selbst aus. Und findet, wenn er nicht ernsthaft, „anklopfend" liest, als Wort Gottes nur das, was er sowieso schon glaubt.

Der Neutestamentler Klaus Berger hat dagegen vorgeschlagen, die Bibel als „Störfeuer" zu verstehen:

> Als Störfeuer für unsere ständigen Versuche, die Bibel als Steinbruch zu benutzen für unsere Humanität. [...] Weder die Menschenrechte noch der Humanismus, was auch immer das sei, noch die allgemeine Humanität lassen sich aus der Bibel begründen. [...] Die Bibel ist weder der Juden Sachsenspiegel, wie Luther meinte, noch eben eine Charta der Vereinten Nationen.[14]

Anders gesagt: Die Bibel ist keine Waffe – und wenn doch, dann eine, die sich gegen einen selbst richtet und nicht gegen den politischen Gegner. Also: Sei vorsichtig in deinem Umgang mit der Bibel!

3. Der barmherzige Samariter

Wenden wir uns nun, nachdem wir diese beiden Warnschilder passiert haben, demjenigen biblischen Text zu, der wie kein anderer zum Sinnbild für christliche Nächstenliebe geworden ist:

---

14 Klaus Berger, *Jesus*, München 2004, S. 404f.

Jesu Gleichnis vom barmherzigen Samariter. Das Gleichnis ist Jesu Antwort auf die Frage: Wer ist mein Nächster? Diese Frage wird von einem Schriftgelehrten gestellt, von dem es im Lukasevangelium heißt, er habe Jesus „versuchen" (Lk 10,25) wollen, und zwar mit der Frage, was er tun müsse, um das ewige Leben zu bekommen. Jesus antwortet zunächst mit einer Gegenfrage: Er fragt den Schriftgelehrten, was denn in der Schrift dazu stehe? Der antwortet mit einer Kombination aus 5. Mose 6,5 und 3. Mose 19,18: „Du sollst den Herrn, deinen Gott, lieben von ganzem Herzen, von ganzer Seele und mit all deiner Kraft und deinem ganzen Gemüt, und deinen Nächsten wie dich selbst." Gottesliebe und Nächstenliebe also laute die Zusammenfassung der Heiligen Schrift. Jesus bestätigt die Richtigkeit der Antwort, aber der Schriftgelehrte gibt sich damit noch nicht zufrieden; er stellt die brisante Frage, wer denn mein Nächster ist, den ich lieben soll wie mich selbst? Jesus antwortet mit folgendem Gleichnis:

> Es war ein Mensch, der ging von Jerusalem hinab nach Jericho und fiel unter die Räuber; die zogen ihn aus und schlugen ihn und machten sich davon und ließen ihn halbtot liegen. Es traf sich aber, dass ein Priester dieselbe Straße hinabzog; und als er ihn sah, ging er vorüber. Desgleichen kam auch ein Levit: Als er zu der Stelle kam und ihn sah, ging er vorüber. Ein Samariter aber, der auf der Reise war, kam dahin; und als er ihn sah, jammerte es ihn; und er ging zu ihm, goss Öl und Wein auf seine Wunden und verband sie ihm, hob ihn auf sein Tier und brachte ihn in eine Herberge und pflegte ihn. Am nächsten Tag zog er zwei Silbergroschen heraus, gab sie dem Wirt und sprach: Pflege ihn; und wenn du mehr ausgibst, will ich dir's bezahlen, wenn ich wiederkomme." (Lk 10,30–35)

Soweit das Gleichnis, nun fragt wiederum Jesus den Schriftgelehrten:

> „Wer von diesen dreien, meinst du, ist der Nächste geworden dem, der unter die Räuber gefallen war? Er sprach: Der die Barmherzigkeit an ihm tat. Da sprach Jesus zu ihm: So geh hin und tu desgleichen!" (Lk 10,36–37)

Die Brisanz dieses Gleichnisses versteht nur, wer mit den heute fremd gewordenen Begriffen „Levit" und „Samariter" etwas anfangen kann. Besonders schwierig ist im Falle des „Samariters", dass dieses Wort durch Jesu Gleichnis in einer Weise in den abendländischen Kulturschatz eingegangen ist, dass oftmals unter einem „Samariter" einfach ein besonders barmherziger Mensch verstanden wird. Das ist für die ersten Hörer des jesuanischen Gleichnisses völlig anders gewesen. Einen Samariter als jemanden hinzustellen, der mein Nächster ist, war vielmehr eine Provokation. Denn „Nächste" waren nach gängigem Verständnis die Angehörigen des eigenen Volkes, die Mitglieder der Solidargemeinschaft also.[15] Diese Auffassung war keinesfalls fremdenfeindlich, denn diejenigen, die als Asylanten, Gäste etc. im Land wohnten, fielen unter das im Alten Testament mehrfach bezeugte Gebot, sich Fremden gegenüber als gastfreundlich zu erweisen, und gehörten faktisch zur Solidargemeinschaft dazu. Ausgeschlossen waren dagegen Landesverräter oder Häretiker, und zur letzteren Gruppe gehörten die Samariter: Sie hatten im ersten Jahrzehnt nach Christi Geburt den Tempelplatz durch das Ausstreuen menschlicher Gebeine verunreinigt und damit die Kult- und Solidargemeinschaft mit Israel faktisch aufgekündigt. Im Falle Jesu kommt noch hinzu, dass kurz vor dem Gleichnis im Lukasevangelium berichtet wird, wie die Jünger in ein samaritanisches Dorf kamen, dort aber auf Ablehnung stießen und keine Aufnahme fanden (Lk 9,51–56).

Vor diesem Hintergrund erzählt Jesus die Geschichte des unter die Räuber Gefallenen, dem weder der Priester noch der Levit – das sind die Nachkommen Levis, eines der zwölf Stammväter Israels, die für den Tempeldienst bestimmt sind – helfen. Beide sind vorbildliche Mitglieder der israelischen Solidargemeinschaft, beide kennen die Schrift und das Gesetz genau. Bei-

---

15 Vgl. für das Folgende: Joseph Ratzinger / Benedikt XVI., *Jesus von Nazareth. Erster Teil: Von der Taufe im Jordan bis zur Verklärung*, Freiburg i.Br. u. a. ²2007, S. 235–241.

de müssen nicht aus Boshaftigkeit gehandelt haben, es kann auch einfach Angst gewesen sein, denn der Weg von Jerusalem nach Jericho war gefährlich, und jede Unterbrechung erhöhte die Gefahr. Einem Halbtoten zu helfen schien ohnehin aussichtslos. Dann kommt der Samariter, und ihm geschieht nun etwas Besonders: es „jammerte ihn" steht in der 2017 revidierten Lutherfassung, Benedikt XVI. übersetzt in seinem Jesus-Buch anders: „das Herz wird ihm aufgerissen"[16]. Er wird so sehr von Mitleid gepackt, dass er nicht anders kann, als zu helfen. So wird er zum Helden des Gleichnisses: Wo die israelitischen religiösen Eliten versagten, handelt er, rettet den Halbtoten und kümmert sich auf eigene Kosten um dessen Versorgung.

Indem er den Samariter zum Helden der Geschichte macht, verdeutlicht Jesus, dass die traditionelle Vorstellung vom „Nächsten" nicht stimmen kann. „Nächstenliebe" bezieht sich für Jesus nicht nur auf den Nachbarn und Volksgenossen, sie ist nicht das Gegenteil von „Fernstenliebe", sondern sie gilt jenseits dieses Gegensatzes. Das Gleichnis zielt darauf ab, dass jeder mein Nächster sein kann, ausnahmslos, unabhängig von ethnischer Herkunft und von religiöser oder politischer Überzeugung. Nicht nur mein Volksgenosse kann mein Nächster sein, sondern auch der Fremde; nicht nur mein Mitchrist, sondern auch der Andersgläubige; nicht nur derjenige, der meine politischen Überzeugungen teilt, sondern auch mein politischer Gegner, ja sogar der „Feind".[17]

An dieser Stelle ist es besonders wichtig, an das zweite Warnschild zu denken und daran, sich von der Bibel nicht bestätigen, sondern kritisieren zu lassen. Denn allzu leicht ist es möglich, das Gleichnis zu aktualisieren, indem man die Rolle des „Samariters von heute" jemandem zuweist, den man für von „der Gesellschaft" ausgestoßen hält, dem man selbst aber positiv gegen-

---

16 A.a.O., S. 237.

17 Johann Hinrich Claussen, *Wut ohne Hass. Wie man Nationalisten und Populisten begegnet*, in: zeitzeichen 4/2017, S. 8–11.

übersteht. Eine angemessene Aktualisierung aber wäre es im Sinne des evangelischen Schriftgebrauchs nur, wenn man die Rolle des Samariters jemandem zuweist, den man selbst ausgestoßen hat. Etwas überspitzt formuliert: Wer die „Willkommenskultur" ablehnt, ist gehalten, im Fremden seinen Nächsten zu erkennen; wer die „Willkommenskultur" befürwortet, ist gehalten, im Fremdenfeind seinen Nächsten zu erkennen. Wer dies ernsthaft versucht, wird sich hüten, aus dem Gleichnis vom barmherzigen Samariter eindimensionale politische Schlussfolgerungen zu ziehen.

Dies ist auch darum gar nicht möglich, weil das Gleichnis nicht als einfaches Moralexempel aufgebaut ist. Dann nämlich wären die Rollen vertauscht, dann wäre der Samariter unter die Räuber gefallen und der von Jesus gar nicht näher charakterisierte Überfallene, der offenkundig die Identifikationsfigur für den Hörer sein soll, wäre derjenige, der die Hilfe leistet. Dann wäre die Botschaft: Hilf jedem, der deine Hilfe braucht, egal wer es ist. Das Gleichnis ist aber andersherum erzählt, sodass die Botschaft eher lauten könnte: Nimm Hilfe an, egal von wem. Der Schriftgelehrte fragt Jesus: „Wer ist mein Nächster?", und Jesus antwortet faktisch: „Derjenige, der mir hilft." Es ist daher kaum überraschend, dass die kirchliche Auslegungstradition auch eine christologische Interpretation des Gleichnisses kennt: Die Situation des unter die Räuber Gefallenen ist dann die conditio humana: Auf dem Weg der Weltgeschichte wurden wir vom Bösen überfallen. Der Samariter ist Christus, der uns wieder aufhilft und uns in die Herberge führt – die Kirche.[18]

Doch selbst wenn man diese christologische Deutung für die ausschlaggebende hält, ist damit die Aufforderung, selbst tätige Nächstenliebe zu üben, nicht beseitigt. „So geh hin und tu desgleichen", fordert Jesus zum Schluss den Schriftgelehrten auf. Durch die Verteilung der Rollen im Gleichnis wird aber deutlich, dass wir zuerst Hilfsbedürftige sind und uns geholfen werden

---

18 Vgl. Ratzinger / Benedikt, *Jesus* (wie Anm. 15), S. 239–241.

muss, bevor wir in der Lage sind, anderen zu helfen. Was übrigens auch ein Kerngedanke der lutherischen Rechtfertigungslehre ist.

4. Zwei Reiche, oder: Individualethik ist nicht gleich Staatsethik

Was ist nun aber mit den Grenzen der Nächstenliebe und den politischen Implikationen des Christentums? Auf den ersten Blick scheint es keine Grenzen zu geben; die im Gleichnis vom barmherzigen Samariter geforderte Nächstenliebe ist universal, niemand wird von ihr ausgeschlossen. Andererseits ist jedem sozialen und karitativen Engagement eine natürliche Kapazitätsgrenze gesetzt: Jeder hat ein begrenztes Maß an Kraft und an Zeit zur Verfügung, und man kann unmöglich jedem helfen, vor allem nicht jedem gleichzeitig. In einer Mischung aus Pragmatik und Verantwortungsethik schrieb zum Beispiel Martin Luther in der 46. seiner berühmten 95 Thesen: „Man muss die Christen lehren: Wenn sie nicht im Überfluss schwimmen, sind sie verpflichtet, das für ihre Haushaltung Notwendige aufzubewahren und keinesfalls für Ablässe zu vergeuden."[19] Übertragen könnte das heißen: Kümmere dich zuerst um deine Familie und die, die dir anvertraut sind, bevor du dich um anderes kümmerst. Das Neue Testament kennt sogar eine Priorisierung der Hilfeleistung für Glaubensbrüder, also so etwas wie eine „Solidarität der Christen"[20]. An der Universalität des christlichen Hilfsgebotes ist zwar nicht zu zweifeln. Aber die konkrete Hilfeleistung besteht nach christlichem Gebot in der Zuwendung zum Einzelnen, nicht im „Gießkannen-Prinzip",[21] das sich abstrakt an „alle" richtet.

---

19 WA I, 235.
20 Berger, *Jesus* (wie Anm. 14), S. 335. Vgl. Mt 25,40; Gal 6,10.
21 A.a.O., S. 336.

Vor allem aber betrifft dies alles das zwischenmenschliche Verhalten und damit die individuelle Ethik. Über die Frage, was ein Staat tun soll oder nicht tun soll, ist im Gleichnis vom barmherzigen Samariter nichts gesagt. „Mein Reich ist nicht von dieser Welt" (Joh 18,36) sagt Christus. Augustinus hat in diesem Sinne zwischen der civitas dei und der civitas terrena unterschieden, zwischen dem Gottesstaat und dem irdischen Staat. Luther ist ihm in dieser grundsätzlichen Unterscheidung gefolgt. Für Luther sind die weltliche und die geistliche Ordnung zwar aufeinander bezogen, sollten aber dennoch als getrennte Größen behandelt werden. Denn für Luther war klar: In der Welt ist und bleibt der Mensch ein Sünder, eine grundsätzliche Besserung der Welt ist deshalb unmöglich. Allen Versuchen, das Paradies auf Erden zu errichten, ist damit eine klare Absage erteilt. Die sogenannte lutherische Zwei-Reiche-Lehre ist insofern antitotalitär, sie steht gegen jedes Konzept vom „neuen Menschen", und sie richtet sich gegen jede Gesinnungsethik, die für ihre guten Absichten belohnt werden möchte. „Wenn nun jemand die Welt nach dem Evangelium regieren wollte", schreibt Luther 1523 in seiner Schrift „Von der weltlichen Obrigkeit: Wie weit man ihr Gehorsam schuldet", „er würde den bösen, wilden Tieren die Stricke und Ketten lösen".[22]

Durch den Verlauf des Bauernkrieges 1525 konnte Luther sich in dieser Befürchtung bestätigt sehen. Seine Parteinahme gegen die aufständischen Bauern ruft bis heute starke Kritik hervor. Dabei ist Luthers Position im Bauernkrieg nur die logische Konsequenz aus seiner Ethik des Dienstes.[23] Es gibt für Luther im politischen Handeln zwar Pflichten – die Fürsorgepflicht

22 Martin Luther, *Von der weltlichen Obrigkeit: Wie weit man ihr Gehorsam schuldig sei:* WA 11, 245–281. Übersetzung nach: Martin Luther, Deutsch-deutsche Studienausgabe, hrsg. von Johannes Schilling, mit Albrecht Beutel, Dietrich Korsch, Notger Slenczka und Hellmut Zschoch, 3 Bde., Leipzig 2012–2016, S. 217–289, hier S. 233.

23 Zur Verteidigung von Luthers Position im Bauernkrieg aus lutherischer Sicht vgl. Paul Althaus, *Luthers Haltung im Bauernkrieg* [1925], Tübingen 1952.

der Herren, die Gehorsamspflicht der Untertanen –, aber keine einforderbaren Rechte. Selbst, wenn man das heute anders sieht, ist die dahinterstehende Überlegung doch einleuchtend: Denn bewaffneter Aufstand gegen den Staat, um eigene Ziele zu erreichen – und seien sie noch so wohlbegründet – untergräbt letztlich die Legitimität jeder Ordnung. Das gilt gerade dann, wenn man sich dabei auf die Bibel beruft. Nicht, dass das per se falsch wäre. Aber es ist hochgefährlich, denn wo man überzeugt ist, für die Sache Gottes zu streiten, da ist allzu schnell Hybris im Spiel, da ist man rasch bereit, für das vermeintlich Gute die schlimmsten Opfer zu bringen und Verbrechen zu begehen. Politisches Handeln erfordert eine Güterabwägung, und die ist kompliziert. Eine „christliche Politik", die hinreichend eindeutig wäre, um in jedem konkreten Fall christliches von nichtchristlichem politischen Handeln unterscheiden zu können, existiert daher nicht.

Diese Erwägung, nicht böser Wille, stand vielfach im Hintergrund jener Kritik an der Politisierung der Kirchen, die im Jahr des Reformationsjubiläums 2017 sehr laut zu hören war.[24] Anlass waren die Großveranstaltungen der evangelischen Kirche, die auf gesellschaftspolitische Themen setzten und die Nähe zu politischer Prominenz suchten. Manche Kirchenver-

---

24 Vgl. u.a.: Justus Bender, Reinhard Bingener, *Sanftmut in Berlin*, in: faz.net, 26.05.2017, URL: http://www.faz.net/aktuell/politik/inland/evangelischer-kirchentag-beliebt-beim-nachwuchs-kritik-von-der-politik-15034095. html (letzter Zugriff: 15.08.2018); Wolfgang Thielmann, *Wie viel Politik ist gut für den Kirchentag?*, in: zeit.de, 22.05.2017, URL: https://www.zeit.de/gesellschaft/zeitgeschehen/2017–05/kirchentag-barack-obama-angela-merkel-berlin-wittenberg (letzter Zugriff: 15.08.2018); Wolfgang Schäuble, *Das Reformationsjubiläum 2017 und die Politik in Deutschland und Europa*, in: Pastoraltheologie 105 (2016), S. 44–53; Volker Beck wünscht der Kirche „mehr Mut zur Theologie", in: idea.de, 24.03.2017, URL: https://www.idea.de/frei-kirchen/detail/volker-beck-wuenscht-der-kirche-mehr-mut-zur-theologie-100375.html (letzter Zugriff: 15.08.2018); Benjamin Hasselhorn, *Eine evangelische Gretchenfrage*, in: rotary-Magazin 4 (2018), S. 60–61.

treter haben den Rat, sich wieder mehr auf Glaubensfragen als auf Politik zu konzentrieren, als hilfreich bezeichnet[25], andere sehen darin so etwas wie ein Ablenkungsmanöver: Die Kritiker störten sich in Wahrheit gar nicht an der Politisierung an sich, so zum Beispiel der Würzburger katholische Studentenpfarrer Burkhard Hose, sondern daran, dass die politischen Stellungnahmen der Kirchen nicht der eigenen politischen Präferenz entsprächen.[26]

Ob dieser Verdacht in einigen Fällen begründet sein mag, steht dahin. Manchen Kritikern wie beispielsweise Ulrich Körtner oder Klaus-Rüdiger Mai[27] geht es aber um etwas anderes, nämlich um eine Unterscheidung der Ebenen und um die Frage, was in der Kirche eigentlich Priorität hat. Politische Folgen aus dem christlichen Gottes- und Menschenbild zu ziehen ist nämlich sinnlos, wenn niemandem mehr das christliche Gottes- und Menschenbild einleuchtet – und wenn gar keine Einigkeit darüber besteht, was denn das christliche Gottes- und Menschenbild sei. Darum plädieren die Politisierungskritiker dafür, sich wieder Glaubensfragen zuzuwenden – nicht um das Christentum zu verharmlosen und zu einer Religion zu machen, die nur im stillen Kämmerlein praktiziert werden soll, sondern um überhaupt wieder Klarheit darüber zu schaffen, was der christliche Glaube eigentlich ist.

Ist es zum Beispiel wirklich überzeugend, das christliche Menschenbild einfach mit der Geltung von Menschenwürde

---

25 EKD-Cheftheologe: *Eine gute Predigt zeichnet aus, dass sie von Gott redet*, in: jesus.de, 16.04.2018, URL: https://www.jesus.de/eine-gute-predigt-redet-von-gott-redet/ (letzter Zugriff: 20.08.2018).

26 *„Christlich zu sein, heißt politisch zu sein".* Burkhard Hose im Gespräch mit Christiane Florin, in: deutschlandfunk.de, 10.08.2018, https://www.deutschlandfunk.de/christliches-engagement-in-schwierigen-zeiten-christlich-zu.886. de.html?dram:article_id=425176 (letzter Zugriff: 20.08.2018).

27 Ulrich H. J. Körtner, *Für die Vernunft. Wider Moralisierung und Emotionalisierung in Politik und Kirche*, Leipzig 2017; Klaus-Rüdiger Mai, *Geht der Kirche der Glaube aus? Eine Streitschrift*, Leipzig 2018.

und Menschenrechten gleichzusetzen und dies mit der Gottes-ebenbildlichkeit jedes Menschen zu begründen, wenn die Bibel doch ganz anders von diesen Dingen spricht, nämlich von Verlust oder Verdunkelung der Gottesebenbildlichkeit durch den Sündenfall und von Christus als dem einzigen wahren Ebenbild Gottes? Oder ist es überzeugend, die Bewahrung der Schöpfung in einer Weise zu politisieren, die nicht in Rechnung stellt, dass die Schöpfung eine gefallene ist? Kann man im Ernst christliche Politik treiben, ohne die Sündhaftigkeit des Menschen in Rechnung zu stellen?[28] Und hat man sich nicht längst zumindest vom lutherischen Christentum verabschiedet (vom demokratischen Rechtsstaat ganz abgesehen), wenn man beginnt, Verstöße gegen die politische Ordnung im Namen eines vermeintlich höheren Ziels zu opfern, wenn man komplexe politische Probleme auf simple moralische Fragen wie „Man lässt keine Menschen ertrinken" reduziert, oder wenn man gar meint, genau angeben zu können, in welchen politischen Bewegungen Gott am Werk ist und in welchen nicht?[29] Diejenigen, die aus christlicher Perspektive vor dem Versuch warnen, das Reich Gottes auf Erden zu errichten, tun das nicht, weil sie etwa gegen das Reich Gottes wären, sondern weil sie wissen, dass entsprechende Versuche regelmäßig in schlimmste Katastrophen führen. Die Neigung, öffentlichen Äußerungen der Kirche eine „prophetische Dimension"[30] zuzuweisen oder die eigenen politischen Über-

28 Klaas Huizing, *Schluss mit Sünde! Warum wir eine neue Reformation brauchen*, Freiburg i.Br. 2017.

29 Sandra Bils, *Werft euer Vertrauen nicht weg*. Predigt des Schlussgottesdienstes, Deutscher Evangelischer Kirchentag, Dortmund, 23.06.2019, URL: https://www. kirchentag.de/aktuell_2019/sonntag/predigt/ (letzter Zugriff: 26.06.2019). Vgl. dagegen die differenzierte Argumentation von Mariam Lau zum politisch-moralischen Problem der sogenannten „Seenotrettung": Caterina Lobenstein und Mariam Lau, *Oder soll man es lassen?*, in: Zeit online, 12.07.2018, URL https:// www.zeit.de/2018/29/seenotrettung-fluechtlinge-privat-mittelmeer-pro-cont-ra/komplettansicht (letzter Zugriff: 26.06.2019).

30 Heinrich Bedford-Strohm, *Öffentliche Theologie und Kirche*. Abschiedsvorle-

zeugungen in ganz konkreten Fragen wie Migration, Umwelt-
schutz, Wirtschaftspolitik einfach bruchlos für die christliche
politische Überzeugung zu halten, ist überaus gefährlich. Denn
„gut gemeint"[31] erweist sich am Ende allzu oft als das Gegenteil
von gut. Und es ist nicht alles Gold, was glänzt.

---

sung an der Universität Bamberg am 26. Juli 2011, in: landesbischof.bayern-
evangelisch.de, S. 12, URL: https://landesbischof.bayern-evangelisch.de/down-
loads/Abschiedsvorlesung_Bedford_Strohm.pdf (letzter Zugriff: 20.08.2018).
31 Vgl. dazu das Fazit Marc Felix Serraos zum Entschluss des Präsidenten
des Deutschen Evangelischen Kirchentags 2019, keine AfD-Vertreter zu den
Veranstaltungen einzuladen, wie zum Kirchentag insgesamt: „Er meint es gut.
Vielleicht ist das das eigentliche Motto dieser so einzigartigen wie eigenarti-
gen Veranstaltung." – Marc Felix Serrao, *Evangelische Kirchentage – Hauptsache:
links und grün?*, in: Neue Zürcher Zeitung online, 24.06.2019, URL https://www.
nzz.ch/international/evangelischer-kirchentag-zu-links-zu-gruen-zu-weltlich-
ld.1491049 (letzter Zugriff: 26.06.2019).

Thomas A. Seidel

In hoc signo vinces[1]
Kulturgeschichtliche und theologische Anmerkungen zur Bedeutung des Kreuzes

Tödliche Kreuzesnachfolge

Frühjahr 2015: „Botschaft an die Nation des Kreuzes, geschrieben mit Blut." So lautet die Überschrift des Propagandavideos des „Islamischen Staates", einer Gruppe des radikalislamischen, terroristischen IS. Diese Überschrift, die kriegslüsterne Androhung, alle Ungläubigen hinwegzufegen und vor allem das Video selbst dokumentieren in aufwändig-dramaturgischer Inszenierung die brutale Hinrichtung von 21 koptischen Christen an einem Strand in Libyen, am 15. Februar 2015.

Martin Mosebach hat eine Exegese dieses Films vorgelegt und, was ungleich wichtiger und sehr verdienstvoll ist, die Geschichte der 21 jungen Männer und ihre Treue zum Glauben und zur Liturgie der frühen Christenheit sorgfältig recherchiert und in berührender Weise erzählt.[2] Zweifellos dürfen sie „Märtyrer", (Christus-)»Zeugen« genannt werden, denn sie haben ihre Kreuzesnachfolge, ihre Verbundenheit mit dem gekreuzigten und auferstandenen Christus, die seit ihrer Taufe ein in die Daumen-

---

1 In hoc signo vinces, lateinisch: „In diesem Zeichen wirst du siegen", verweist auf die Kreuz-Vision des Kaisers Konstantin des Großen (270/288–337 n. Chr.).

2 Martin Mosebach, *Die 21. Eine Reise ins Land der koptischen Märtyrer*, Hamburg 2018, S. 23: Mosebach warnt davor, nicht zu vergessen, „dass es den Kopten seit der islamischen Eroberung des Landes im siebten Jahrhundert, also seit rund eintausendvierhundert Jahren, schlecht oder sehr schlecht ergangen ist". In der Gegenwart sei nur ein weiteres Kapitel tödlicher Plagen aufgeschlagen worden.

beuge eintätowiertes Kreuz kenntlich macht, mit ihrem Leben bezahlt.[3]

„An die Nation des Kreuzes." Gemeint ist: „der Westen", Europa und Nordamerika. Die Opfer, junge Wanderarbeiter, einfache Christenmenschen „des Ostens", der uralten koptischen Kirche Ägyptens, werden unter Nutzung modernster Kommunikationstechnologie als enthauptete Boten an „die Gegenseite" gesandt. Eine archaische Kriegserklärung. An die falsche Adresse? Das könnte man meinen und ironisch replizieren: „Empfänger unbekannt".

Ein kurzer Blick auf das gegenwärtige, sich im beschleunigten Individualisierungs- und Säkularisierungsprozess befindliche Europa lässt diesen Anachronismus, die fehlende „Empfangsbereitschaft", rasch deutlich werden. Beginnend mit den christentumskritischen bis religionsfeindlichen Stürmen der französischen Aufklärung wurde die Rede von einem wurzelhaft christlich geprägten Abendland, von einer „Nation des Kreuzes", zunehmend in den Hintergrund gedrängt. Sie wird heute von nicht wenigen als nutzlose, vermeintlich ausgrenzende, „fortschrittsfeindliche" Idee diffamiert. Nostalgiker, Populisten oder gar Reaktionäre werden die genannt, die es, wie Novalis, nicht lassen können, eine gedeihliche Zukunft des Kontinents in reflektierter Verbindung von „Christenheit und Europa" (1799) zu sehen, zu würdigen und in zeitgemäßer, nicht-triumphalistischer Weise zu gestalten.[4]

---

3 Den Märtyrer-Begriff (wie es hierzulande gelegentlich geschieht) auf muslimische Selbstmordattentäter anzuwenden, geht in die Irre. Sieht man von selbstmörderischen Zeichenhandlungen einzelner Christenmenschen ab (bspw. Oskar Brüsewitz † 22.08.1976 in Zeitz oder Roland Weißelberg † 31.10.2006 in Erfurt), suchen christliche Märtyrer nicht den Tod und ermorden mit ihrem Sterben auch nicht andere unschuldige Menschen, sondern erleiden den Tod wegen ihres Glaubens. Auf diese Weise werden sie Märtyrer, christförmige „Blutzeugen", Zeugen des Evangeliums.

4 Vgl. Antje Hermenau, *Ansichten aus der Mitte Europas. Wie Sachsen die Welt sehen*. Leipzig 2019, S. 86: „Europa ist […] das natürliche Ergebnis einer zweitau-

Die islamistischen Marketingstrategen des Propaganda-videos vom 15. Februar 2015 liefern die aus ihrer Sicht einzig zulässige geschichtspolitische Deutung gleich mit. In einer dem Film unterlegten Ansprache machen sie detailgenau kenntlich, was sie unter der „Nation des Kreuzes" verstehen und weshalb dieser „Nation" der tödliche Kampf angesagt wird: die „Kreuzzü-ge" des Mittelalters, gegenwärtige „Cruise missiles" und Kampf-Drohnen der US-Force, die Tötung von Usama bin Laden. Vor al-lem mit dem Verweis auf das Engagement der USA benennen sie die Gewalt westlicher Kampfverbände zur vorgeblichen Demo-kratisierung arabischer Länder und Regionen.[5] Und sie haben auch nicht ganz unrecht: Zahlreiche westliche Interventionen, wie im Irak oder in Libyen, haben sich als gewagte, opferreiche und folgenschwere Fehler erwiesen.[6] Im Schatten der Irakkriege wuchs und wucherte der IS. Und auch der bejubelte „arabische Frühling" ist in die Sandstürme unübersichtlicher Bürgerkrie-ge umgeschlagen und hat eine neue „Völkerwanderung" in die wohlhabenden Länder „des Westens", wenn nicht hervorgeru-fen, so doch zumindest begünstigt.

Gleichwohl, die Adresse „An die Nation des Kreuzes" sollte uns aufhorchen lassen. Sie ist eine Pro-Vokation, eine Heraus-

sendjährigen regionalen Entwicklung. Das Erbe der griechisch-römischen wie der jüdischen Antike, des Christentums und der Aufklärung ist eine kulturelle Gesamtleistung. Was passiert, wenn man dieses Erbe in den Wind schlägt oder missbraucht, haben Faschismus und Kommunismus mit etwa 160 Millionen Toten im letzten Jahrhundert gezeigt. Nach diesem Desaster konnten Men-schenverstand und Herzensbildung einen Neuanfang schaffen. Den wollen wir nicht erneut verspielen."

5 Schätzungen zufolge kamen nach 1945 in über 200 von den USA geführten militärischen Operationen ca. 30 Millionen Menschen zu Tode, siehe: https://de.wikipedia.org/wiki/Liste_der_Militäroperationen_der_Vereinigten_Staa-ten (letzter Zugriff: 25.05.2019).

6 Hannes Stein, *Warum Amerikas Kriege so häufig schiefgehen*, Radio-Essay vom 27.09.2015: https://www.deutschlandfunk.de/geschichte-warum-ameri-kas-kriege-so-haeufig-schiefgehen.1184.de.html?dram:article_id=328179 (letz-ter Zugriff: 29.05.2019).

Rufung. Diese Anschrift impliziert die Frage nach dem Selbst-
bild der in dieser Weise angesprochenen Europäer, heute. Sie
trifft in den selbstreferenziellen Resonanzraum einer europäischen Elite, die mitunter ähnlich holzschnittartige Vergröberun-
gen der Christentumsgeschichte vor sich her trägt wie die Ma-
cher des Hinrichtungsvideos. Nicht wenige von ihnen, insbesondere in den Medienhäusern und Schreibstuben, arbeiten in
einem Milieu, das getrieben scheint von aversiver Energie gegenüber Kirche und Christentum und getragen von multikultureller
Romantik gegenüber „dem Orient". Die Ergebnisse ihrer Arbeit
nähren den Eindruck, dass sie weder vom Christentum noch
vom Glauben der Muslime oder der (Eroberungs-)Geschichte
des Islams faktenbasierte Kenntnisse besitzen. Differenzierte,
kirchenkritische Darstellungen europäisch-westlicher Geschichte, wie beispielsweise das profunde Werk von Arnulf Angenendt
„Toleranz und Gewalt" oder die „Kulturgeschichte des Christentums", die Jörg Lauster unter dem Titel „Die Verzauberung der
Welt" vorgelegt hat, werden offensichtlich nicht zur Kenntnis
genommen.[7]

Martin Mosebach wurde während seiner „Reise ins Land
der koptischen Märtyrer", so der Untertitel, von ungeahnter
Glaubensfreude und Gastfreundschaft begleitet und – zu ana-
lytischer Klarheit gezwungen: „Nach der ‚Botschaft an die Na-

---

7 Der international renommierte Münsteraner Kirchenhistoriker Arnulf
Angenendt hat im Zusammenhang der „Schnädelbach-Kontroverse" 2007 in
Münster den eindrucksvollen Band *Toleranz und Gewalt. Das Christentum zwischen
Bibel und Schwert* vorgelegt (hervorgerufen durch den Philosophen Herbert
Schnädelbach; mit den von ihm in der DER ZEIT, 11.05. 2000, diagnostizierten
„Todsünden des Christentums": *Der Fluch des Christentums. Die sieben Geburtsfehler
einer alt gewordenen Weltreligion*). Zwei Semester hindurch hatte Angenendt mit
Studenten und Kollegen die von Schnädelbach u.a. vorgetragene Christentums-
kritik analysiert, diskutiert und mit einem weiten Blick, der auch das Judentum
und den Islam mit einbezieht, auf ihre Stichhaltigkeit hin geprüft. Vgl. Jörg
Lauster, *Die Verzauberung der Welt. Eine Kulturgeschichte des Christentums*. München
2014.

tion des Kreuzes, geschrieben mit Blut' ist es nicht mehr leicht, vor der Wirklichkeit solcher Feindschaft noch die Augen zu verschließen."[8]

„Kreuzabnahme" auf dem Tempelberg

Herbst 2016: „Beim Besuch der für Juden und Muslime heiligen Stätten am Jerusalemer Tempelberg verzichteten Kardinal Reinhard Marx und Ratsvorsitzender Heinrich Bedford-Strohm damit darauf, ihre Insignien zur Schau zu tragen",[9] schreibt der Redakteur Kilian Martin von katholisch.de am 8. November 2016. Warum? Was war geschehen?

Bei einer gemeinsamen Pilgerreise der Deutschen Bischofskonferenz (DBK) und der Evangelischen Kirche in Deutschland (EKD) ins „Heilige Land", im Kontext der Vorbereitung des 500. Reformationsjubiläums „Luther 2017", hatten die beiden bischöflichen Vorsitzenden ihre Brustkreuze abgelegt. Sie seien darum beim Besuch der Al-Aksa-Moschee in Jerusalem und (anschließend) an der Klagemauer am 20. Oktober 2016 von den jüdischen und den muslimischen Gastgebern gebeten worden.[10] Auf dieses „Skandalon", das dem Begriff „Kreuzabnahme" (Christi) plötzlich eine bizarr-gegensätzliche Bedeutung hinzufügt, hatte der jüdische Historiker Michael Wolffsohn in einem Zeitungskommentar aufmerksam gemacht.[11] Der Kontrast zum

---

8 Mosebach, *Die 21*, S. 39.

9 Siehe Kilian Martin http://www.katholisch.de/aktuelles/aktuelle-artikel/das-wirkliche-argernis-des-kreuzes, vom 8.11.2016 (letzter Zugriff: 01.08.2018).

10 Die Belege für diese Bitten oder Aufforderungen sind die beiden Würdenträger bzw. ihre Büros bislang schuldig geblieben.

11 Siehe Michael Wolffsohn: https://www.bild.de/politik/inland/kardinal/kardinal-und-bischof-verzichten-aufs-kreuz-48564234.bild.html, in: BILD, vom 03.11.2016 (letzter Zugriff: 15.05.2018). Wolffsohn vermutet, dass jene islamische Bitte um die Abnahme der Amtskreuze (so sie denn tatsächlich ausgesprochen wurde) auf die jüngste Entschließung der UNESCO zurückzuführen

mutigen Glaubenszeugnis der 21 koptischen Christen vom Frühjahr 2015 könnte kaum schärfer ausfallen.

Doch eben diese schmerzhafte Diskrepanz wurde in der sich anschließenden medialen Debatte von den betroffenen Amtsträgern und ihren Apologeten nicht zur Kenntnis genommen oder gar bestritten. Der katholische Journalist Kilian Martin schreibt in merkwürdig-abwiegelnder Diktion von den „Pektoralen", den Bischofskreuzen, als ein „zur Schau tragen der Amtsinsignien". Und der Ratsvorsitzende Bedford-Strohm verteidigt seine „Kreuzabnahme" damit, dass es seiner christlichen Grundhaltung nicht entspräche, das Kreuz „demonstrativ vorneweg zu tragen" und dadurch Zwietracht zu säen. Kritiker, wie Wolffsohn oder Jan Fleischhauer („Der Spiegel") werden eines „materialistischen Kleinglaubens" bezichtigt. Dass verfolgte Christen in muslimischen Ländern dadurch irritiert, entmutigt oder gar verletzt würden, wurde als „rechtspopulistische Stimmungsmache" zurückgewiesen.[12]

Zwei Monate später, nachdem die Kritik der Medien und aus der Mitte der evangelischen Kirche nicht abreißt, lässt der Ratsvorsitzende erkennbar selbstkritischere Töne vernehmen. „Rückblickend wäre es besser gewesen, den Besuch an diesem Ort zu diesem Zeitpunkt und in dieser Form nicht zu machen", sagte Bedford-Strohm.[13]

---

sei, der zufolge der Jerusalemer Tempelberg allein ein muslimisches Heiligtum, ohne jeden Bezug auf Judentum oder Christentum wäre.

12 Kilian Martin auf katholisch.de., s.o.: „Fleischhauer wie Wolffsohn sorgen sich unterdessen, dass zwei fehlende Brustkreuze sowohl zu Problemen mit Muslimen in unserem Land führen (Wolffsohn), als auch bedrängte Christen andernorts entmutigen (Fleischhauer) könnten. Welcher Kleinglaube macht sich so von bischöflichen Amtsinsignien abhängig?"

13 epd, 15.12.2016: *Der Ratsvorsitzende der Evangelischen Kirche in Deutschland (EKD), Heinrich Bedford-Strohm, sieht seinen umstrittenen Besuch auf dem Tempelberg und an der Klagemauer in Jerusalem im Nachhinein als Fehler.*

Das Kreuz im politischen Meinungskampf

Doch nicht allein jene von Wolfgang Huber diagnostizierte „Selbstsäkularisierung" im deutschen Protestantismus (wie im Katholizismus) begegnet uns zeitgleich mit der erschreckenden Zunahme von terroristischen Aktionen „fremder Feindschaft" arabischer Islamisten. In den aktuellen Auseinandersetzungen um die kulturellen Werte Europas und um die philosophischen und theologischen Voraussetzungen des Grundgesetzes treffen wir auch auf jene oben bereits genannte „einheimische", sozusagen in der Mitte der Gesellschaft gepflegte „Feindschaft" gegen Religion im Allgemeinen und gegen das Christentum im Besonderen.[14]

Aus dem 19. Jahrhundert kommend, hat dieser antichristliche Affekt in den beiden Weltkriegen und in der Zeit des Kalten Krieges nach 1945 weitere Aufladungen erfahren. In beiden deutschen Diktaturen war diese Haltung Programm. In der „Diktatur der Arbeiterklasse" wurde der Kampf gegen Religion und Kirche mit allen Mitteln geführt. In weiten Kreisen des urbanen Bürgertums der „alten" Bundesrepublik wurde und wird diese Haltung seit den 1968er Jahren mit auffälliger Aggressivität als „progressiver" (anti-bürgerlicher, anti-konservativer oder anti-faschistischer) Habitus kultiviert. So nimmt es nicht Wunder, dass im neuen Deutschland des 21. Jahrhunderts das Zentralsymbol des Christentums, das Kreuz, immer wieder ins Kreuz-Feuer der öffentlichen Debatte gerät.

Januar 2018: In Deutschland begann das vergangene Jahr mit der Meldung, dass im bayerischen Miesbach ein Richter vor einem Prozess gegen einen gewalttätigen afghanischen Asylbewerber das Kreuz aus dem Gerichtssaal entfernen ließ, weil es den Angeklagten möglicherweise in seiner religiösen Anschau-

---

14 Siehe Hans Joas und Klaus Wiegandt, *Die kulturellen Werte Europas*, Frankfurt/ Main 2005.

ung verletzen könnte. Das Thema der Präsenz des Kreuzes in der Öffentlichkeit schlug fortan erhebliche Wellen.[15]

Mit dem sogenannten „Kreuzerlass" des neuen bayerischen Ministerpräsidenten Markus Söder wurde aus den Wellen ein Sturm. Die bayerische Staatsregierung hatte angeordnet, dass ab dem 1. Juni 2018 im Eingangsbereich aller staatlichen Behörden Kreuze angebracht werden, Ausnahmen seien in begründeten Fällen selbstverständlich zulässig. Eine Leserzuschrift im Nachrichtenmagazin „Der Spiegel" ätzte, es sei bedauerlich, dass Jesus nicht mit einem Feuerlöscher erschlagen wurde. Eine solche Tötung des Gottessohnes würde heute in Bayern dann „erfreulicherweise" dazu führen, dass im Eingangsbereich aller öffentlichen Gebäude Feuerlöscher angebracht würden.

Was sind die Hintergründe für eine derart untergründige Bosheit und offene Aggressivität der Auseinandersetzung? Ist durch den „Kreuzerlass", wie der oben bereits genannte Jerusalem-Pilger und Zeitgenosse des katholischen Ministerpräsidenten, Kardinal Reinhard Marx, vermutet, „Spaltung entstanden, Unruhe, Gegeneinander, […] bis in die Familien und Pfarreien hinein"? Oder hatte erst jene Art bischöflicher Verneigung vor dem medialen Zeitgeist, jener salbungsvolle Relativismus, dafür gesorgt, dass „Unruhe, Gegeneinander" und Protest erst recht Platz griffen? So jedenfalls lautet die Diagnose von Alexander Kissler.[16]

---

15 Einige der postalischen Proteste gegen den Amtsrichter Klaus-Jürgen Schmid sind in Inhalt und Form von übler Nachrede nicht zu unterscheiden. Er sah sich zu Unrecht angegriffen, erläuterte seine Beweggründe und hängte das Kreuz wieder auf. Siehe: https://www.merkur.de/lokales/region-miesbach/miesbach-ort29062/volksverraeter-und-galgen-bilder-richter-wird-wegen-kreuz-aktion-mit-hasspost-ueberschuettet-9574459.html (letzter Zugriff: 19.08. 2018).

16 Alexander Kissler, in CICERO, vom 03.05.2018, unter der Überschrift *So schafft Kirche sich ab* vgl. https://www.cicero.de/kultur/bischof-marx-kreuz-kirche-soeder-bayern-laizismus* (letzter Zugriff: 02.02.2019). Immerhin 56% der Bayern begrüßten laut Umfragen die Initiative des Ministerpräsidenten. Vgl. auch Alexander Kissler: *Keine Toleranz den Intoleranten. Warum der Westen seine*

Was sagt unsere Verfassung zu dieser staatlich angeregten „Kreuznahme"? Verstößt ein im Eingangsbereich von Behörden sichtbares Kreuz gegen das Grundgesetz? Keineswegs, meint der vormalige Richter am Bundesverfassungsgericht Udo Di Fabio. In einem Gastbeitrag für die ZEIT gibt er zu Protokoll:

> Von einer klaren Verfassungswidrigkeit des Söderschen ‚Kreuzzugs'
> mit der verwaltungsinternen Vorschrift, im Eingangsbereich von
> Dienststellen des Landes ein Kreuz anzubringen, kann mit Blick auf
> die bisherige Rechtsprechung des Bundesverfassungsgerichts keine
> Rede sein.[17]

Vielmehr erlaube es das deutsche Verfassungsrecht dem Staat, religiöse Symbole und Botschaften zu übernehmen – „solange das nicht Parteinahme oder gar theologische oder inhaltliche Positionierung bedeutet". Da von einem schlichten Kreuz aber keine „weltanschauliche oder religiöse Indoktrination" ausgehe, sei die neue Regelung grundgesetzkonform.

Auch mit Blick auf den gelegentlich vorgebrachten Vorwurf religiöser Intoleranz oder christlicher Überheblichkeit gegenüber muslimischen Einwanderern zeigte sich Di Fabio gelassen. Eine Gefahr könne er hier nicht entdecken. Eher im Gegenteil. Er teile die Beobachtung von zahlreichen Fachleuten, dass diese Zuwanderergruppe aufgrund ihrer „eigenen kulturellen Prägung" für ihre Kinder häufig eine christliche Erziehung in Schulen und Kindergärten jener in betont nichtreligiösen staatlichen Einrichtungen vorziehen würde.

Werte verteidigen muss, Gütersloh 2015.

17 Udo Di Fabio, in DIE ZEIT, vom 02.05.2018, unter dem Titel *Der Södersche ‚Kreuzzug' ist nicht verfassungswidrig*, vgl. https://www.zeit.de/gesellschaft/zeit-geschehen/2018–05/kruzifix-behoerden-verfassung-udo-di-fabio-markus-soeder (letzter Zugriff: 12.03.2019). Vgl. auch den Beitrag von Udo Di Fabio *Zur Lage der Demokratie. Globale Wirtschaft und politische Partikularität*, in diesem Band, S. 95–107.

Manche muslimische Familie will ganz gewiss keinen Beitrag im anti-westlichen Kulturkampf fundamentalistischer Strömungen leisten, aber sie fürchtet dennoch eine ‚gottlose' Gesellschaft mehr als jede konkurrierende Religion.[18]

Di Fabio weiter: „Das schlichte Kreuz in öffentlichen Räumen ist frei von solch überwältigender Symbolkraft."[19]

Im Gegensatz dazu befürchtet Kardinal Marx, dass durch den „Kreuzerlass" das Kreuz „im Namen des Staates enteignet [werde]." Zu Recht verweist er auf den theologischen und spirituellen Gehalt des Kreuzes. Das christliche Kreuz sei mitnichten (nur) ein „kulturelles Symbol". Mit erhobenem Zeigefinger gibt er, zumindest rhetorisch, das Motto vor: „Wer ein Kreuz aufhängt, muss sich an diesen Maßstäben messen lassen."[20] Doch was sind die Eigenheiten und die Maßstäbe des Kreuzes? Für wen oder was gelten sie? Was sagt uns die Symbolgeschichte des Kreuzes über seine vormaligen und heutigen Bedeutungskontexte?

In hoc signo vinces. Konstantin und die Folgen

In hoc signo vinces, jenes lateinische Sprichwort: „In diesem Zeichen wirst du siegen" (bzw. „In diesem Zeichen siege") rekuriert auf eine durch den Kirchenvater Eusebius von Caesarea (260–339 n.Chr.) überlieferte Vision Kaiser Konstantins des Großen (270/288–337), der zufolge jener (Mit-)Kaiser seine Soldaten vor der „Schlacht an der Milvischen Brücke" (312) aufgefordert habe, ein Staurogramm, ein Kreuzzeichen, auf ihre Schilde zu malen.[21] Aus dem siegreichen Kreuz-Zeichen wurde in der Folge das Labarum gebildet, das Hauptheereszeichen, mit dem Christusmonogramm (Chi/Rho) an der Spitze.

---

18 Di Fabio, ZEIT, a.a.O.

19 Ebd.

20 Kissler, CICERO, a.a.O.

21 Der Satz *In hoc signo vinces* ist (laut Wikipedia) auch das Motto der deutschen Speziellen Einsatzkommandos der Polizei (der SEKs).

Dieses Kreuz markiert somit emblematisch die „Konstantinische Wende": der Glaube der (verfolgten) Alten Kirche wird zur Staatsreligion spätantiker Herrschaft im gesamten Imperium Romanum, mit Rom im Westen (ab 312) und Konstantinopel im Osten (ab 324), als den beiden wichtigsten politischen und kirchlichen Metropolen. Auf Konstantins zum Christentum konvertierte Mutter Helena geht die legendenumwobene Auffindung des Kreuzes Jesu Christi in Jerusalem zurück und in der Folge der europaweit wirkende Kult und Kampf um Teile jenes Kreuzes – als hochbegehrte und hochverehrte Kreuzesreliquien.

In der theologisch-philosophischen Auseinandersetzung und christlichen Apologetik zwischen jüdischem Monotheismus und hellenistisch-platonischer Gottes/Logos-Lehre wurde das Kreuz zum Zentralsymbol des Christentums. Das Kreuz-Zeichen verbindet Tod und Leben, Ermordung und Auferstehung sowie die „zwei Naturen" des Jesus von Nazareth und des Christus des Glaubens, als „wahrer Mensch" und „wahrer Gott". In der meditativen Anschauung des Kreuzes kann der Glaubende in den kosmischen Schöpfungszusammenhang geführt werden, den das frühe Christentum erkennt und (im Ergebnis der theologischen Debatten der ersten sieben Ökumenischen Konzile von 325 bis 451) in Bekenntnisform überführt. Die sakralkünstlerisch vorherrschende Form war das schlichte oder auch reich verzierte (lateinische) Kreuz. Wenn, eher selten, ein Korpus hinzugefügt wurde, dann war dieser als ein segnender Christkönig gestaltet; als ein friedevoll-herrschender Menschensohn. Bereits durch Gregor von Nyssa (335/40–392) wurde jene theologisch-spirituelle Kreuzesdeutung vorgelegt, die in den (noch ungetrennten) Kirchen des Ostens und des Westens auf lange Zeit unbestritten und überzeugend war und wirkte:

> So will uns das Kreuz durch seine Gestalt, die nach vier Seiten auseinander geht, indem von seinem Mittelpunkt, durch den es zusammengehalten wird, deutlich vier Balken vorspringen, die Lehre geben, dass ER, der da im Augenblick seines nach dem göttlichen Heilsplan erlittenen Todes daran ausgestreckt war, der ist, welcher das Universum in

sich eint und harmonisch verbindet, indem ER die verschiedenartigen Dinge zu einem einheitlichen zusammenfasst. […] Da nun die ganze Schöpfung auf IHN hinsieht und um IHN ist und durch IHN ihre Einheit und Geschlossenheit erhält, so sollten wir nicht allein durch das Ohr zur rechten Erkenntnis Gottes gebracht werden, sondern auch das Auge sollte ein Lehrer der höheren Wahrheiten werden.[22]

Aus einem brutalen Hinrichtungswerkzeug für gewöhnliche Verbrecher und bekenntnistreue Christenmenschen, aus einem Spottmotiv für jene „Nazoräer", wurde das Sieges- und Herrschaftszeichen eines kaiserlich protegierten und staatlich gestützten Christentums.[23] Das Paradoxon eines „gekreuzigten Gottes" wurde in das kosmisch-christkönigliche Zentralsymbol des gekreuzigten und auferstandenen Gottes überführt.[24] In diesem zugewandten Kreuz, im Corpus-Bild des wahren Menschen und wahren Gottes, mit geschlossenen Augen oder mit klarem Blick auf die versammelte Gemeinde gerichtet, sind Sterben und Auferstehen, der Leidende und der Lebende in eine Form gebracht, vereinigt.

Doch wo blieb das Schmerzhafte, das „Skandalöse" des Kreuzes, wo das Anstößige dieses Tötungs- und Todesüberwindungsvorgangs? In welcher Weise kam oder kommt dies zu einer adäquaten bildlichen Darstellung? Werfen wir zunächst noch einmal einen Blick zurück auf das Neue Testament und somit auf den Beginn der Exegese des Kreuz-Symbols in der Alten Kirche.

---

22 Zitiert nach Uwe Wolff und Jürgen Hohmuth (Hg.), *Das Kreuz. Wo Himmel und Erde sich berühren*, Stuttgart 2005, S. 121.
23 Uwe Wolff verweist in seinem eindrucksvollen Text-Bild-Band auch auf das 1856 bei Ausgrabungen in Rom entdeckte Spottkreuz mit einem Eselskopf mit der griechischen Inschrift *Alexamenos betet zu seinem Gott*, in: Wolff, a.a.O, S. 46.
24 Vgl. Jürgen Moltmann, *Der gekreuzigte Gott. Das Kreuz Christi als Grund und Kritik christlicher Theologie*, München 1972, und, in Kritik zu jener „Theologie nach Auschwitz": Hans Urs von Balthasar, Hans Küng, Johann Baptist Metz und Karl Rahner.

Das Skandalon des Kreuzes und seine
spätantike Kultivierung

In seinem Bemühen, die Ungeheuerlichkeit eines am Kreuz hingerichteten Gottes in der Mitte des ersten nachchristlichen Jahrhunderts aus dem jüdischen Kontext in das hellenistischen Umfeld des Imperium Romanum zu transponieren, redet der Apostel Paulus gar nicht erst „um den heißen Brei herum", sondern verweist direkt und ungeschönt auf dieses „Skandalon": auf die Anstößigkeit des Kreuzes und auf seine existenzielle Überwindungs-Dynamik, die er selbst vor Damaskus erfahren hat.[25] In der zentralen Passage gleich zu Beginn seines 1. Briefes an die Gemeinde in Korinth führt er aus:

> 18 Das Wort [der Logos; Th.S.] vom Kreuz ist denen, die verloren gehen, Torheit; uns aber, die gerettet werden, ist es Gottes Kraft [Dynamis; Th.S.]. 19 Es heißt nämlich in der Schrift: ‚Ich lasse die Weisheit [die Sophia; Th.S.] der Weisen vergehen und die Klugheit der Klugen verschwinden.' (Jesaja 29,12) 20 Wo ist ein Weiser? Wo ein Schriftgelehrter? Wo ein Wortführer in dieser Welt? Hat Gott nicht die Weisheit der Welt als Torheit entlarvt? 21 Denn weil die Welt angesichts der Weisheit Gottes auf dem Weg ihrer Weisheit Gott nicht erkannte, beschloss Gott, alle, die glauben, durch die Torheit der Verkündigung zu retten. 22 Die Juden fordern Zeichen, die Griechen suchen Weisheit. 23 Wir dagegen verkündigen Christus als den Gekreuzigten: für Juden [ist das] ein empörendes Ärgernis [Skandalon; Th.S.], für Heiden eine Torheit, 24 für die Berufenen aber, Juden wie Griechen: Christus, Gottes Kraft und Gottes Weisheit. 25 Denn das Törichte an Gott ist weiser als die Menschen, und das Schwache an Gott ist stärker als die Menschen.[26]

Gerade das offenkundige Faktum, dass „der Logos vom Kreuz" so absolut unglaublich, so komplett widersinnig ist, wird zum

---

25 Vgl. 1. Korintherbrief 15,9 und vor allem die als Epiphanien, Gottesbegegnungen geschilderten Ich-Berichte des Paulus in der Apostelgeschichte (des Lukas): Apg 9,3–19; 22,6–16; 26,12–18.

26 1. Korintherbrief 1,18–25.

Indiz für seine Glaubwürdigkeit. Nachdem alle „Sophia", alles Weltwissen, eine welt- und menschenverändernde Gotteserkenntnis nicht nur nicht ermöglicht, sondern überhaupt erst verhindert hat, habe Gott nun einen neuen, „kreuz-förmigen" Weg eingeschlagen. Die existenzielle Erfahrung des vormaligen Christenverfolgers Saulus und nun „vom auferstandenen Christus ergriffenen" Apostels Paulus ließ ihn entdecken und bezeugen, dass Gott beschlossen habe, „alle, die glauben, durch die Torheit der Verkündigung zu retten" (Vers 21 b).[27]

Dass diese Rettung von „in Christi Tod Getauften" und also „Wiedergeborenen" (Römerbrief 6,3f.) in den Christenverfolgungen der ersten nachchristlichen Jahrhunderte auch den grausamen Tod am Kreuz einschloss, wird nicht wenige Christenmenschen an den Rand des Verstehens und der Verzweiflung geführt haben. Einige neutestamentliche Texte, wie bspw. die Offenbarung des Johannes oder der 1. Petrusbrief, geben davon Zeugnis. So ermutigt der 1. Petrusbrief die Christen Kleinasiens während der Verfolgung durch den römischen Kaiser Domitian (in den Jahren 93–96 n.Chr.), dem ihnen zugefügten Unrecht standzuhalten und nicht in vorchristliche Haltungen zurückzufallen. Immer wieder stellt der Briefschreiber den Brüdern und Schwestern Jesu Passion als Vorbild vor Augen. Die Welt, in der Gottes Gegenspieler „wie ein brüllender Löwe umherzieht" (5,8), ist der Ort der Bewährung, des Kampfes und des Bekenntnisses.

Mit der „Konstantinischen Wende" werden Besiegte zu Siegern und vordem Verfolgte mitunter auch selbst zu Verfolgern. „Die primär auf seine, Konstantins, Person zugeschnittene Politik wurde von der Dankbarkeit einer leidgeprüften Kirche getragen, die ihm zugutehielt, dass er die Diokletianische Verfolgung beendet, das Christentum von seiner Illegalität befreit und zur an-

---

27 Vgl. Thomas A. Seidel, *Die Theo-Logik der Ergriffenheit – Paulus und Römer 13*, in: Gott mehr gehorchen als den Menschen – christliche Wurzeln, Zeitgeschichte und Gegenwart des Widerstands, hg.v. Martin Leiner, Hildigund Neubert, Thomas A. Seidel und Ulrich Schacht, Göttingen 2005, S. 49–65.

erkannten Religion erhoben hatte."[28] Wie bei „Systemumbrüchen" nicht selten, wechselten zahlreiche Höflinge und Würdenträger ihre Loyalität. In einer Art eilfertiger Staatsfrömmigkeit, die im vierten Jahrhundert zunächst entweder hellenistisch-heidnisch oder auch arianisch geprägt war, kam es bald zu Verfolgungen von Arianern, später mitunter auch zu Verfolgungen von Anhängern der alten „heidnischen" Kulte durch die neue Reichskirche.[29] Innerhalb von nur hundert Jahren wurde das zunehmend christianisierte Römische Reich sowohl mit dem in der Bibel verkündeten (transzendenten) Reich Gottes als auch mit der irdisch-kirchlichen Gestalt des Christentums selbst nahezu gleichgesetzt. Allerdings erfuhr diese staatstragende Reichstheologie, eindrucksvoll formuliert durch Eusebius von Caesarea, auch heftige und wirkungsvolle Kritik. Kein Geringerer als der große lateinische Kirchenlehrer Augustinus von Hippo (354–430) führte mit seiner Schrift De civitate Dei (Der Gottesstaat) eine Differenzierung ein, ohne die unsere heutige verfassungsrechtliche Trennung von Staat und Kirche nicht denkbar wäre.[30]

Die Kreuzesnachfolge stellte nun also keine existenzielle Be-

---

28 Pedro Barceló, Das Römische Reich im religiösen Wandel der Spätantike, Regensburg 2013, S. 51.

29 Arianismus: antitrinitarische Lehre des Arius (4. Jahrhundert), wonach Christus Gott nicht wesensgleich, sondern nur wesensähnlich sei.

30 Martin Luther führte diesen Ansatz des Kirchenvaters Augustin in seinen Überlegungen „von den zwei Regimenten" fort. Vgl. dazu Thomas A. Seidel, *Darum muss man die beiden Regimente sorgfältig voneinander unterscheiden*, in: Unterwegs zu Luther, Weimar 2010, S. 207f. Für eine klare Trennung der „Regimente" plädiert auch Dietrich Bonhoeffer in seinem *Ethik-Fragment*, München 1992, S. 39ff.: „Obrigkeit [weltliches Regiment] und Kirche [göttliches Regiment] sind durch denselben Herrn gebunden und aneinander gebunden. Obrigkeit [äußere Gerechtigkeit: Böse bestrafen und Erziehung zum Guten] und Kirche [Wächteramt] sind in ihrem Auftrag voneinander getrennt. Obrigkeit und Kirche haben denselben Wirkungsbereich, die Menschen. Keines dieser Verhältnisse darf isoliert werden." Aus dieser klaren Trennung der Aufträge resultiert die religiöse Neutralität des Staates.

drohung mehr dar, im Gegenteil: sie wurde zur Staatsräson. Der damit verbundene große Zustrom von weniger religiös-enthusiastischen oder christlich-bekenntnisbereiten Menschen in die Reichs-Kirche führte dazu, dass die strengen ethischen und liturgischen Standards der Alten Kirche aufgeweicht wurden. Und auch hier regte sich starker innerkirchlicher Protest: Die Entstehung des christlichen Mönchtums in Ägypten und seine Faszinationskraft darf man als theologisch-spirituelles Korrektiv gegen jenen rasanten Prozess der „Verstaatlichung" des Christentums unter Konstantin verstehen, der mit seinem (Nach-)Nachfolger Theodosius I. zu einem vorläufigen Abschluss gekommen war.

Auch die Christianisierung des (germanischen) Westens steht in Verbindung mit dem siegreichen Kreuz. Entscheidend wurde hier die Annahme des katholischen Glaubens, im Gegensatz zum Arianismus des Ost-/Westgotenkönigs Theoderich (451–526) durch den Frankenkönig Chlodwig (466–511). Wie für den Heerführer Konstantin wurde auch für den heidnischen Frankenkönig Chlodwig die Anrufung des Kreuzes Christi 496 vor einer Schlacht gegen die Alamannen (bei Zülpich) zum Ausgangspunkt für seine Konversion.[31] Stark beeinflusst durch seine fromme Frau Chlothilde ließ sich Chlodwig (mit „3.000 seiner Mannen", wie die Legende berichtet) von Remigius (437–533) am Weihnachtstag des Jahres 498 in der Kathedrale von Reims taufen. So bildet die Taufe Chlodwigs die Voraussetzung für die entschlossene Übernahme der (vorhandenen arianischen) Kirchenstrukturen, auf deren Grundlage das Frankenreich zur „Gründungsnation" des westlichen Christentums wurde, zur „ältesten Tochter der römisch-katholischen Kirche".[32]

---

31 Siehe: *Radegunde. Ein Frauenschicksal zwischen Mord und Askese* (Begleitbuch der Ausstellung im Erfurter Stadtmuseum vom 24.09.2006–07.01.2007), hg.v. Hardy Eidam und Gudrun Noll, S. 28–35.

32 Chlodwig wählte Paris zu seinem Residenzort (als symbolpolitische Parallelresidenz zu Konstantinopel). 511 wurde er in der von ihm errichteten Zwölfapostelkirche (heute St. Genevieve) an der Seite der Stadtheiligen Genovefa (420–402) bestattet.

Eine Kreuzesreliquie und das ebenso schlichte wie eindrucksvolle „Radegunde-Kreuz" stehen am Beginn der Ausbreitung des (weiblichen) Mönchtums in der Westkirche, mit der Gründung des Klosters „Sainte Croix" (das „Heilige Kreuz") von Poitiers ab 555.[33] Vergleichbar der Doppelrolle des ägyptischen Mönchtums für die östliche Reichskirche, als praktische Christianisierungsinstitutionen vor Ort und als asketische Kritikinstanz der Säkularisierungstendenzen der weltlichen und kirchlichen Eliten, übernehmen auch im (fränkisch-merowinigischen) Westen die Klöster diese Doppelaufgabe im Kreuz-Zeichen einer schriftgemäßen (d. h. an der Bibel orientierten), glaubwürdigen Christusnachfolge.[34]

Der vorliegende Aufsatz kann keine umfassende Religions-, Theologie- und Symbolgeschichte des Kreuzes liefern, sondern lediglich einige Schlaglichter setzen.[35] Zu diesen gehört zwangsläufig ein anderer Seiten-Blick auf das Kreuz als „Feldzeichen". Dass das soldatische Siegeszeichen (*in hoc signo vinces*) am Beginn seiner staatlich-kulturell-religiösen Nutzung stand, hatten wir bereits erläutert. Im Zeichen des siegreichen Kreuzes wandelte sich das *imperium romanum* zum *corpus christianum*.

---

33 Diese Kreuzesreliquie (ein Splitter vom Heiligen Kreuz Christi) wurde auf Bitte von Radegunde vom byzantinischen Kaiser Justin II. und Sophia (526) nach Poitiers gesandt und symbolisiert so die „kreuzförmige" Einheit der ost- und weströmischen Kirche, siehe: *Radegunde*, S. 84.

34 *Radegunde*, S. 34f.: Die Christianisierung der Franken wurde vor allem unterstützt durch die iro-schottische Mönchsmission des Heiligen Columban (534–615) und seiner Gruppe, die 590 von Irland auf das Festland gekommen waren. Sie prägten und festigten die Christianisierung Westeuropas von Luxeuil (in den Vogesen) über den Bodensee bis nach Mailand. Das Radegunde-Kreuz steht (in Verbindung mit dem Labyrinth von Chartres) seit 2009 im Zentrum der Collegiatsgemeinschaft (https://www.via-collegiata.de/vcc/symbol.html).

35 Verwiesen sei an dieser Stelle auf die einschlägigen Kapitel (I–IX) zum Thema „Kreuz" in der Theologischen Realenzyklopädie (TRE) 19 (1990), S. 712–779.

Radegunde-Kreuz, romanisches Vortragekreuz, wahrscheinlich
mit kostbar gefasster Kreuzesreliquie im inneren Kreis, um 560 n.Chr.,
© Stadtmuseum Erfurt

Doch kein anderes Ereignis in der wechselvollen Geschichte
der Christenheit hat größere Fragen und schärfere Kontroversen hervorgerufen, als „das Nehmen des Kreuzes" in der Zeit
der Kreuzzüge im europäischen Hochmittelalter. Diese Epoche
wird als Musterbeispiel christlicher Aggressivität gelesen. Und
so scheint es naheliegend, dass die Kreuzzüge bis heute als ar-
gumentative Ankerpunkte für fundierte Kirchenkritik ebenso

wie für faktenfreien Christenhass dienen. Und, wie wir eingangs beschrieben haben, auch als Pseudo-Legitimation für Terror und Gewalt gegenüber Christen in sehr vielen islamischen, hinduistischen oder kommunistischen Ländern dieser Erde.[36] Was ist in historischer und theologischer Perspektive über die Kreuzzüge des Mittelalters zu sagen?

Deus vult. Heiliger Krieg im Zeichen des Kreuzes?

Deus vult – „Gott will es". Mit frommem Pathos und herrschaftlichem Gestus rief Papst Urban II. 1095 zum Ersten Kreuzzug ins „Heilige Land", nach Palästina, auf, um die wichtigsten Pilgerstätten der Christenheit in Jerusalem (die Grabeskirche, der Tempelberg, der Ölberg, die Via Dolorosa u.a.), die seit dem 7. Jahrhundert unter der Aufsicht der muslimischen Sassaniden bzw. Sarazenen standen, wieder unter christlichen Schutz zu stellen. Das Echo dieses Aufrufs, den der Papst als „heilige Pilgerfahrt", als „eine Buß- und Liebesübung" zur *remissio peccatorum*, „zur Vergebung der Sünden" propagierte, war zur Überraschung etlicher Zeitgenossen überwältigend. Als biblisches Vorbild dienten die letzten beiden Bücher des Alten Testaments, die Makkabäer-Bücher, deren literarisch (v)erklärtes Ziel die Befreiung und Reinigung heiliger Stätten, insbesondere Jerusalems, ist. Galt den Christen bis dato der Kriegsdienst und militärische Gewaltanwendung im Sinne des Jesus-Wortes (Matthäus 26,52) „Wer das Schwert nimmt, soll durch das Schwert umkommen" als Unrecht und Sünde, führte der päpstliche Aufruf, „das Kreuz und das Schwert zu nehmen" zu einer fundamentalen Abkehr von dieser pazifistischen Grundhaltung. „Für die Vergebung ihrer

---

36 Über 700 Millionen Christen leben in den 50 Ländern, die auf dem von Open Doors erstellten Weltverfolgungsindex aufgeführt sind, mehr als 200 Millionen leiden von ihnen unter einem hohen Maß an Verfolgung. Damit sind Christen die weltweit größte verfolgte Religionsgemeinschaft. Siehe https://www.opendoors.de/christenverfolgung/weltverfolgungsindex.

Sünden zu kämpfen, war für die Gläubigen eine vollkommen neue Art der Kriegsführung."[37] Auch wenn den Kreuzzügen der Missionsgedanke vollkommen fehlte, so sahen sich „die ekstatisch Frommen wie aber auch die Gewaltfreudigen" gleichermaßen angezogen.[38]

Nach anfänglicher Kritik und einigem Zögern stimmte der charismatische, überaus gelehrte und europaweit vernetzte Zisterzienserabt Bernhard von Clairvaux (1090–1153) in jene „Jerusalem-Pilger-Begeisterung" ein und wurde mit seiner „Lobrede auf das neue Rittertum" (*De laude novae militiae*) zum „Geburtshelfer" des Templerordens und zum theologisch-spirituellen Stichwortgeber aller anderen Ritterorden.[39] Doch gegen den „heiligen Kreuzzug" meldete sich auch heftiger innerkirchlicher Widerspruch. Arnulf Angenendt verweist auf die zeitgenössische Kanonistik, nach der „die Idee, bei den Kreuzzügen rufe Gott selbst durch die Stimme des Papstes zum Krieg", letztlich keine Rechtfertigung erfahren habe.[40] Und selbst dem päpstlichen Aufruf *Deus vult* konnte ein energisches *Deus non vult* („Gott will es nicht!") entgegengestellt werden. Aufs Ganze gesehen,

---

37 Jonathan Riley-Smith, *Der Aufruf von Clermont und seine Folgen*, in: Kein Krieg ist heilig. Die Kreuzzüge (Ausstellungskatalog), hg. v. Hans-Jürgen Kotzur, Mainz 2004, S. 55f., 59.

38 Angenendt, a.a.O., S. 423.

39 (*Bernhard von Clairvaux*) Bernardus: *Ad milites templi. De laude novae militiae/An die Tempelritter. Lobrede auf das neue Rittertum*, in: Bernhard von Clairvaux. Sämtliche Werke lateinisch/deutsch, Bd. I, Hrsg. v. Gerhard B. Winkler, Innsbruck 1990, S. 271. Vgl. http://www.ordre-du-temple.de/docs/bernardus.pdf (Bernhard: »In der Tat sieht man, wie sie auf eine wunderbare und einzigartige Weise sanfter sind als die Lämmer und wilder als die Löwen, so dass ich im Zweifel wäre, was ich sie eher nennen sollte, nämlich Mönche oder Ritter, wenn ich sie nicht schon wohl recht zutreffend beides genannt hätte. Denn ihnen fehlt, wie man sieht, keines von beiden, weder die Sanftmut des Mönches noch die Tapferkeit des Kriegers"). Diesem Ideal des „christlichen Samurai", des Mönchskriegers, folgten auch die anderen Orden jener Zeit: die Johanniter, der Deutsche Orden, der Lazarus-Orden u.a.

40 Angenendt, a.a.O., S. 428.

habe sich dieser theologische Protest allerdings nur selten ins Grundsätzliche gewendet.[41]

Das Fazit, das Angenendt bei aller schonungslosen Kritik jener mittelalterlichen Kriege zieht, bleibt ambivalent: „Wie in der Moderne gerade Katastrophen zur Herausforderung für Toleranz-Entwürfe und Friedensprojekte wurden, so auch im Mittelalter die Kreuzzüge."[42] Eine der großen, innerchristlichen Kreuzzugskatastrophen, die die Glaubwürdigkeit und Gestaltungskraft der „einen, heiligen, apostolischen Kirche Jesu Christi" auf Jahrhunderte hin schwer beschädigt hat, erscheint bei Angenendt allerdings merkwürdig unterbelichtet: die Plünderung Konstantinopels durch französische Ritter sowie venezianische Seeleute und Soldaten im Jahre 1204.[43] Dieses machtpolitisch gesteuerte Ereignis des Mordens von Christen an Christen vertiefte die sich ohnehin seit 1054 bereits abzeichnende Spaltung von griechisch-orthodoxem Osten und römisch-katholischem Westen. Jacob Burckhardts Urteil fällt hier sehr hart aus:

> Die Kreuzzüge haben im Orient nur geschadet; sie weckten den ganzen heroischen Fanatismus des Islam wieder auf, der vom Kampf gegen Byzanz allein nicht erwacht wäre; sie nahmen einen immer schlechteren Verlauf, und raubten endlich 1203/04 Byzanz selbst [...]. Elend war das lateinische Kaisertum; dieses erst brachte eine tödliche Schwächung gegen den Islam hervor.[44]

Eine historisch angemessene, theologisch nüchterne und politisch klare Bewertung der Kreuzzüge wird die Ambivalenzen

---

41 So übt bspw. der Anti-Kreuzzugstraktat von Radulfus Niger von 1187 deutliche Kritik am päpstlichen Kreuzfahrer-Ablass, vgl. Angenendt, a.a.O., S. 430.
42 Ebd.
43 Der Vierte Kreuzzug (1202–1204) hatte ursprünglich die Eroberung Ägyptens zum Ziel. Trotz heftiger Einwände des Papstes und gänzlich dem Kreuzzugsgedanken einer Befreiung der Pilgerorte zuwider stehend, wurde stattdessen das christliche Konstantinopel eingenommen und geplündert.
44 Jacob Burckhardt, *Weltgeschichtliche Betrachtungen. Historische Fragmente*, Leipzig 1985, S. 313.

jener Ereignisse in ihrer Zeit ebenso wie ihre moralisierende Verzerrung seit dem 19. Jahrhundert gleichermaßen klar in den Blick nehmen.[45] Dem Christentum als einer Religion des Friedens wurde mit den Kreuzzügen eine schwere Hypothek aufgeladen. „Aber die Kreuzzüge einfachhin als unchristlich anzuprangern", würde negieren, „dass die Begeisterung dafür nur die Beiseite der großen Reformbewegung des Mittelalters sei."[46]

Abgesehen davon gehört in eine differenzierte Kreuzzugsanalyse ohne Zweifel auch, dass mit dem islamischen Dschihad in der Mitte des 7. Jahrhunderts dem Christentum eine Jahrtausend währende Bedrohung entstanden war: von der Belagerung Konstantinopels am Ende des 7. Jahrhunderts bis zur Belagerung Wiens am Ende des 17. Jahrhunderts. Auf bedrückende Weise erinnert das Wiener Manifest von Sultan Mehmed IV. von 1683 an die Diktion des eingangs zitierten Propagandavideos des IS in Libyen:

> Wir [...] werden dein Ländchen mit diesem Heer ohne Gnade und Barmherzigkeit mit Hufeisen zertreten und dem Feuer und Schwert überliefern. Vor allem befehlen wir dir, uns in deiner Residenzstadt Wien zu erwarten, damit wir dich köpfen können. [...] Wir werden dich sowie alle deine Anhänger vertilgen und das allerletzte Geschöpf Gottes, wie es nur ein Giaur ist [=Kafir, arabisch-islamischer Begriff für „Ungläubige" oder „Gottesleugner"; Th.S.], von der Erde verschwinden lassen. Wir werden groß und klein zuerst den grausamsten Qualen aussetzen und dann dem schändlichsten Tod übergeben.[47]

Angesichts dieser gewaltförmigen Intentionen und kriegerischen Kontinuitäten gewinnt das Urteil Jacob Burckhardts, dass es als großes Glück zu betrachten sei, „[...] dass Europa sich im

---

45 Vgl. Jonathan Ridley-Smith, *Kreuzzüge*, in: Theologische Realenzyklopädie (TRE), Band 20, S. 1–10.

46 So Angenendt, mit Bezug auf Norman Housley (*Kreuzritter*, 2002), a.a.O., S. 434.

47 Walter Sturminger (Hg.), *Die Türken vor Wien in Augenzeugenberichten*, Düsseldorf 1968, zitiert nach Angenendt, a.a.O., S. 439.

Ganzen des Islams erwehrte", einige Plausibilität.[48] Zu einem ähnlichen Schluss kommt der (vormalige) Greifswalder Althistoriker Egon Flaig:

> Wäre Konstantinopel schon 1100 gefallen, dann hätte die enorme militärische Kraft der türkischen Heere Mitteleuropa vierhundert Jahre früher heimgesucht, dann wäre die vielfältige europäische Kultur wahrscheinlich nicht entstanden: keine freien städtischen Verfassungen, keine Verfassungsdebatten, keine Kathedralen, keine Renaissance, kein Aufschwung der Wissenschaften; denn im islamischen Raum entschwand das freie – griechische! – Denken eben in jener Epoche.[49]

Dies würde bedeuten, „dass wir den Kreuzzügen ähnlich viel verdanken, wie den griechischen Abwehrsiegen gegen die Perser".[50]

Was lehrt uns dieser Streifzug durch die europäische Geschichte hinsichtlich der eingangs geschilderten Kontroversen in Deutschland um islamistische Gewaltakte, bischöfliche Zeichenhandlungen oder die staatlich verordnete öffentliche oder halböffentliche Präsenz des Kreuzes heute? Ein genaues Studium der Quellen und Fakten, ihre Einordnung in den historischen Kontext und eine sachgemäße Bewertung. Kommen wir damit nun zurück zur Frage nach den Eigenheiten und Maßstäben des Kreuzes für unsere Verfassungsordnung, unser Gemeinwesen und für die Kirchen. Für wen gelten sie? Und in welcher Weise?

---

48 Burckhardt, *Weltgeschichtliche Betrachtungen*, S. 305.
49 Egon Flaig, *Der Islam will die Welteroberung*, in: FAZ 216 (vom 15.09.2006): https://www.faz.net/frankfurter-allgemeine-zeitung/essay-der-islam-will-die-welteroberung-1354009-p6.html?printPagedArticle=true#pageIndex_6 (letzter Zugriff: 03.03.2019). Vgl. auch Burckhardt, a.a.O., S. 344: „Aller ‚Fanatismus' bei Osmanen wirkt sogleich als politische und militärische Macht im Dienste des Ganzen und geht nicht nebenaus. Jeder Krieg ist ein Glaubenskrieg. Dem Islam gehört *eo ipso* die Welt." Vgl. Thomas Schirrmacher, *Koran und Bibel. Die zwei größten Religionen im Vergleich*, Gütersloh 2017.
50 Ebd.

Das Kreuz. Kulturelles Zeichen oder religiöses Symbol?

Unfruchtbare Debatten wurzeln nicht selten in falschen Alternativen. Beispielsweise jener: kulturelles Zeichen oder spirituelles Symbol? Ein klarer Blick auf die geschichtlichen Kontexte und Subtexte des Kreuzes zeigt: „Das Kreuz ist zugleich Kulturfaktor wie Grund und Mitte christlichen Glaubens."[51] Wenn das Kreuz (zumindest auch) Kulturfaktor ist und (hoffentlich!) bleiben soll, dann gehört eine fundierte und differenzierte Aufklärung über Geschichte und Bedeutung des Kreuzzeichens in die allgemeine Schulbildung ebenso wie in die politische und kulturelle Erwachsenenbildung. Das Kreuz sollte, ebenso wie der Halbmond des Islam oder der Davidstern des Judentums, zum Weltkulturerbe gerechnet werden. So können gemeinsame Linien eines „Weltethos" sowie signifikante religiöse und kulturelle Unterschiede oder auch Gegensätze herausgestellt werden.[52]

Der Bereich kultureller Verwendung des Kreuzes ist äußerst vielseitig: vom Kreuz als Schmuck und Ornament bis hin zu staatlich-kultureller Indienstnahme. Dass das Kreuz, wie der evangelische Theologe Martin Honecker meint, keineswegs „Symbol einer Identitätspolitik" sein könne, impliziert, dass sämtliche Verwendungsformen des Kreuzes als Kultur- oder Hoheitszeichen eigentlich unstatthaft wären. Solche Denk- und Redeweisen vermeintlicher Toleranz und positionsschwacher Theologie sind leider nicht selten. Sie zahlen (gewollt oder ungewollt) entweder auf einen umfassenden Radikal-Laizismus ein oder propagieren einen Kultur-Relativismus, der eine Geringschätzung der zivilisatorischen Prägekräfte Europas billigend in

---

51 Martin Honecker, *Für Instrumentalisierungen ungeeignet. Das Kreuz als Symbol zwischen Politik und Glaube*, in: Deutsches Pfarrerblatt, 1/2019, S. 10.
52 Vgl. die Initiative von Hans Küng, Stiftung Weltethos: https://de.wikipedia.org/wiki/Weltethos.

Kauf nimmt und letztlich auf eine Leugnung der eigenen Geschichte hinausläuft. Konsequent zu Ende gedacht, würde eine solchermaßen „anti-identitäre" Euphorie eine buchstäblich rücksichts-lose Abschaffung von Gipfelkreuzen in Europa und weltweit, von den Kreuzen in den Flaggen sämtlicher skandinavischer Länder, des „Roten Kreuzes", des Kreuzes der Johanniter und der Malteser, des „Bundesverdienstkreuzes" oder des Kreuzes als Signet der Deutschen Bundeswehr etc. zur Folge haben.[53]

Honeckers Beobachtung, dass die gegenwärtige öffentliche Thematisierung des Kreuzes „auch ein Indiz der Verunsicherung der eigenen Identität von Menschen und Christen in Deutschland" sei, halten wir für zutreffend. Seine Folgerungen erscheinen uns jedoch (um einen Ausspruch von Angela Merkel aufzunehmen) „wenig hilfreich". Abgesehen davon, dass die von ihm vorgenommene Unterscheidung von Mensch und Christ theologisch zweifelhaft ist, sollte u.E. das „öffentliche Thema" des Kreuzes als (Gottes-)Geschenk betrachtet und jene „identitäre Verunsicherung" als fundamentale Aufgabe und Herausforderung für Theologie, Kirche und Gesellschaft begriffen werden.[54]

---

53 Am Rande sei darauf verwiesen, dass die von dem am 8.09.1944 hingerichteten NS-Widerstandskämpfer Josef Wirmer entworfene „Wirmer-Flagge" (im Handel auch als *Flagge Deutscher Widerstand 20. Juli* oder *Stauffenberg-Flagge* erhältlich) ganz bewusst das Hakenkreuz durch das christliche Kreuz ersetzte. Heute wird diese Flagge u.a. von neonazistischen Gruppen, von der Reichsbürgerbewegung und bei Pegida-Demonstrationen verwendet. Siehe: Honecker, a.a.O., S. 9, und Jan Schlürmann, *Die „Wirmer-Flagge". Die wechselhafte Geschichte eines Symbols der deutschen Christlichen Demokratie*, in: Historisch-Politische Mitteilungen. Archiv für Christlich-Demokratische Politik 22 (2015), S. 331–342 (im Internet ist dieser Artikel nicht mehr aufrufbar). Auch der bürgerlich-christliche Widerstand des „Kreisauer Kreises" gegen die NS-Diktatur verwendete ein schwarzes, gleichschenkliges Kreuz mit einem roten Ring als Identitäts-Zeichen.

54 Dietrich Bonhoeffer zeigt in einem Brief an Eberhard Bethge, vom 21. Juli 1944, einen Tag nach dem Scheitern des Hitler-Attentates, das theologisch-anthropologische Synonym von Christ und Mensch: „Wenn man völlig darauf verzichtet hat, aus sich selbst etwas zu machen [...], dann wirft man sich Gott

Seine Behauptung: „Das Kreuz lässt sich weder instrumentalisieren noch integrieren" ist in ihrer empirischen Unsinnigkeit auch nicht durch Bonhoeffers theologisch kluge Einsicht in die kreuzförmige Verborgenheit Gottes zu verbergen oder zu rechtfertigen. Der Beitrag der Theologie bzw. die Frage eines Theologen in und für die Kreuzes-Debatte könnte eine doppelte sein: a) wie sind die historischen und die gegenwärtigen Instrumentalisierungen und Integrationsformen des Kreuzes als Zeichen und Kulturfaktor ernst zu nehmen und kritisch zu würdigen? Und b) wie verhalten sich diese „weltlichen" Indienstnahmen zum („kirchlichen") Kreuz als geistig-geistliches Symbol? Darauf wollen wir nun eingehen, indem wir zunächst danach fragen, welche Kreuzesdarstellung (und damit verbundene Deutung) die Kirchen des „Westens" heute in besonderer Weise bestimmt und prägt.

„Blutstropfen an rostigen Nägeln".
Die Omnipräsenz des Leidens

Die deutsche Terroristin Gudrun Ensslin (1940–1977) ist in einem schwäbischen Pfarrhaus aufgewachsen. Lange hatte ihre Mutter Ilse Ensslin auf Fragen zu Familie und Kindern, insbesondere zu ihrer viertältesten Tochter Gudrun, geschwiegen. Erst 1977, nach dem Selbstmord im Gefängnis Stammheim und der Beerdigung der Tochter, änderte sie ihre Haltung. Den Regisseuren Volker Schlöndorff und Alexander Kluge, die sie im Pfarrhaus besuchten, gewährte sie Einblicke in ihre Frustration. Sie führte die Interviewer ins Treppenhaus und deutete auf ein Ölgemälde, das den gekreuzigten Christus zeigte. „Wenn kleine

---

ganz in die Arme, dann nimmt man nicht mehr die eigenen Leiden, sondern die Leiden Gottes in der Welt ernst, dann wacht man mit Christus in Gethesemane, und ich denke, das ist Glaube, das ist Metanoia; und so wird man Mensch, ein Christ."

Kinder sich so was schon ansehen müssen, darf man sich über nichts wundern", sagte sie in schwäbisch schleppendem Dialekt. „Sehen Sie, die Blutstropfen an den rostigen Nägeln, genau auf Augenhöhe von Sechsjährigen!".[55]

„Gewalt ist der einzige Weg, um auf Gewalt zu antworten", lautet eines der berühmt-berüchtigten, noch heute in linksradikalen Kreisen verwendeten Zitate der vormaligen Anführerin der „Rote Armee Fraktion". Haben „die Blutstropfen an rostigen Nägeln", hat die verstörende Gewaltförmigkeit des Leidenskreuzes die Gewaltphantasien der Pfarrerstochter Gudrun beeinflusst? Ist die protestantische Erziehung „nach Hitler", jener nationalen Katastrophe und Erschütterung, die zu Recht auch im Zeichen des Kreuzes gedeutet wurde und wird, ursächlich für jene Deformationen eines (säkular-)apokalyptischen, linksradikalen Klassenkampfes der 68er-Generation? Jedenfalls für Teile derer, die im deutschen (links-)protestantischen Milieu sozialisiert wurden? Wir sollten uns vor Pauschalisierungen hüten, können allerdings davon ausgehen, dass dieses besondere Aroma der Zerknirschung und schonungsloser Selbstbefragung jene intelligente und sensible Pfarrerstochter in ihrem Sein und Werden begleitet und geprägt hat.

---

55 Artikel von Simon Broll, unter der Überschrift *Ensslin, Merkel, Motörhead. Die berühmtesten Pfarrerskinder der Welt*, vom 17.09.2013, in: https://www.spiegel. de/einestages/beruehmte-pfarrerskinder-a-951213.html (letzter Zugriff: 05.05. 2019). Die von der Internationalen Martin Luther Stiftung angeregte und in Kooperation mit der EKD realisierte Ausstellung *Leben nach Luther. Eine Kulturgeschichte des evangelischen Pfarrhauses* zeichnet ein differenziertes Lebensbild von Gudrun Ensslin. Sie war vom 25. Oktober 2013 bis 2. März 2014 im Deutschen Historischen Museum Berlin zu sehen. Als Wanderausstellung zog sie 2015 bis 2017 an mehr als zwanzig Standorte in Deutschland und Dänemark. Weitere Information dazu und zum Katalog: www.luther-stiftung.org. Siehe auch: Christine Eichel, *Das deutsche Pfarrhaus. Hort des Geistes und der Macht*, Köln 2012, und Thomas A. Seidel und Christopher Spehr: *Das evangelische Pfarrhaus. Mythos und Wirklichkeit*, Leipzig 2013.

Ein anderer Spross aus einem evangelischen Pfarrhaus scheint gleichfalls in besonderer Weise biografisch und psychologisch erschüttert worden zu sein. Der genialische Pfarrerssohn Friedrich Nietzsche (1844–1900) war kein Gewalttäter, aber auf jeden Fall ein wortgewaltiger Denker. Zog er seinen „anti-christlichen" Furor, seine philosophisch-analytische Schärfe und seine poetische Kraft aus jener von ihm so genannten „vermummten Trübsal"? Seinen „Zarathustra" lässt er ausrufen: „Bessere Lieder müssten sie [die Christenmenschen; Th.S.] mir singen, dass ich an ihren Erlöser glauben lerne: erlöster müssten mir seine Jünger aussehen!" Freudlos und geistig umnachtet starb der protestantische Philosoph in Weimar, jenem Ort, an dem ein Jahrhundert zuvor der protestantische Pantheist Goethe davon sprach, dass er am liebsten einen Schleier um jenes Leidenskreuz gelegt hätte.

Johann Wolfgang von Goethe (1749–1832) hielt es

> für eine verdammungswürde Frechheit, jenes Martergerüst und den daran leidenden Heiligen dem Anblick der Sonne auszusetzen, die ihr Angesicht verbarg, als eine ruchlose Welt ihr dies Schauspiel aufdrang, mit diesen tiefen Geheimnissen, in welchen die göttliche Tiefe des Leidens verborgen liegt, zu spielen, zu verzieren und nicht eher zu ruhen, als bis das Würdigste gemein und abgeschmackt erscheint.[56]

Nun ist die panische Scheu des Weimarer Dichterfürsten vor physischem Schmerz, vor Leiden, Sterben und einer öffentlichen Darstellung des leibhaften Todes hinlänglich bekannt.[57] Die inspirierende Mystikerin und verehrungswürdige Märtyrerin Edith Stein (1892–1942), hat in einer hellsichtigen Rezension zu

---

56 Zitiert nach: Edith Stein, *Natur und Übernatur in Goethes ‚Faust'*, in: Welt und Person, 1932/Louvain 1962, S. 19–31: https://de.wikisource.org/wiki/Natur_und_Übernatur_in_Goethes_Faust, aufgerufen am 02.04.2019

57 Thomas A. Seidel, *Schillers Schädel. Goethes Todesangst und einige kunstreligiöse Folgewirkungen*, in: Tod, wo ist dein Stachel? Todesfurcht und Lebenslust im Christentum. GEORGIANA 2, Leipzig 2017, S. 111–130. Dort auch weiterführende Literatur.

Goethes „Faust" hinter diesem Verhüllungs-Aufruf die kunstreligiöse Scheinwahrheit entdeckt, die seinem anthropologischen Optimismus innewohnt. Sie trifft den Nagel auf den Kopf, wenn sie theologisch klar diagnostiziert: „Wie er [Goethe; Th.S.] das Kreuz verhüllen möchte, so hat er für die Idee ‚Sünde' und ‚Reue' keinen Raum."[58]

Und dennoch: Könnte es sein, dass auch dieser deutsche Protestant, der gegen die „verdammungswürdige Frechheit, jenes Martergerüst und den daran leidenden Heiligen dem Anblick der Sonne auszusetzen" Protest anmeldet, weil ihm (auch) daran gelegen ist, jene „tiefen Geheimnisse, in welchen die göttliche Tiefe des Leidens verborgen liegt", zu wahren? Weil der sensible Dichter, der in seiner Jugend beinahe ein „Herrnhuter" Pietist geworden wäre, um die Gefahr wusste, die von einer gedanken- und belanglosen moralisierenden Omnipräsenz des Leidens ausgehen kann?[59] Machen uns Ensslin, Nietzsche und Goethe, trotz aller Verschiedenheit, auf die „gruselig-schöne" Trivialisierung des Kreuzsymbols und eine damit einhergehende Banalisierung dieses Skandalons und seiner Botschaft aufmerksam?

---

58 Stein, *Natur und Übernatur*: „Wer immer strebend sich bemüht, den können wir erlösen – das ist eine Scheinwahrheit, wenn dieses Streben nicht formal und material bestimmt ist, wenn es nicht Streben nach dem Guten selbst um seiner selbst willen ist". Ähnlich auch bei Thomas Hofmann, *Goethes Theologie*, Paderborn 2001, S. 423: „Goethes Abneigung vor dem Kreuzbild – um es behutsam zu sagen – zieht einen Schleier um dieses ‚Heiligtum des Schmerzes'."

59 Hofmann, a.a.O., S. 402: In einer Tagebuchnotiz (vom 07.09.1807) versucht Goethe die „Differenz der katholischen und protestantischen Religion" anhand der aufklärerischen Trias „Gott, Unsterblichkeit, Tugend" zu bestimmen. Der Protestantismus reduziere sich seiner Meinung nach auf bloße Moral bzw. Tugend. Goethe konstatiert: „Gott tritt [bei den Protestanten; Th.S.] in den Hintergrund zurück, der Himmel ist leer, und von Unsterblichkeit ist bloß problematisch die Rede."

Das notwendige Ende einer unsinnigen Kruzi-Fixierung

Unser Durchgang durch die Symbolgeschichte des Kreuzes seit den Anfängen der Kirche über die Konstantinische Wende bis ins Hochmittelalter Westeuropas hat uns vor Augen geführt, dass der leidvolle, der schmerzensreiche, der Todes-Aspekt des Skandalons, der in der paulinischen Kreuzestheologie anklingt, mit dem Lebens-Zeichen des Christkönigs und des corpus-losen Sieges-Kreuzes in der sakralkünstlerischen Darstellung transponiert wird. Im Vordergrund steht nun (und steht noch heute in vielen Kirchen des Ostens) der „österliche", der auferstandene Christus, der die „Stigmata", die Wundmale trägt, aber den Tod überwunden hat – als „der Erstling unter den Entschlafenen".[60] Gegenüber paulinischer *theologia crucis*, die den Aspekt der „Erniedrigung" des Gotteswortes in Zeit und Geschichte betont, fokussiert die Ostkirche auf eine *theologia gloriae*, eine „Ehrerbietungs- oder Herrlichkeits-Theologie", die sich vor allem auf das Johannesevangelium und auf johanneische Theologie bezieht.[61] In der Darstellung des (romanischen) Christkönigs finden wir eine überzeugende sakralkünstlerische Symbiose von *theologia crucis* und *theologia gloriae*.

Für die äthiopische Kirche, neben den Kopten eine der ältesten Kirchen der Christenheit, blieb diese johanneisch-„österliche" Kreuzesdarstellung bis heute unangefochten in Geltung. Der äthiopisch-deutsche Unternehmensberater, Bestsellerautor und politische Kommentator Prinz Asfa-Wossen Asserate hob hervor, dass selbst am Karfreitag in seiner Kirche weniger

---

60 Paulus, in 1. Korinther 15,20ff.

61 Siehe TRE, Kreuz (II), S. 721: mit Bezug auf Udo Schnelle: „Die johanneische Kreuzestheologie betont die Identität des Irdischen mit dem Erhöhten und Verherrlichten [Jesus Christus; Th.S.]."

die Leiden Jesu als vielmehr die mit der Auferstehung Christi verbundene Überwindung betont würden:

> Wir feiern mit dem auferstandenen Christus das ewige Leben. Das zeigt sich auch an den verschiedenen Kreuzformen in der äthiopischen Kirche. Man kennt mehr als dreiundzwanzig verschiedene Arten von Kreuzen. Aber an keinem traditionellen äthiopischen Kreuz findet man den Corpus, den Leichnam Christi.[62]

Romanischer Christkönig, 11. Jahrhundert,
aus San Isidoro, Leon, Spanien, Foto: Thomas A. Seidel

---

62 Asfa-Wossen Asserate, FAZ, vom 15.04.2017, S. 9.

Mit der schrittweisen Trennung des römisch-katholischen Westens vom orthodoxen Osten, beginnend mit Karl dem Großen (747–814), dem „großen Schisma" 1054, der Zerstörung Konstantinopels 1204 und den folgenreichen dogmatischen Fixierungen des (Vierten) Laterankonzils 1215, das ohne Vertreter der Ostkirche stattfand, kam es zunehmend zu „westlichen Sonderwegen" in der Theologie und in der Liturgie. Mit Blick auf unser Thema, das Kreuz-Symbol, erfolgte am Übergang der Romanik zur Gotik, am Wechsel vom theologisch prägenden Platonismus zum Aristotelismus, ein überaus folgenschwerer, sinn- und formprägender Wandel:

> Mit Beginn des 13. Jahrhunderts verschwinden das schlichte oder reich verzierte Triumph-Kreuz und der (romanische, segnende) Christkönig, beinahe rückstandslos. An seine Stelle tritt nun der leidende Christus.[63] Es gibt zahlreiche Beispiele dafür, wie der damals frommen Mode entsprechend, romanische Christkönig-Figuren mit Perücken und Dornenkronen versehen und mit grausig blutenden Wunden übermalt wurden. Dieses Leidens-Kreuz, das die allegorisch auf Chris-

---

[63] Eine besondere Untersuchung verdiente in diesem Zusammenhang die um 1200 einsetzende verstärkte Rezeption der „Erbsündentheologie" des Hl. Augustinus, die in ihrer einseitig-misanthropischen Engführung in den folgenden Jahrhunderten die kirchlich-kulturelle Entwicklung des Westens in z.T. unheilvoller Weise geprägt hat. Vgl. Peter Sloterdijk, *Die Schrecklichen Kinder der Neuzeit*, Berlin 2014. In diesem merkwürdig antichristlich-antimodernen (die Freiheitsgeschichte des Christentums unterschlagenden) Großessay beschreibt Sloterdijk die nicht (mehr) gelingende Weitergabe des bewährten kulturellen Erbes an die nachfolgende Generation als „die Krankheit der Moderne schlechthin" (siehe: Friedmann Kahl, *Der Bastard Gottes – von der Illegitimität der Neuzeit*, in: Deutsches Pfarrerblatt, 6/2015, S.323ff). Sloterdijk's Urteil: „Augustinus [...] löste mit seiner verschärften Sünden-Doktrin eine Verdüsterung aus, von der sich die westliche Welt bis zum heutigen Tag nur zögernd erholt", verfehlt wohl die anthropologisch-dialektische Intention des Kirchenvaters, trifft aber durchaus den kritikwürdigen „Kollateralschaden" des Augustinismus ebenso wie die verquere Revolte vieler „autonomie-fixierter" Intellektueller. Etwas versöhnlicher, mit Nietzsche auf die „Kollateralschäden" verweisend, die mit dem „Tode Gottes", d.h. mit dem totalen Transzendenzverlust, verbunden sind: Peters Sloterdijk, *Nach Gott*, Berlin 2017.

tus gerichtete Deutung des leidenden Gottesknechts aus dem Buch des Propheten Jesaja 44,55ff. aufnahm, wurde nun sakralkünstlerisch plastisch und drastisch vor Augen geführt in Form des Kruzi-fix: ein Kreuz, auf das INRI, Jesus Nazarenus Rex Judaeorum, „Jesus von Nazareth, der König der Juden" (wie die Aufschrift des Pilatus nach Johannes 19,19 lautet) fixiert, genagelt ist.

Die Theologie der (deutschen) Reformation seit der Mitte des 16. Jahrhunderts setzt diesen westlichen Sonderweg fort. Ein (eigentlich dringend notwendiges) Gespräch der Reformatoren mit den Kirchen des Ostens wurde versucht, blieb aber ergebnislos. Martin Luther (1483–1546) sah sich bereits im Ablassstreit (1517) als Gegner einer *theologia gloriae*, die er als „werkgerechten Irrweg" der mittelalterlichen Scholastik kritisierte. Und auch seine reformierten Gegner und Kollegen Johannes Calvin (1509–1564) und Huldrych Zwingli (1484–1531) wenden sich energisch gegen alle tatsächlichen wie vermeintlichen Selbsterlösungsversuche ebenso wie gegen die Adaption einer vielgestaltigen monastisch-asketischen Praxis, die das Kreuz (auch) als ein kosmisches Mysterium der grundlosen Liebe Gottes verstand und verehrte.[64]

Interessant für unseren kreuzsymbolischen Zusammenhang ist es, dass Martin Luther die Schreckenswirkung des Kreuzes sehr genau erkannt und eindrücklich beschrieben hat:

> Als ich im kloster in der kappen steckete, do wahr ich Christo so feind, das, wen ich sein gemelde oder Bildnis sahe, wie ehr am Creutz hienge etc. so erschrack ich dafur und schluge die augen nidder und hette lieber den Teuffel gesehen.[65]

Diese bildmächtige Kruzi-fixierung verstand der Reformator als eine der bildhaften Ursachen für einen überbordenden Marien- und Heiligenkult. Deshalb regte er an,

---

64 Siehe *Kreuz V, Die Reformationszeit*, TRE, S. 762–765.

65 Siehe *Maria. Evangelisch*, hg.v. Thomas A. Seidel und Ulrich Schacht. Leipzig/ Paderborn 2013; dort auch der Verweis auf eine Predigt Martin Luthers von 1537, zitiert nach: Hans Düfel, *Luthers Stellung zur Marienverehrung*, Göttingen 1968, S. 69.

man sollte noch solche [erschreckenden; Th.S.] gemelde wegthuen, denn man hat damit den leuten eingebildet [sic! transitives Verb; Th.S.], das sie sich fur dem lieben heilande furchten sollten, gleich als wolt ehr uns von ihm wegtreiben [...]. Das macht dan, das man nicht gerne zu ihm gehet.[66]

Diese bild*theologisch*-ästhetische Betrachtung weckte in ihm selbst die existenzielle theologische Einsicht und wortgewaltige, lebenslang anhaltende Predigt eines gnädigen, d.h. eines bedingungslos liebenden Gottes, der sich in Menschengestalt und Menschschicksal jenes Jesus von Nazareth ein-bildet, inkarniert. Der Verweis auf das Gnaden-Bild eines segnenden Christkönig, „zu dem man gerne gehet", findet sich bei Luther (bedauerlicherweise) nicht.

Doch möglicherweise war es gerade dieses tief sitzende Bewusstsein bildtheologischer Einseitigkeit und die mit ihr verbundene spirituelle Problematik, die schon in der Zeit der Reformation jener bildlichen Kruzifixierung macht- und wirkungsvolle künstlerische Gegenkräfte entstehen ließen. So kann man den lutherischen Choral als klangvolle, „gnadenreiche" Verschränkung von *theologia crucis* und *theologia gloriae* hören und vor allem – mitsingen. Die Reformation wurde zu einer Singebewegung, verbunden mit einem folgenreichen musikalisch-instrumentellen (Volks-)Bildungsprozess. Die musischen Attraktionen des „neuen Glaubens" waren so stark, dass sie bald auch auf die römisch-katholische Kirche und auf die profane Musik bei Hofe und in den Städten und Dörfern übergriff. Ein deutscher Lutheraner, dem die Vertonung der Botschaft des Christkönigs in überragender Weise gelang, ist der von Albert Schweitzer in Anlehnung an Nathan Söderblom mit gutem theologischen Grund so genannte „fünfte Evangelist": Johann Sebastian Bach (1685–1750).[67]

---

66 Ebd.

67 Der schwedische Bischof Nathan Söderblom hatte 1929 geäußert: „Johann Sebastian Bachs Musik kann man als das fünfte Evangelium bezeichnen." Dar-

Doch in der darstellenden (Sakral-)Kunst führte die augustinisch-evangelische Vereinseitigung zu weiteren Kruzifixierungen. Die Gegenreformation, stark von jesuitischen Bildungsimpulsen vorangetrieben, setzte an dieser Stelle keine kreuz-bildlichen Impulse. Im Gegenteil. Der Katholizismus des Barock und des Rokoko multiplizierte den bildlich-frommen Kreuzes-Grusel und führte zu „süß-säuerlichen" Formen anthropomorpher Bilderwelten, die jene von Goethe und anderen zu Recht angemahnte „heilige Scheu" weitgehend vermissen lassen.

Heute ist das (ehedem gotische) Leidens-Kreuz in den Ländern des „christlichen Abendlandes" allgegenwärtig: in fast jeder Dorfkirche und zahllosen Gemeinderäumen, an Wanderwegen und Straßen, in (bayerischen) Gaststuben und „Herrgottswinkeln" hängt der gemarterte Jesus. In den meisten lutherischen und reformierten Kirchen ist das Kruzifix in allen Größen und Materialien omnipräsent, im Zentrum des Chores stehend, liturgisch ziemlich unsinnig: mitten auf dem Altar, der damit seinen (liturgisch ursprünglichen) Tischcharakter verliert. Häufig finden wir das Kruzifix zusätzlich noch an oder über der Kanzel, als Vortragekreuz im Chorraum, in der Sakristei, an den Seitenwänden. Dieser geschichtslose und theologieschwache Umgang mit dem Kreuz Christi hat eine dreifach schädliche Wirkung für den Weg der Christusnachfolge des Einzelnen wie für die (theologische und kulturelle) Zeugniskraft einer streitbaren und glaubwürdigen Kirche:

1. Das Schicksal und die Wirksamkeit Jesu Christi *in Geburt und Taufe, Verkündigung und Lehre, Leben und Feier, Leiden und Sterben, Tod und Auferstehung* werden auf einen (zweifellos wichtigen) Aspekt vereinseitigt. Sie fixieren „das Wort vom Kreuz" allein auf das Leiden und Sterben des „Menschensohns". Theologisch bildhaft gesprochen: der Apostel Paulus gewinnt gegenüber dem Evangelisten Johan-

---

aus wurde dann durch den Arzt und Organisten Albert Schweitzer „der fünfte Evangelist".

nes die alleinige Deutungshoheit in Sachen Kreuzes-Exegese und Kreuzes-Verehrung. Dadurch wird das Evangelium verkürzt, gehemmt, konterkariert, als „Frohe Botschaft" schwer lesbar und lebbar.

2. Der Anblick dieses allgegenwärtigen Kruzifixes führt zu Abstumpfung. Das (verehrungswürdige) Schmerzens-Kreuz Christi verliert seine Skandalon-Wirkung, seine Anstößigkeit. Die Gewöhnung macht es gewöhnlich. Es vereinheitlicht das Kirchenjahr zu einer schmerzfreien Passionszeit. Kreuzesbildlich gesehen haben wir das ganze Jahr Karfreitag.

3. Der Verlust des altkirchlichen (Triumph-)Kreuzes bzw. des romanischen Christkönigs in seiner ambivalenten, segensreichen und friedevollen Strahlkraft schafft eine spirituelle Leerstelle – für die *praxis pietatis* (die Meditation und das Gebet) des Einzelnen und für die Gemeinschaft der Glaubenden. Es erschwert überdies die dringend erforderliche Verbindung zwischen den Kirchen des Westens und des Ostens (und auch mit denen im Süden der Einen Welt).

Der Gedanke liegt nahe, dass jener oben beschriebene Gestus der Zerknirschung, das von Nietzsche beklagte Unerlöst-Sein der protestantischen Christen (auch) in dieser allgegenwärtigen, gewohnt-gewöhnlichen, unsinnigen *Kruzi-Fixierung* wurzelt. Könnte es sein, dass die intellektuelle Harmlosigkeit, die liturgische Lieblosigkeit oder das politisierend-moralisierende Pathos mancher evangelischer Gottesdienste mit jener theologisch-unbedachten *Kruzifixierung* zusammenhängen? Ist es nicht mehr als verständlich, wenn immer weniger Menschen bereit sind, sich solchen (pseudo-)melancholischen „Veranstaltungen" auszusetzen, die allenfalls den Tod Jesu verkünden, aber den Lobpreis der Auferstehung vermissen lassen?[68] Was ist zu tun?

---

68 Gebetsruf in der Mess-/Eucharistieliturgie unmittelbar nach den Wand-

Das Kreuz im Kirchenraum und
im Festkreis des Jahres

Im Festkreis des Jahres können (und müssen) die verschiedenen Aspekte des Glaubens, wie sie in den „altkirchlichen Symbolen", insbesondere in den beiden Glaubensbekenntnissen, dem Nicäno-Konstantinopolitanum (325/451) und dem Apostolikum (Gallien, im 5. Jhd.) zum Ausdruck kommen, bezeugt, gelebt und gefeiert werden. Auch wenn die Kirchen des Westens und die des Ostens die Hochfeste des Jahres inzwischen aufgrund einer unterschiedlichen Festlegung des Ostertermins zu (ein wenig) voneinander abgesetzten Zeiten feiern, so eint sie doch das gemeinsame Christuszeugnis vom Leben, Sterben und Auferstehen Christi, als „wahrer Mensch" und „wahrer Gott". Das intensive Nachdenken und Gespräch zwischen engagierten orthodoxen, evangelischen und katholischen Christenmenschen könnte (gerade auch angesichts des Zustroms von orthodoxen Glaubensflüchtlingen nach 2015) die „Perlen der Ökumene" sichtbar machen und die „kreuz-gefährliche" Polarität jeweiliger Überbetonungen paulinischer oder (was seltener vorkommt) johanneischer Theologie und Glaubenspraxis überwinden helfen.

In den Kirchen der Reformation braucht es „ein frei Geständnis"[69], dass das Wissen um die liturgische Zentralstellung des siegreichen Kreuzes in Raum und Zeit weitgehend in Vergessenheit geraten ist. Räumlich angemessen hat das siegreiche Kreuz oder der Christkönig seinen Platz hinter, neben oder über dem Altar (der allein als „Tisch des Herrn" für die Eucharistie, das Abendmahl, gesetzt ist und gedeckt wird). Eine evangeli-

---

lungs- respektive Konsekrationsworten (der leider in vielen evangelischen Gemeinden in den sowieso schon sehr wenigen Abendmahlsgottesdiensten fehlt): „Deinen Tod, o Herr, verkünden wir und deine Auferstehung preisen wir, bis du kommst in Herrlichkeit."

69 Philipp Spitta (1827): *O komm, du Geist der Wahrheit*, Evangelisches Gesangbuch (EG), 136, Strophe 4.

sche Theologie des Raumes zu entwerfen, zu diskutieren und zu kommunizieren, ist ein Gebot der Stunde.[70] Dass (neben Manfred Josuttis u.a.)[71] ein zum Luthertum konvertierter Benediktiner auf diesem Feld wesentliche Anstöße gegeben hat, scheint uns symptomatisch. Fulbert Steffensky legt in seinem Buch „Der alltägliche Charme des Glaubens" wichtige Spuren für eine raum-zeitliche Theologie des Gottesdienstes.[72] Und als altersweises Credo formulierte der „katholische Christ" und „evangelische Theologe" unlängst in einem Interview: „Manchmal denke ich, dass mich vor allem die Form am Christentum hält, dass die Form stärker ist als mein Herz."[73]

Zeitlich gehören die beiden wesentlichen Kreuzesformen und ihre Darstellung in den chrono-logischen Horizont und die theo-logische Abfolge des Kirchenjahres. Zwei Beispiele mögen

---

70 Der renommierte Kunsthistoriker Rolf Bothe macht in seinem Text-Bild-Band auf die kirchenarchitektonischen Konsequenzen der protestantischen Wort-Gottes-Theologie aufmerksam: Rolf Bothe, *Kirche, Kunst und Kanzel. Luther und die Folgen der Reformation*. Köln/Weimar/Wien 2017. Bothe überlässt es Karl Friedrich Schinkel (1781–1841), ein vernichtendes Urteil über die evangelische „Erfindung des Kanzelaltars" zu fällen, a.a.O., S. 220: „Ob überhaupt die protestantische Kirche eine durchaus eigentümliche Form annehmen könne und etwa, wie man seit einiger Zeit und größtenteils noch jetzt zu glauben geneigt ist, den Charakter eines Hörsaals für moralische Vorlesungen erhalten müsse?"

71 Siehe: Manfred Josuttis, *Segenskräfte. Potentiale einer energetischen Seelsorge*, Gütersloh 2000.

72 Fulbert Steffensky, *Der alltägliche Charme des Glaubens*, Würzburg 2002, und *Orte des Glaubens. Die sieben Werke der Barmherzigkeit*, Stuttgart 2017. Sehr anregend ist die Aufnahme und Weiterentwicklung jener Verknüpfung von individueller Frömmigkeit und „heilsamer" gottesdienstlich-liturgischer Praxis gelungen bei: Wolfgang Vorländer, „… *dann wird deine Seele gesund". Der Gottesdienst als Raum des Heiligen und Heilenden*, Gütersloh 2007.

73 Interview Fulbert Steffensky mit Patrick Schwarz in „Die Zeit", vom 13.07.2018: https://www.zeit.de/2018/29/fulbert-steffensky-prediger-glaube-gott (letzter Zugriff: 23.05.2019): „Die Form ist für mich wichtig, weil sie mich gürtet. Die Form überlässt mich nicht mir selbst. Ich spüre oft, dass die Form klüger ist, als ich es bin."

eine kirchenjahreszeitlich-kontrafaktische Zuordnung des Sieges- bzw. des Leidens-Kreuzes kenntlich machen:

Kloster Isenheim, um 1500/ heute: Museum Unterlinden Colmar, Frankreich:

Das Meisterwerk des Mathis Gothardt Neidhardt, besser bekannt als Matthias Grünewald, ist zweifellos der Isenheimer-Altar.[74] Den meisten Menschen, die man auf dieses Werk anspricht, erscheint der schmerzverzerrte, mit Wunden und Beulen überzogene Christus vor dem inneren Auge. Es ist unzählige Male nachgemalt und kopiert zu einem Urbild und Vorbild der von mir so genannten Kruzi-Fixierung geworden. Dabei bleibt wesentlich ausgeblendet, was in der Meditation dieses Klapp-Altars des Antoniterordens, der sich der Pflege der Mutterkornvergifteten oder Pestkranken widmete, noch selbstverständlich war: dass nämlich die Buch-Komposition dieses Altars (wie vieler anderer Altäre auch) eine wiederkehrende, dem Evangelium und seinen „Heilsereignissen" folgende Ver-Wandlung, einen zeitlichen Heils-Wechsel, kenntlich werden lässt. Jedem der drei Wandelbilder ist eine kirchenjahreszeitliche Station im Leben, Sterben und Auferstehen Jesu zugeordnet. Das eindrucksvolle Leidens-Kreuz, mit der ohnmächtigen Maria und dem übergroßen Fingerzeig Johannes des Täufers, hatte zwei (Passions-)Zeit-Fenster: vor Ostern und vor Weihnachten. Das „Normal- und Hauptschaubild" bildete das zweite Wandelbild mit der Verkündigung an Mariä (dem Bild der „Inkarnation") auf der linken Seite, einer zentralen Darstellung der Geburt Jesu in der Mitte und einem kosmischen Auferstehungsbild auf der rechten Betrachterseite: Jesus, der Christus, der die Stigmata, die Wundmale zeigend, mit erhobenen Armen aus dem Grab auffährt und geradewegs in die leuchtende Sonne hinein startet, schwebt, fliegt.

Weimar, Hofkirche St. Peter & Paul, 1552–1554/ heute: „Herderkirche":

Ab der Mitte des 16. Jahrhunderts bis Anfang des 17. Jahrhunderts war die vormalige Deutschordenskirche die fürstliche Grablege der in Weimar residierenden ernestinischen Wettiner, der „Lordsiegelwahrer" der lutherischen Reformation. Die sepulkralen Bauwerke ihrer frommen

---

74 Wilhelm Fraenger, *Grünewald*, Dresden 1983.

Gesinnung und aristokratischen Selbstverewigungstendenz beherrschen bis heute den Chor der großen gotischen Hallenkirche. Das zentrale Altarbild von Lucas Cranach dem Jüngeren gilt zu Recht als das Hauptwerk der sächsisch-thüringischen Bildkunst. Prominent werden Martin Luther und Lucas Cranach der Ältere, neben Johannes dem Täufer, unter dem übergroßen Leidenskreuz in Szene gesetzt. Im Mittelpunkt der theologisch-sakralkünstlerischen Komposition steht das Kruzifix. Im Bildhintergrund sehen wir die Aufrichtung der „Schlangen-Kreuze" aus dem Alten Testament (4. Mose 21), die mit dem Fingerzeig des Johannes zur (unsichtbaren, in die sonntägliche lutherische Predigt verorteten) kreuzestheologischen Hauptaussage verknüpft werden muss: „Und wie Mose in der Wüste die Schlange erhöhte, so muss der Menschensohn erhöht werden, damit jeder, der an ihn glaubt, nicht verloren gehe, sondern das ewige Leben habe." (Johannes 3,14f.). Auf der linken Altarseite tritt uns Christus entgegen, die Siegesfahne schwingend. Und ein einzelnes Auge schaut den Betrachter besonders intensiv an: es ist das Auge des (siegreichen) Gottes-Lammes, unter dem Kreuz. Bemerkenswert ist nicht allein diese reformatorische Komposition, sondern auch der nachreformatorische Umgang damit. Während das monumentale Kreuzesbild (mit den herrschaftlichen Stifterfiguren auf dem rechten und linken Altarflügel) kirchenjahreszeitlich unbeeinflusst „aufgeklappt" ist, wird es ausgerechnet am Palmsonntag, vor der Karwoche, geschlossen. Mit dem liturgisch in den Gottesdienst eingefügten Schließen des Kreuzes schaut die staunende Gemeinde dann plötzlich inmitten der Passionszeit auf eine farbenfroh-himmelwärts ziehende Darstellung der Taufe und der Himmelfahrt Jesu.[75]

Um die oben genannte dreifach schädliche Wirkung für den Weg der Christusnachfolge insbesondere im Protestantismus zu beenden, gilt „ein offenes Bekenntnis"[76]: Diese theologisch einseitige *Kruzi-Fixierung* muss dringend re-*formiert* werden. Das Kreuz als religiöses Zentralsymbol des Christentums ist wieder an seinen richtigen Platz zu rücken: räumlich, zeitlich, aszetisch.

---

75 Abgesehen von dieser liturgisch kontrafaktischen Aktion erstrahlt der Kirchenraum nach der Schließung der Seitenflügel (nun inmitten der Passionszeit!) im sonst kaum zu erlebenden Glanz der Morgensonne.

76 *O komm, du Geist der Wahrheit*, Evangelisches Gesangbuch (EG), 136, Strophe 4.

Die theologische, liturgische und spirituelle „Ver-Rücktheit" darf ein Ende haben. Dieses Ende wird neue Anfänge möglich machen. Es wird zu einer neuen Sicht auf den Zusammenhang von Gebet und Gebäude, aber auch von Sinn und Form christlichen Glaubens führen.

Die katholische Kirche ist diesen neuen, liturgisch achtsamen „Kreuzweg" schon einen Schritt voraus gegangen. Die Liturgiereform des Zweiten Vatikanischen Konzils (1962–1965) hat einige liturgische und sakral-künstlerische „Ver-Rückungen" kenntlich gemacht und korrigiert, deren achtsame Rezeption in den Kirchen der Reformation bislang noch aussteht.[77] So wurde den Pfarrgemeinden beispielsweise mit Blick auf den Brauch der „Kreuzes-Verhüllung" (vom Fünften Fastensonntag, dem „Passionssonntag", an bis Ostern) deutlich gemacht, dass diese kirchjahreszeitlich intendierte Übung auf jene Zeit vor 1300 zurückgeht, in der man das Kreuz zuerst und vor allem als Sieges- und Lebenszeichen verstand. Weil man sich in den Tagen vor Ostern auf den Aspekt des Leidens und Sterbens Jesu Christi konzentrieren wollte und um an Ostern die Auferstehung und das Leben noch intensiver und „österlicher" feiern zu können, war es durchaus sinnfällig, die mit Perlen und Edelsteinen geschmückten Triumph-Kreuze zu verhüllen. Dass nach der „Abschaffung" der Triumph-Kreuze nun die (kleinen wie triumphalen) Leidens-Kreuze in jenen Passionswochen verhüllt wurden, war zwar ziemlich unsinnig, blieb aber lange unbemerkt. Diese Unachtsamkeit kann nun liturgisch plausibel, durch die feiernde Gemeinde überwunden werden.[78]

---

77 Grundlegende Änderungen in der Sakralkunst und Raumgestaltung von Kirchen im katholischen Bereich erfolgen im Zusammenhang der liturgischen Bewegung am Beginn des 20. Jahrhunderts. Als wichtigster Protagonist ist hier Romano Guardini (1885–1968) zu nennen: „Vom Geist der Liturgie" (1918). Aufgenommen und fortgeführt werden diese Impulse im Zweiten Vatikanum (1962–1965), stark gefördert u.a. auch durch Josef Ratzinger/ Benedikt XVI. *Der Geist der Liturgie. Eine Einführung*, Freiburg i.Br. 2000.

Die Pflege der inneren wie der äußeren Orte und Zeiten der *via collegiata christiana*, einer glaubwürdigen, gemeinschaftlichen Christusnachfolge, gehören zusammen. Die maßgeblichen Impulse dafür werden, wie in der Christentumsgeschichte zuvor, von den Kommunitäten und geistlichen Gemeinschaften ausgehen. Kein Geringerer als Dietrich Bonhoeffer (1906–1945) hat dies mit Blick auf die evangelischen Kirchen hellsichtig erkannt. In einem Brief an seinen älteren Bruder Karl-Friedrich vom 14. Januar 1935 formulierte er diese Hoffnung:

> Die Restauration der Kirche kommt gewiss aus einer Art neuen Mönchtums, das mit dem alten nur die Kompromisslosigkeit eines Lebens nach der Bergpredigt in der Nachfolge Christi gemeinsam hat. Ich glaube, es ist an der Zeit, hierfür die Menschen zu sammeln.[79]

Erste Anzeichen dafür sind schon heute zu erkennen.[80] Wenn diese kommunitären Ansätze mit kirchgemeindlichen Aufbrüchen im Zeichen des heiligen und heilmachenden Kreuzes zusammenfinden, werden sie sich wechselseitig inspirieren und befruchten. Der kurze Blick in die Kirchengeschichte der letzten zwei Jahrtausende hat gezeigt, dass das sieghafte Kreuz oder der segnende Christkönig den Fokus der christlichen Botschaft für die meiste Zeit des Kirchenjahres adäquat und klar zum Ausdruck bringt: „Der Tod ist verschlungen in den Sieg. Tod, wo ist

---

78 Herder-Lexikon-Online: Im katholischen Messbuch heißt es dazu: „Der Brauch, die Kreuze und Bilder zu verhüllen, soll beibehalten werden. In diesem Fall bleiben die Kreuze verhüllt bis zum Ende der Karfreitagsliturgie, die Bilder jedoch bis zum Beginn der Osternachtfeier." (https://www.herder.de/gd/lexikon/kreuzverhuellung/; letzter Zugriff: 05.04.2019).

79 Zitiert nach Charles Marsh, *Dietrich Bonhoeffer. Der verklärte Fremde. Eine Biografie*, Gütersloh 2015, S. 232.

80 Einige Information dazu unter: https://www.evangelische-kommunitaeten.de/home/; www.via-collegiata.de;http://www.kloster-aktuell.de/evangelisches-kloster.html.

dein Stachel? Hölle, wo ist dein Sieg?"[81] Das Kreuz wird (wieder) als „Baum des Lebens" lesbar.[82]

Es wäre sehr begrüßenswert, wenn (neben vielen anderen, die aus der „Freiheit eines Christenmenschen" leben)[83] auch leitende Geistliche in Deutschland, wortmächtige Theologinnen und Theologen und viele bildungsbegeisterte Brüder und Schwestern ihre öffentlichkeitswirksamen Möglichkeiten nutzen würden, um die theologische Botschaft des Kreuzes, seine profanen Instrumentalisierungen und kirchlichen Verunklarungen ebenso wie seine kulturstiftenden Potenziale, in klarer Sprache und mit glaubwürdigen Gesten in den gesellschaftlichen Diskurs einzubringen. Wir gehen davon aus, dass gegenwärtig, auch angesichts eines wachsenden religiösen und rassistischen Antisemitismus, ein achtsames und fundiertes „Wort vom Kreuz" (bspw. vom Kirchenamt der EKD auf den Weg gebracht) für große Aufmerksamkeit sorgen würde, zumal es den kulturellen bundesdeutschen Dialog insgesamt beleben und bereichern würde.

Nach diesen theologisch-reformatorischen Überlegungen zum Kreuz als dem religiösen Zentral-Symbol des weltweiten Christentums, seiner (sakralkünstlerischen) Bedeutungsverengung im Westen und einer angemessenen liturgischen Einbindung in den Festkreis des Jahres sei abschließend noch einmal gefragt: Hat das Kreuz als *kulturelles Zeichen* daneben oder darüber hinaus überhaupt noch eine gesonderte Bedeutung und Relevanz – für Deutschland, für Europa, für die Welt?

---

81 1. Korinther 15,55. Vgl. „*Tod, wo ist dein Stachel? Todesfurcht und Lebenslust im Christentum*, (GEORGIANA 2), Hg.v. Thomas A. Seidel und Ulrich Schacht. Leipzig 2016.
82 Siehe Hans Hollweger, *Baum des Lebens. Darstellung und Verehrung des Kreuzes im Orient*, Linz 2017. Andreas Krone verweist auf „ökologische" Kreuzes-Perspektiven in seinem Aufsatz: *Es grünt das Kreuz so grün – Anregungen von Hildegard von Bingen und den orientalischen Kirchen*, in: Deutsches Pfarrerblatt 4/2019, S. 186–190.
83 Martin Luther, *Von der Freiheit eines Christenmenschen*, Wittenberg 1520.

Der vitruvianische Mensch und das goldene Kreuz von Notre Dame

Das Titelbild dieses Buches illustriert das Gegensatzpaar „Würde oder Willkür", indem es den „Vitruvianischen Menschen" von Leonardo da Vinci (um 1490) in Kontrast zu einem der katastrophischen Angstbilder der Menschheit stellt. Der „formvollendete", vitruvianische Mensch ist bildhaft über die „apokalyptischen Reiter" gesetzt.[84] Diese Über-Setzung verweist auf die grundlegende, prinzipielle Humanität, auf die archetypische Menschlichkeit des Kreuzsymbols, als ein Kenn-Zeichen, das dem Menschen buchstäblich eingeschrieben ist. Für den Renaissance-Künstler da Vinci offenbart sich in der Relation der Körpermaße des Menschen zu Quadrat und Kreis „die höhere Wahrheit der Schöpfung". Von diesem Renaissance-Denker gewiss unbeabsichtigt, deuten sich ungewöhnliche metaphorische Parallelen zur kosmischen Kreuzestheosophie eines Gregor von Nyssa an:

> Da nun die ganze Schöpfung auf IHN hinsieht und um IHN ist und durch IHN ihre Einheit und Geschlossenheit erhält, so sollten wir nicht allein durch das Ohr zur rechten Erkenntnis Gottes gebracht werden, sondern auch das Auge sollte ein Lehrer der höheren Wahrheiten werden.[85]

Ein jüdisch-deutscher Ausnahmeliterat transponiert, gleichfalls sozusagen intuitiv, den vitruvianischen Menschen ins Christologische. In seinem Buch „Der Antichrist" (1934) spielt Joseph Roth auf die kreuzförmige Gestalt des Menschen an. Er komponiert den Kreuz-Menschen als das entscheidende Gegenbild gegen die „Maskeraden des Bösen" (Dietrich Bonhoeffer), inmitten einer „anti-christlichen", gott-losen, sich selbst vergottenden Moderne, die er bei aller Kritik durchaus nicht-denunziatorisch

---

84 Vgl. Klaus-Rüdiger Mai, *Leonardos Geheimnis. Die Biographie eines Universalgenies*, Leipzig 2019.

85 S.o., Wolff und Hohmuth (Hg.), *Das Kreuz …*, S. 121.

und einfühlsam beschreibt und vor deren Gefahren er gerade deshalb eindringlich warnen möchte.[86]

Erst, wenn der Mensch seine Geschöpflichkeit erkennt und bejaht, findet er Mitte und Maß, so lautet sein schriftstellerisches Credo. Für Roth hat es den Anschein, als ob das Austrecken der Arme gegen den Himmel ein Indiz dafür sei, dass „[…] wir uns nach dem Urbild dessen sehnen, dessen Spiegelbild wir sind".[87] Seine hellsichtigen Reflexionen, die er als Journalist „im Dienste des Herrn der tausend Zungen" in Deutschland, der Sowjetunion und den USA sammelt, führen ihn auf verschiedenen Wegen immer wieder auf den geistig-geistlichen Kern der *conditio humana*:

> Wir können […] mit unserm Körper das Zeichen der Erlösung, das Zeichen des Kreuzes nachbilden, im Stehen. Das Kreuz ist nämlich nicht nur das Marterinstrument, an dem der Erlöser der Menschen gelitten hat. Das Kreuz ist zuerst die einfachste Darstellung des Menschen, der die Arme ausbreitet, die Füße gegen die Erde gerichtet, den Kopf gegen den Himmel. Jeder Mensch auf Erden, der die Arme in der Not ausbreitet, bildet ein Kreuz. Er erlöst sich also gleichsam von seiner Not durch das Zeichen das Kreuzes, das er nicht macht, sondern selber darstellt.[88]

Der *kreuz*förmige, vitruvianische Mensch ist kein Sonder- oder Exklusiv-Mensch. Auch wenn in diesem Bild der „männliche Mensch" dargestellt ist, gilt das symbolisch Ausgesagte für den „ganzen Menschen", in seiner *bio*-logischen Ausprägung als Mann und als Frau. Der vitruvianische Mensch ist damit ein *anthrop*ologisches Urbild, das seine symbolische Überzeugungskraft gewiss auch heute bei Zeitgenossen gewinnt, die einer anderen als der christlichen Religion angehören oder die sich selbst vielleicht als ganz und gar „religiös unmusikalisch" (Max Weber)

---

86 Joseph Roth, *Der Antichrist. Romane. Erzählungen. Aufsätze*, Köln/Berlin 1964, S. 616; unter dem Titel notiert Roth: „Dieses Buch schrieb ich als eine Warnung und eine Mahnung, damit man den Antichrist erkenne, in allen Gestalten, in denen er sich zeigt."
87 A.a.O., S. 668.
88 Ebd.

bezeichnen würden. Diese *kreuzförmige* Menschlichkeit markiert einfach und eindrucksvoll den universalen (nicht-imperialen) Deutehorizont der jüdisch-christlichen Tradition und unterstreicht den globalen Humanisierungsimpuls des Christentums.

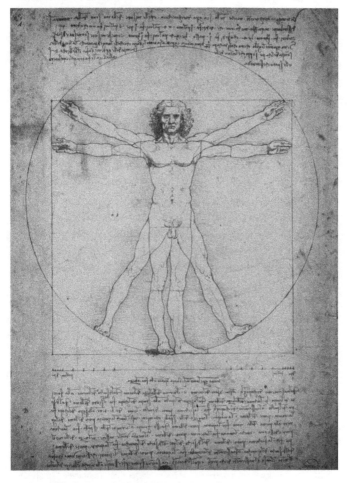

Leonardo da Vinci, Der vitruvianische Mensch, 1490;
© akg-images/Cameraphoto

In die Endphase der Arbeit an diesem Text fiel die Schreckensnachricht vom Brand der Kathedrale von Notre Dame am Montag der Karwoche, dem 15. April 2019. Weltweit waren die Bilder des lichterloh brennenden Kirchendachs zu sehen, das von oben her die Kreuzesform jener großartigen mittelalterlichen Kirche rot leuchtend kenntlich machte.[89] Diese Katastrophe, über deren Ursachen bislang nichts Belastbares bekannt ist, wurde als das wahrgenommen, was sie war und ist: die Gefährdung des katholischen Frankreich und seiner überaus reichen christlichen und säkularen Geschichte.[90] Die Menschen dieses (neben Tschechien, Ostdeutschland und Schweden) wohl am weitesten säkularisierten Landes Europas hielten den Atem an. Zahlreiche singende und betende Bürgerinnen und Bürger, darunter auffallend viele Jugendliche, waren zu sehen. Mitgefühl und Solidarität wurden geweckt, jedenfalls für einige Tage. Es dauerte nicht lange, bis die bekannten schrillen, sich linksliberal verstehenden politisch-ideologischen Fragen und Vorwürfe wieder laut wurden. Welchen Wert und welche Bedeutung haben eine Kathedrale und der nun angezeigte kostenintensive Wiederaufbau angesichts der (zweifelsfrei zeitgleich vorhandenen) menschlichen Katastrophen von Hunger, Krankheit, Flucht und Vertreibung?

Wer diese Alternative aufmacht, negiert (bewusst oder unbewusst) die immense kulturelle und zivilisierende Bedeutung, die das Christentum in den komplexen Werte- und Lebensraum Europas eingetragen hat und einzutragen in der Lage ist. Nächstenliebe, heute zumeist Solidarität genannt, und soziales Engagement gehören untrennbar dazu. Erinnert sei hier an das soge-

---

89 Auf eine berührende, zeithistorische Liebesgeschichte der revolutionären Umbruchszeit in Deutschland und Europa des Jahres 1989/90, in deren literarisch-existenziellem Zentrum diese Kathedrale steht, sei hier ausdrücklich hingewiesen: Ulrich Schacht, *Notre Dame*, Berlin 2016.

90 Zu den Merkwürdigkeiten und „Modernisierungs-Phantasien" nach dem Brand von Notre Dame in der aktuellen französischen Politik siehe: Eva-Maria Michels, *Macron fängt Feuer*. CATO 4/2019, S. 10–17.

nannte Böckenförde-Diktum: „Der freiheitliche, säkularisierte Staat lebt von Voraussetzungen, die er selbst nicht garantieren kann."[91] Diese Einsicht gilt es gegen jedwede kirchliche und laizistische Ignoranz festzuhalten. Sie sollte zum verfassungsrechtlich-kulturellen Basiswissen aller aufgeklärten Europäer gehören, bei denen, „die schon länger hier leben", und auch bei denen, die aus anderen Kulturkreisen zu uns kommen. Es markiert ein kulturelles Essential, das vollkommen unabhängig ist von Weltanschauung und religiöser Überzeugung. Das Böckenförde-Diktum zeigt unmissverständlich, dass beides notwendig zu denken und zu tun ist: die Bewahrung und fortlaufende Reflexion des christlich-abendländischen Erbes und das soziale Engagement für eine möglichst gerechte, friedevolle und ökologisch intakte Welt und Umwelt, das seine Motivation selbstverständlich auch aus anderen Quellen schöpfen kann.

Die am Beginn dieses Aufsatzes genannten kirchlichen Würdenträger oder andere Christenmenschen, die „ihr Kreuz ablegen", die mit (vermeintlich schlauem) Seitenblick auf den hypermoralisch-säkularen Zeitgeist die kulturelle Seite jener Doppelaufgabe preisgeben oder gar eine wertschätzende Rede von einem „christlichen Abendland" für verzichtbar halten, mögen für kurze Zeit die Meute der Medien auf ihrer Seite haben.[92] Auf

---

91 Ernst-Wolfgang Böckenförde, zuerst formuliert 1964 in: *Die Entstehung des Staates als Vorgang der Säkularisation*, siehe: https://de.wikipedia.org/wiki/Böckenförde-Diktum (letzter Zugriff: 20.04.2019). Wichtig ist in diesem Zusammenhang auch das Buch von Böckenförde: Der säkularisierte Staat: Sein Charakter, seine Rechtfertigung und seine Probleme im 21. Jahrhundert, Carl Friedrich von Siemens Stiftung 2007. Im letzten Absatz geht der Verfassungsrechtler auf die rechtliche und gesellschaftliche Problematik ein, die sich auftut, wenn die Scharia des Islam im Staat des Grundgesetztes eine qualifizierte Mehrheit, bspw. auch über Wahlen, erlangt. Vgl. dazu Patrick Bahners, FAZ vom 19.05.2008: https://www.faz.net/aktuell/feuilleton/buecher/rezensionen/sachbuch/der-unsinn-der-zivilreligion-1550342.html (letzter Zugriff: 01.06.2019).
92 Reinhard Kardinal Marx wendet sich auf katholisch.de am 11.01.2019 gegen „die Rede vom christlichen Abendland", weil „der Begriff vor allem ausgrenzend sei". Dagegen u.a. Felix Diersch in „Die Tagespost", vom 06.02.2019, der auf-

lange Sicht zerstört jener pseudotolerante, positionsscheue und geschichtsvergessene „Absolutismus der Gesinnungsethik" die Wissensräume der Objektivität ebenso wie die Lebensräume von Kirche und Gesellschaft.[93] Joseph Roth würde sagen: in ihnen kommt der „Antichrist" zur Wirkung, unmerklich und mit zerstörerischer Kraft, dia-bolisch, das heißt: durcheinander werfend. In ihnen und durch sie wird überscharf erkennbar, dass der *Diabolos*, der „Durcheinanderwerfer", der „alt böse Feind" des *Symbolon*, des „Zusammenbringens" ist.[94] *Theologisch*, metaphorisch gesprochen: Wo der Diabolos Raum und Zeit, Menschen und Meinungen ergreift, sind immer auch und ganz elementar die tragenden Säulen in Gefahr: die *Symbole*, das heißt: die (altkirchlichen) Bekenntnisse und die gegenwärtigen Glaubensgrundlagen des Christentums.[95]

Deshalb hoffen wir mit Blick auf die erschreckende Flammennacht von Notre Dame, dass ein Symbolon, ein anti-diabolisches Bild im medialen und vor allem im kulturellen Gedächtnis haften bleibt und lebensdienliche Kraft entfalten wird: Inmitten von Düsternis und Qualm, in den Zerstörungen, die der Einsturz des Vierungsturmes im Inneren der Kathedrale ange-

---

zeigt, dass die Verabschiedung des Begriffs nicht nur erschreckend geschichtsvergessen ist, sondern „einer Kapitulation gleichkommt". Siehe: https://www.katholisch.de/aktuelles/aktuelle-artikel/kardinal-marx-kritisiert-begriff-christliches-abendland (letzter Zugriff: 06.06.2019).

93 Siehe: Sebastian Kleinschmidt, *Zur Genealogie der Hypermoral.* CATO 4/2019, S. 84f.: „Das Hauptkennzeichen dieser Moral ist die Selbstgerechtigkeit ihrer Boten, und das auch da, wo sie sich anscheinend selber anklagen."

94 Der Apostel Paulus spricht mit Blick auf Auseinandersetzungen in den frühen christlichen Gemeinden von den „Feinden des Kreuzes Christi", vor denen er nachdrücklich warnt: Philipperbrief 3,18–19: „Denn viele leben so, dass ich auch oft von ihnen gesagt habe, nun aber sage ich's auch unter Tränen; sie sind die Feinde des Kreuzes Christi. Ihr Ende ist die Verdammnis, ihr Gott ist der Bauch, und ihre Ehre ist in ihrer Schande, sie sind irdisch gesinnt."

95 Gemeint sind hier konkret die beiden Glaubensbekenntnisse der Kirche: das Nicäno-Konstantinopolitanum und das Apostolikum, siehe auch oben: S. 166.

richtet hatte, leuchtete auf ganz wundersame Weise das schlichte, goldene Kreuz vom Hochaltar her. Es schien, wortlos, bildkräftig, symbolisch, also: zusammenbringend, auf eine simple Tatsache hinzuweisen: Nicht politische Parteien oder Ideologien, nicht Strukturen und Verwaltungen allein und auch „[...] nicht der Euro, sondern das Kreuz ist das einigende Zeichen des christlichen Abendlandes".[96]

Nicht der tatsächliche oder vermeintliche imperiale Gestus einer „Nation des Kreuzes", den es mit Terror und Gewalt zu bekämpfen gälte, sondern freie Bürgerinnen und Bürger in souveränen, unterschiedlich ausgeformten europäisch-westlichen Regionen, Ländern und Staaten, die sich ihrer wechselvollen Geschichte bewusst sind, werden das Kreuz als ein facettenreiches, ambivalentes Kultur-Symbol ihrer gemeinsamen Geschichte und Gegenwart begreifen und wertschätzen. Auf diese Weise könnte die liegengebliebene Aufgabe, Europa eine Seele zu geben („Europe needs a soul", Jacques Delors, am 17.01.1989), endlich kraftvoll aufgenommen werden und in ein länder- und religionenübergreifendes Gespräch münden. Ein solcher Dialog selbstbewusster „Nationen des Kreuzes" wird historisch informiert, streitbar und achtsam sein und gerade dadurch friedevolle Attraktivität und integrative Kraft entfalten.

Am Ende des überaus anregenden Sammelbandes *Die kulturellen Werte Europas* wird die Frage aufgeworfen, die heute mit Blick auf die politischen Herausforderungen nach den Europawahlen vom 26. Mai 2019 noch brisanter und drängender ist als im Erscheinungsjahr des Buches 2005: *Hat Europa eine kulturelle Identität?* Die Antwort, die Peter Wagner gibt, lautet:

---

96 So der Preisträger der „LutherRose für gesellschaftliche Verantwortung und Unternehmercourgae" der Internationalen Martin Luther Stiftung 2013, Peter Gauweiler, siehe: http://luther-stiftung.org/fileadmin/LutherRose_LutherKonferenz/2013/LutherRose/2013-09-26_ideaSpecktrum_LutherRose_fuer_Gauweiler.pdf (letzter Zugriff: 06.06.2019).

Europa kann eine Identität erlangen, insoweit es gemeinsame Erfahrungen gemacht hat und sich in der Lage zeigt, diese Erfahrungen – die
ja nicht einfach sind, sondern im Gedächtnis wachgehalten werden
müssen – gemeinsam zu interpretieren.[97]

Der aufmerksame, differenzierte Blick auf das Kreuz in seiner
historisch gewachsenen Doppelbedeutung, als kulturelles Zeichen und religiöses Symbol, kann zu dieser Gedächtniswachheit
und lebensnotwendigen Interpretationsaufgabe Wesentliches
beitragen.

97 Peter Wagner, *Hat Europa eine kulturelle Identität?* in: Hans Joas und Klaus Wiegandt (Hg.), *Die kulturellen Werte Europas*, Frankfurt/M. 2005, S. 499.

Kapitel III

Vergleichende Perspektiven

Thibaut de Champris

Radikaler Laizismus versus kooperative Trennung
Ein französischer Blick auf das
deutsche Grundgesetz

An der Beziehungsgeschichte zwischen Gott und dem Menschen kann man ablesen, dass nicht so sehr der Mensch ein Hindernis ist, sondern die Macht. Nicht jede Macht, sondern der sich als absolut betrachtende Alleinherrscher, und das kann auch der moderne Staat und jede Form von geballter Macht sein. Daher ist die Demokratie für den Christen die verhältnismäßig beste Regierungsform, weil sie die Macht einhegen hilft. Und vielleicht hat sich die Demokratie deshalb, nach den Hellenen, am besten im christlichen Raum entwickelt. Allerdings haben auch Demokratie und die klassische Gewaltenteilung ihre Schwächen. Es gibt aber ein Prinzip, das die Macht in viel subtilerer Weise organisiert, die Gesellschaft viel stärker zur Entfaltung bringt und möglicherweise auch Gott eine größere Chance gibt, sich Gehör zu verschaffen: die Subsidiarität. Es gibt verschiedene Definitionen dieses etwas sperrigen Begriffes. Die deutsche Geschichte lehrt ihn in einem breiten Umfang zu verstehen.

Die deutsche Geschichte, gemeint sind hier in erster Linie die 900 Jahre zwischen den ersten Stufen der Herausbildung Deutschlands im 10. Jahrhundert (962: Kaiserkrönung Ottos des Großen in Rom) und dem Ende des Deutschen Bundes 1866. In diesem weitaus größten Teil der deutschen Geschichte liegen die Wurzeln des heutigen Deutschland, hier ist das Land trotz späterer Brüche dauerhaft geprägt worden. Und schon die ottonischen und die späteren Kaiser haben Souveränitätsanteile an die Fürsten verteilt – genauer gesagt: mit den sie wählenden Fürsten

geteilt –, aber auch mit Bischöfen, die die erstrangigen Kaiser-
wähler waren. Mit den *Confoederatio*- und *Statutum*-Gesetzen
(1220/1232), die dem Machtteilhabeprinzip *Kaiser und Reich* Form
gaben, sind die ersten subsidiären und föderalen Merkmale
Deutschlands geprägt worden. Der Kaiser war Souverän, aber
nicht Alleinherrscher, noch weniger konnte er absoluter Mon-
arch werden, im Unterschied zu den meisten anderen europäischen Staaten. Die Fürsten waren Herrscher in ihren Ländern,
aber nur teilsouverän, begrenzt durch den Kaiser, die Landstän-
de und die oberste Reichsgerichtsbarkeit, die sich für diese Zeit
als ganz erstaunlich unabhängig erwies. So entwickelte sich das
Alte Reich zu einem lange unterschätzten, partizipationsreichen,
bemerkenswert stabilen, friedens- und konsensorientierten Ge-
füge, das weltweit einzigartig war. Ein Punkt ist von großer Bedeutung: nicht nur der Kaiser, die Fürsten, der Staat haben am
Entstehen Deutschlands und seiner föderalen und subsidiären
Form mitgewirkt, sondern auch die Kirche. Der Weg für eine
absolut neue Form von (im breiten Sinne) nationaler Verfassung
war geebnet, in der nicht nur der Staat, sondern mehrere Kräfte,
auch „nicht-staatliche", die Gesamtordnung tragen.

Nach der großen Klärung des Investiturstreits (was ist Gottes, was ist des Kaisers?, vgl. Matthäus 22,15–22 par.) erlangte die
Kirche in Deutschland im Wormser (1122) und im Wiener Konkordat (1448), eine Freiheit, die sie anderswo in dieser Form
nicht hatte. Die Reformation zwang sie zu einer inneren Reform,
brachte Auseinandersetzung um Wahrheit und Exegese und er-
sparte damit Deutschland die religiöse Gleichgültigkeit und Lee-
re des Absolutismus und späterer Epochen.

Mit der Aufklärung, in Deutschland in nicht-radikaler
Form, zumeist von protestantischen Intellektuellen getragen,
lernte sie, den Glauben nicht als Selbstverständlichkeit zu denken; durch die Säkularisierung lernte sie, sich ohne politische
Macht und staatsfern zu behaupten. Übrig blieb das, wofür
sie da ist: den Glauben ernsthaft vertreten und verbreiten, Gott
in der leicht gottvergessenden Welt immer wieder ins Zent-

rum rücken, auch gegenüber den Machthabern, koste es, was es wolle.

Für die Katholiken kam die große Probe mit dem undeutsch uniformierend-staatsvergötzend denkenden Bismarck, der jedoch mit dem „Kulturkampf" die Widerstandskraft der Katholiken in deutschen Landen ungewollt zum Erwachen brachte.[1] Für die Evangelischen kam die existenzielle Prüfung mit dem Ende des Staatskirchentums 1918 und mit dem NS-Regime, das ihnen die Reste von Staatsnähe austrieb. Das Blut der Märtyrer beider Konfessionen öffnete den Weg zu einer katholisch-evangelischen (vor allem lutherisch geprägten) Annäherung, die schon im großen, wegweisenden Thinktank des deutschen Widerstands gegen das NS-Regime, dem Kreisauer Kreis, prägend wurde. Hier wurde der Neubau eines wieder subsidiär und föderal strukturierten, freien und rechtsstaatlichen Deutschlands gedacht und vorbereitet, bevor auch diese Vordenker unter dem Fallbeil der Nazis fallen sollten. Der Kirche weist der Kreisauer Kreis die Rolle der „Mahnerin", des „geborenen Zensors des Staates" zu. Unausgesprochen ist die Zuweisung der Wächterrolle mit der Vorbedingung des Martyriums und daher mit dem Auftrag verbunden, in Zukunft weiterhin Mut zu zeigen, wo immer es nötig ist, und den Fragen der Zeit auf hohem argumentativen Niveau Rede und Antwort zu stehen. Das ist die Pointe der Subsidiarität: Eine angepasste oder resignierte oder mittelmäßige Kirche, eine Kirche der „billigen Gnade" (Dietrich Bonhoeffer) hat ihre Rolle verfehlt und ihre Rechte verwirkt.

Das wahre deutsche Nachkriegswunder ist die Selbstverständlichkeit, mit der das Grundgesetz an die Geschichte des Landes vor dem verhängnisvollen, preußischen Jahrhundert (1866–1945), in dem die Alleinherrschaft des ungeteilten Staates

---

[1] Die zu diesem Zeitpunkt (vornehmlich in Deutschland entwickelte) Soziallehre der Kirche wird dann der Boden sein, auf dem die Subsidiarität den Sozialstaat erneuern wird, etwa in der Weimarer Republik mit den Sozialgesetzen des katholischen Arbeitsministers Heinrich Brauns.

gegen die große deutsche Tradition durchgesetzt worden war, anknüpfte. Mit dem Gottesbezug in der Präambel wird die Subsidiarität zum Prinzip: Über allem steht nicht die Nation oder der Staat oder etwas anderes, sondern Gott und der (im Artikel 1 nicht nur mit Rechten, sondern mit einer unantastbaren Würde ausgestattete) Mensch. Die Artikel zur Beziehung von Staat und Kirche werden von der Weimarer Verfassung übernommen, aber durch den explizit subsidiären Rahmen neu interpretiert als Trennung von Partnern auf Augenhöhe. Dass die Verfassung mit dem Gottesbezug beginnt, ist die Konsequenz aus einer langen Geschichte, in der die Kirche und das Christliche schon in den mittelalterlichen Anfängen an der Nationswerdung wirkten und damit systemisch zum Land gehören. Und es ist gleichzeitig ein Neuanfang.

Auf der Präambel ruht und aus ihr entwickelt sich das ganze Grundgesetz. Wenn der Staat nicht den ersten Platz im Leben des Menschen und der Gesellschaft einnimmt, wenn die Nation nicht der Angelpunkt unserer Wahrnehmung der Wirklichkeit ist, dann ist der Weg frei für eine staatliche und gesellschaftliche Ordnung, in der der Staat selbst nicht zentral organisiert ist, ja wo nicht einmal der Bund Grund und Quelle des Staates ist, sondern die Länder, die vor dem Bund da waren. Sie taten sich 1948 zusammen, um das Grundgesetz zu schreiben und 1949 die Bundesrepublik zu gründen. Somit kommt eine soziale Ordnung zum Zuge, wo nicht der Staat, sondern zunächst konfessionelle und nicht-konfessionelle Verbände, später auch viele weitere Initiativen aus der Zivilgesellschaft maßgebend wirken. Die ist zugleich eine Voraussetzung für eine wirtschaftliche Ordnung, wo der Staat nur regulierend eingreift und jede Form von Monopolbildung und Wettbewerbsverzerrung bekämpft, damit die Wirtschaft durch die Teilhabe möglichst vieler besser läuft, und wo Arbeitgeber und Arbeitnehmer allein, in Kontroverse, Kampf und Konsensfindung, die richtigen und gerechten Rahmenbedingungen suchen und festlegen. Daraus kann eine Gesellschaft und eine Welt des Geistes mit einer Vielfalt an Standorten und Bezügen wachsen, wo der Mensch, anders als bei Marx, nicht mehr um sich selbst kreist.[2] Damit wird auch die Gefahr eines einheitlichen Denkens, einer unzureichend vielfältigen, differenzierten Medienlandschaft und einer ideologischen Radikalisierung minimiert und ein Freiraum eröffnet, in dem Theologie und Wissenschaft sich reiben und bereichern und wo die Hilfsbereitschaft für den notleidenden Nachbarn oder Fremden sich entfalten kann.

Der Zusammenhang von Präambel, Artikel 1, Subsidiarität und der spezifischen Form von Trennung und Beziehung von Staat und Kirche wird damit greifbar. Negativ ausgedrückt: Das Verdrängen Gottes – dazu gehört eine ins Private verwiesene Kirche – führt zu einer Verarmung der Wirklichkeit, einer Reduzierung und Spaltung des Menschen, einer Verminderung der Freiheit, einer Einengung des Geistes und des Horizonts, einer Verwirrung des Wertebewusstseins und nicht zuletzt zu grassierenden Religionssurrogaten. Es geht also beim Gottesbezug nicht um eine Art Dekoration in der Eingangshalle des Grundgesetzes, sondern um viel mehr: um die Einbeziehung der Dimension Gottes als Garant der Würde des Menschen und als Quelle der Entfaltung einer wahrhaft menschlichen Gesellschaft. Deutschland ist damit ein großes Geschenk gemacht worden. Sind sich die Deutschen dessen bewusst?

Frankreich, das gerne als Modellfall einer Trennung von Staat und Kirche genannt wird, ist ganz anders gebaut, hat eine im Vergleich zu Deutschland völlig gegensätzliche Machtgeschichte. Das Land hat sich aus einer Kernregion und einer Kerndynastie durch ein offensives und expansives Vorgehen herausgebildet. Die Grenzen wurden immer wieder neu gezogen, Territorien immer wieder, zumeist militärisch, erobert. Da die Könige nicht

---

2 Vgl. Karl Marx, *Zur Kritik der Hegelschen Rechtsphilosophie* (1844), zitiert nach: Religionskritik in der Neuzeit, hg. v. Michael Weinrich, Gütersloh 1985, S. 111: „Die Kritik der Religion enttäuscht den Menschen, [...] damit er sich um sich selbst und damit um seine wirkliche Sonne bewege. [...] Sie gibt sich nicht mehr als *Selbstzweck*, sondern nur noch als *Mittel*. Ihr wesentliches Pathos ist die *Indignation*, ihre wesentliche Arbeit die *Denunziation*.“

bereit waren, konkurrierende Machtsphären zu dulden, waren interne Kriege (bald auch externe) Alltag. Ein strenges Regiment im Innern war und ist die Folge, strikte Einheitlichkeit bis Uniformität, ein zentralistischer Staat, aber auch eine im Dienst der Macht stehende Religion. Nachdem er bereits im 14. Jahrhundert die Päpste in „babylonischer Gefangenschaft" in Avignon festhielt, zwang der französische König 1497 den Papst zu einem Vertrag, der eindeutig gegen die Freiheit der Kirche verstößt: mit der *Pragmatischen Sanktion von Bourges* oblag es dem König, die Bischöfe zu bestimmen. 1682 beruft der absolutistische Ludwig XIV. ein Nationalkonzil, das die Unterwerfung der Kirche unter die Krone verfestigt (Gallikanismus), 1685 vertrieb er die Protestanten auf brutalste Weise aus dem Land.

Die in dieser Hinsicht, so Udo di Fabio, „unterkomplexe" französische Aufklärung will Gott nicht einmal denken. Als die Revolution ausbricht, wird mit dem König auch die ihm weitgehend gefügige Kirche geköpft. Es kommt zu einer Spaltung: die Papsttreuen verweigern den Eid auf die revolutionäre Verfassung und erleiden in großer Zahl das Martyrium, während die Staatstreuen zu Kämpfern für eine Nationalkirche in gallikanischer Tradition werden. Mit dem Konkordat von 1801 will Napoleon die Lage beruhigen, aber die Kirche unter Kontrolle bringen, was letztlich dazu führt, dass auch er den Papst in Gefangenschaft hält – acht Jahre lang. Im 19. Jahrhundert erholt sich die Kirche im Inneren einigermaßen – durch eine stärkere Anlehnung an Rom. Die napoleonische Ordnung hat sie aber dauerhaft strukturell geschwächt, und der innere Riss zwischen Nostalgikern und Anpassern, der Verlust der katholischen Mitte wird sie dauerhaft lähmen. Beide Strömungen haben eins gemeinsam: eine schwach ausgeprägte Vorstellung davon, was Kirchenfreiheit meint und leisten kann. In den großen politischen und sozialen Auseinandersetzungen ist die katholische Kirche Frankreichs kaum hörbar und kaum aktiv – in der Vergangenheit wie in der Gegenwart. Die komplexen „Trennungsgesetze" von 1905 bis 1924 machen sie einerseits unabhängig: der Papst ernennt die Bischöfe, das Plazet der Regierung ist eher eine Formalie. Und die zahllosen, ab 1901 amtlich aufgelösten und vertriebenen Klöster werden wieder zugelassen. Andererseits hat die Kirche aber nur noch Vereinsstatus, alle bis 1905 gebauten Gotteshäuser und deren Inneneinrichtung gehören Staat und Kommunen, die Aufstellung religiöser Zeichen im öffentlichen Raum ist verboten. Die Bistümer, eigentlich „diözesane Vereine", sind weiterhin in die seit Napoleon zersplitterten Grenzen der staatlichen Verwaltungseinheit „Département" eingezwängt: zu klein, unhistorisch, finanziell zu schwach. So wurde 1905 aus einer staatlich alimentierten Kirche eine Kirche ohne institutionelle Kraft. Die Abschiebung des Glaubens und jeder Religion ins rein Private ist seitdem auf dem Vormarsch. Es folgt daraus eine alle Bereiche des Lebens prägende weltimmanente, staatsfokussierte Eindimensionalität. Ein Kontrastbild zur subsidiären Gesellschaft.

Liegt das aber allein am Staat und am Trennungsgesetz? Nein, die Gründe sind komplexer. Erstens hat die Kirche in Frankreich den Begriff der Laizität als Staats- und Gesellschaftsnorm stark verinnerlicht, von den Bischöfen bis zu den Laien – und zwar als weitgehendes Rückzugsgebot. Die psychologische Wirkung des Laizismus ist also mindestens so stark wie dessen real-praktische Seite. Die Bischöfe haben sich damit abgefunden, kaum Gehör zu finden, so dass erst Demonstrationen, zu denen nicht Bischöfe, sondern Gläubige und Nicht-Gläubige aufrufen, etwas erreichen oder zumindest verhindern können. So war 1981 erst eine knappe Million Menschen erfolgreich, als sie gegen das Projekt der linken Regierung demonstrierten, die staatliche Finanzierung privater, kirchlicher Schulen abzuschaffen. Seit 1959 übernimmt der Staat die meisten Betriebskosten von privaten, kirchlichen Schulen, wenn diese sich der Kontrolle und dem Lehrplan des Staates unterstellen. Das bedeutet allerdings, dass es selbst dort keinen regelmäßigen Religionsunterricht, sondern lediglich das Angebot einer freiwilligen Katechese geben darf. Im Ergebnis ist der Unterschied zu den staatlichen Schulen weniger inhaltlich bestimmt, sondern eher soziologisch, bezogen auf Milieus oder den Geldbeutel der Eltern.

Zweitens hat die Kirche ab 1960 einen massiven Traditionsbruch begangen, der das Projekt der „Ur-Laizisten" von 1905 de facto zur Vollendung brachte, nämlich den Glauben unsichtbar zu machen. Die regelrechte Abschaffung liturgischer Kultur und vieler anderer Formen von Glaube und Frömmigkeit, wie etwa von Prozessionen, haben zum Niedergang der *praxis pietatis* und zur Entfremdung vieler Menschen von der Kirche massiv beigetragen. Nicht zufällig ist das Schisma der katholischen Traditionalisten bis heute vor allem ein französisches Phänomen, das weit über den Kreis der Lefevristen, Nostalgiker und Nationalkatholiken hinausweist. Dass die Gläubigen so wenig und so selten für ihre Kirche spenden, ist auch auf diese Entfremdung zurückzuführen. 2011 haben die Katholiken insgesamt 240 Millionen Euro im Rahmen des freiwilligen „Kirchenpfennigs" gespendet. Hinzu kamen 223 Mio. Euro aus den Sonntagskollekten und 82 Mio. Sonderspenden. Mit diesem Etat von ca. 550 Mio. Euro muss die gesamte Kirche in Frankreich auskommen, das entspricht ungefähr dem Haushalt des Erzbistums Freiburg. Die Kirche ist klamm, überlebt oft nur noch durch den Verkauf von Immobilien. Wie so oft in der Geschichte der französischen Kirche ist christliches Leben weitgehend nur noch hinter Klostermauern zu finden.

Der Islam, der in Frankreich über zu wenige Kultorte verfügt und mehr als die Kirche die Gottvergessenheit im Lande beklagt, wird vielleicht zu einer Aufweichung der Laizitätsgrundsätze führen, damit der Staat Moscheebauten mitfinanzieren kann. Abgesehen davon, dass das die Befürworter einer strengen Laizität ebenso wie die auf Identität setzenden Strömungen auf den Plan rufen würde, wäre damit das Kerndilemma gar nicht gelöst: Ist Religion in Frankreich auf ewig auf die Alternative angewiesen, entweder vom Gutdünken des Staates abhängig zu sein oder ins ausschließlich Private abgeschoben zu werden? Ist überhaupt Gott eine reine Privatsache, die die Welt nichts angeht?

Trennung von Staat und Kirche? Hinter dieser Formel stecken viele, zum Teil gegensätzliche Vorstellungen, ideologische Modelle und empirische Realitäten. Deutschland hat den Weg einer *kooperativen Trennung* genommen, der sich zur eigenen „christlichen Prägung" und zur „gleichberechtigten Partnerschaft" von Staat und Kirche bekennt (Zitate aus dem Koalitionsvertrag). Wenn man sieht, welches vitale Potenzial in einem Land steckt, wo europaweit einmalig alle großen christlichen Konfessionen (Katholiken, Lutheraner und Reformierte, aber auch die zahlreicher werdenden Orthodoxen und orientalischen Christen) in beträchtlichem Umfang wie auch wachsende jüdische Gemeinden zuhause sind, verspricht dieser Weg eine reiche Zukunft, auch für die Lösung der mit dem Islam verbundenen Fragen. Dass dieser Weg sich in Zukunft in der Beziehung von Kirche und Staat als spannungsreicher erweist, wie ein junger katholischer Bischof, Stefan Oster, nun vermutet, macht ihn beileibe nicht weniger empfehlenswert.

Ulrich Schacht

Rückkehr zur Ikone
Ein Reiseessay über die Wiederauferstehung
der Russisch-Orthodoxen Kirche

1

Die Frau, die ich an einem Novembertag des zurückliegenden
Jahres, erster Schnee war gefallen, unverwandt einer Ikone in
der Neuen Kathedrale des Moskauer Donskoi-Klosters zugewandt sah – Minute um Minute und in einer Körperhaltung, die
zwangsläufig Schmerz nach sich ziehen musste –, habe ich nie
zu Gesicht bekommen: Denn ihr eigenes war über ihre Lippen
mit dem Glas, das die Ikone vor direkter Berührung schützt,
unlösbar verschmolzen in diesem Moment, da ich sie sah, und
blieb es, bis ich die Kirche wieder verließ. Gestalt, Frisur und
Kleidung der Frau verrieten, dass es sich nicht um eine Greisin
handelte, nicht einmal um eine alte Frau. Aber alles zeigte, dass
der Mensch, zu dem sie gehörten, mit seiner ganzen Existenz
eine Wirklichkeit zu berühren suchte, die sich hinter dem Bild
einer Heiligen verbarg, in der nicht nur Trost, sondern Rettung
zu finden war: Rettung aus dem Unsichtbaren, das sich für sie,
die russisch-orthodoxe Christin, materialisierte in einem Bild.

So fremd mir die Szene war – mir, dem das Christentum
mitnichten fremd ist –, so radikal ergriff sie mich, radikal wie
ein Gottesbeweis. Gottesbeweise im strengen, logischen, ontologischen Sinne, wie sie Anselm von Canterbury oder Thomas
von Aquin im elften und dreizehnten Jahrhundert entwickelten,
sind spätestens seit ihrer Fundamentalkritik durch den Aufklä-
rungs-Philosophen Immanuel Kant archivierte Denk-Figuren
abendländischer Geistesgeschichte. Geblieben ist uns davon
nur das immer schwächer werdende Echo seines „moralischen
Gottesbeweises". Kant band ihn an das von ihm so genannte

„Sittengesetz", dessen Zweck – durch Tugend zur Glückseligkeit zu gelangen – nur dann verpflichtend sein könne, wenn er auch erreichbar sei, und das wiederum sei nur dann möglich, wenn Gott tatsächlich existiere. So wurde Gott zwar auch nicht beweisbar, aber wenigstens zum Postulat der praktischen Vernunft. Doch schon am Ende des 18. Jahrhunderts, noch zu Lebzeiten Kants, wurde im Zuge der französischen Revolution von 1789 aus dem geschichtspädagogischen Gedanken-Projekt „Glücks-Tugend" als Vehikel zur Rettung Gottes die blutige Praxis des Tugend-Terrors ohne Gott, die sich im 20. Jahrhundert in den großen Schreckenssystemen von Kommunismus, Faschismus und Nationalsozialismus ins Unermessliche entfaltete. Was sie, trotz mancher Differenz, auf abgründige Weise einte, war ihre radikale Gottlosigkeit und in der Folge fundamentaler Hass auf das Christentum: An die Stelle Gottes trat der Mensch in Gestalt des Führers, zur allein seligmachenden Kirche wurde die führende oder einzige Partei, und aus mit religiöser Inbrunst betriebener Politik eine fanatisch politische Religion.

2

Am längsten währte und wütete der damit verbundene Wahn in Russland. Unter Berufung auf die Tugend-Terroristen der französischen Revolution Marat, St. Just und Robespierre, vor allem aber auf die deutschen Radikal-Materialisten Marx und Engels und deren Weltrevolutionskonzept von der „Diktatur des Proletariats", wie sie im „Kommunistischen Manifest" von 1848 antizipiert wurde, brach im Oktober 1917 mit dem bolschewistischen Staatsstreich unter Lenin, Trotzkij und Stalin über das eben erst demokratisch gewordene Russland und seine Menschen, besonders aber über die Kirchen und Gläubigen des Landes, ein Vernichtungssturm herein, der mit seinen strukturrepressiven Ausläufern nicht vor den 80er Jahren des 20. Jahrhunderts zu Ende ging und den der amerikanische Historiker Richard Pipes in seiner dreibändigen Geschichte der russischen

Revolution mit den Worten charakterisiert:

> Die Kommunisten griffen religiöse Überzeugungen und Praktiken mit
> einer Vehemenz an, wie sie seit den Tagen des Römischen Reiches
> nicht mehr dagewesen war. Ihr aggressiver Atheismus berührte die
> Masse der Bevölkerung wesentlich schmerzhafter als die Unterdrü-
> ckung politisch abweichender Meinungen oder Auferlegung der Zen-
> sur. Außer der wirtschaftlichen Not brachte keine Maßnahme der
> Regierung Lenins den sogenannten „Massen" größeres Leid als die
> Profanisierung ihrer religiösen Überzeugung, die Schließung ihrer
> Andachtshäuser und die Mißhandlung der Geistlichen.[1]

Die ideologischen Gründe dafür nennt Pipes auch:

> In Übereinstimmung mit allen Sozialisten betrachteten die Kommu-
> nisten den religiösen Glauben als ein Relikt aus primitiven Zeiten, das
> der Modernisierung im Wege stehe. Mit dem für sie charakteristischen
> Eiferertum bemühten sie sich, ihn auszurotten, indem sie ihn verspot-
> teten und statt seiner eine „wissenschaftliche" Erziehung einführten.
> Die russischen Sozialisten standen der Religion besonders feindselig
> gegenüber, weil die orthodoxe Kirche enge Verbindung mit dem Zaris-
> mus unterhalten hatte und für ihren unversöhnlichen Antiintellektua-
> lismus bekannt war. Bereits in den Jahren nach 1870 legten russische
> Radikale in ihrer Propaganda besonderes Gewicht auf die Bekämp-
> fung des religiösen „Aberglaubens", da sie darin eines der Haupthin-
> dernisse für ihre Bemühung sahen, die Massen zum Aufstand anzusta-
> cheln.[2]

Die praktische Seite dieses tief verwurzelten Hasses, der sich wie
ein radikalisierter Wiedergänger des antireligiösen Furors der
französischen Revolution ausnahm, sah im entscheidenden historischen Moment so aus:

> Die Konfrontation, die unmittelbar nach dem Oktoberumsturz ein-
> setzte und im Jahre 1922 ihren Höhepunkt erreichte, nahm unter-

---

1 Richard Pipes, *Die Russische Revolution* (3 Bände), Berlin 1992, Bd. 3, S. 545f.;
vgl. Dietrich Geyer in „Die Zeit" vom 6.11.1992, der Pipes Untersuchungen
und seine These von der „Kontinuität patrimonial-autoritärer Herrschaft"
als brillant erzählt und grandios einseitig beschreibt. Siehe https://www.zeit.
de/1992/46/kontinuitaet-patrimonialer-harrschaft (Letzter Zugriff: 17.04.2019).
2 Pipes, *Die Russische Revolution*, Bd. 3, S. 546.

schiedliche Formen an. Die Geistlichkeit wurde durch die Abschaffung staatlicher Hilfszahlungen, die Konfiszierung von Kircheneigentum und das Verbot der Erhebung von Abgaben ihrer Mittel beraubt. Kirchen und Klöster wurden geplündert und sogenannten nützlichen Zwecken zugeführt; dasselbe Schicksal, wenn auch in selteneren Fällen, widerfuhr Synagogen und Moscheen. Den Geistlichen aller Bekenntnisse mit Ausnahme der Muslime wurden die bürgerlichen Rechte aberkannt, und sie wurden gewalttätigen Schikanen und Schauprozessen ausgesetzt, die für viele mit Haftstrafen und in einzelnen Fällen mit Hinrichtungen endeten. Jede religiöse Unterweisung von Kindern wurde unter Strafe gestellt und durch eine atheistische Propaganda in Schulen und Jugendorganisationen ersetzt. An die Stelle religiöser Feiertage traten kommunistische Feste.[3]

Auf diesen Angriff antwortete schon am 1. Februar 1918 der damalige Patriarch Tichon mit einem Hirtenbrief, der unmittelbar durch die am 13. Januar erfolgte Besetzung des Klosters Alexander Newskij in Petrograd ausgelöst worden war. In ihm beklagte das Oberhaupt der russisch-orthodoxen Kirche nicht nur den Hass und die Grausamkeit, die in Russland nun herrschten, er bezeichnete auch diejenigen, die sie entfesselt hatten, unmissverständlich als „Auswurf des Menschengeschlechts". Sie hätten „eine Verfolgung gegen die Wahrheit Christi begonnen und seien [...] bestrebt, das Werk Christi zu vernichten. Sie säten [...] an Stelle der christlichen Liebe die Saat der Bosheit, des Hasses und des brudermordenden Krieges."[4] Im selben Monat wird Wladimir, der Metropolit von Kiew, von betrunkenen Rotarmisten getötet.

Die Bolschewiki reagierten bereits einen Tag später mit einem Dekret, das die Grundsätze ihrer Religionspolitik enthielt und der Verbindung zwischen orthodoxer Kirche und Staat, wie sie seit der Gründung des russischen Staates bestanden hatte, ein Ende machte. Das Dekret trug den demagogischen Titel *Über die Gewissensfreiheit und über kirchliche und religiöse Vereinigungen*

3 A.a.O., S. 549.
4 A.a.O., S. 554.

und garantierte pro forma jedem Bürger das Recht, sich zu einer oder zu keiner Religion zu bekennen. Doch die Ausführungsbestimmungen zeigten, worum es tatsächlich ging: um eine historische Steigerung von politisch begründeten Verfolgungsmaßnahmen gegen eine christliche Kirche. Denn in Differenz zum revolutionären Frankreich nach 1789, „wo die Geistlichkeit nach der Verstaatlichung ihres Grundbesitzes immerhin noch ihren Unterhalt vom Staat bezog, beraubte das sowjetische Dekret die russischen Geistlichen nicht nur ihrer staatlichen Einkünfte, sondern es nahm den kirchlichen und religiösen Organen auch das Recht auf Eigentum, auch an Andachtshäusern und an den „für den Gottesdienst bestimmten Gegenständen". Zugleich verbot es den Kirchen „auch die Erhebung von Gebühren und Abgaben", was zur Folge hatte, dass die Geistlichkeit nun „ohne alle Mittel für ihren Unterhalt war".[5]

Doch auch dieses Dekret, das nichts anderes als ein als Verwaltungsakt getarnter Vernichtungsversuch gegen den organisationspolitischen Todfeind orthodoxe „Kirche" war, weil er die Seelen der Menschen besetzt hielt, die man selber zu okkupieren gedachte, um sie und damit ihre Träger für den eigenen machtpolitischen Zweck ins Totale hinein manipulieren zu können – auch dieses Dekret war, wie Richard Pipes belegt, noch steigerungsfähig:

In der Sowjet-Verfassung von 1918 wurde der Geistlichkeit in Artikel 65 das Recht aberkannt, sich an den Wahlen zu den Sowjets zu beteiligen oder eigene Kandidaten aufzustellen. […] schließlich gingen die Sowjetbehörden in der Folgezeit dazu über, das Prinzip der Trennung von Staat und Kirche so zu interpretieren, daß die Geistlichkeit nicht einmal als Organisation, das heißt als eine einzige Nationalkirche handeln konnte: Alle Versuche, zwischen den religiösen Gemeinden eine Koordination herzustellen, oder das Bekenntnis zu einer Hierarchie wurden als glaubhafter Beweis für eine konterrevolutionäre Absicht angesehen.[6]

---

5 A.a.O., S. 555.

6 Pipes, *Die Russische Revolution*, S. 555. Verwiesen sei hier auf die einschlägi-

Zu den Konsequenzen dieser Vernichtungspolitik gehörten allein in den Jahren 1918/19 weit über eintausend ermordete Gläubige, darunter hunderte Priester und Mönche und vier Bischöfe, sowie die Plünderung und Schließung fast aller Klöster, bis 1920 belief sich die Anzahl der so eliminierten geistlichen Zentren Russlands auf knapp siebenhundert. Privatkapellen oder -kirchen wurden ausnahmslos diesem Staatsvandalismus ausgeliefert und zu Versammlungsorten oder Vergnügungsstätten umfunktioniert.

Vor diesem Hintergrund und dem von der bolschewistischen Regierung betriebenen Friedensschluss mit Deutschland in Brest-Litowsk, der sehr zuungunsten Russlands ausfiel, aber den Bolschewiki freie Hand für den terroristischen Kampf gegen die politischen Gegner im Innern des Landes gab, entschied sich Patriarch Tichon, die bislang ausgeübte Strategie der Nichteinmischung in die staatliche Politik aufzugeben.

Am 26. Oktober 1918, dem ersten Jahrestag des bolschewistischen Umsturzes und knapp zwei Monate nach der offenen Proklamation des „Roten Terrors" durch das Regime, sandte er dem Rat der Volkskommissare eine Botschaft, „in der er dem kommunistischen Regime vorwarf, es habe dem Land nichts gebracht als einen demütigenden Frieden und einen brudermörderischen Krieg, habe Ströme von unschuldigem Blut vergossen, räuberische Handlungen angestiftet und die Freiheit verletzt".[7]

Am Schluss dieser Botschaft, die in den Augen Lenins und seiner Führungsgenossen eine ungeheuerliche Provokation war, hieß es unmissverständlich:

> Es ist nicht unsere Aufgabe, über die irdische Macht zu richten, [aber wir fordern Euch auf,] den Jahrestag der Machtübernahme durch die Freilassung der Verhafteten, die Einstellung des Blutvergießens, der Gewalttaten, der Zerstörung und der Beschränkungen des Glaubens

gen „Religionsartikel" der *Verfassung der Russischen Föderation* vom 12.12.1993. Sie ersetzt die sowjetische Verfassung von 1977: Hier insb. die Präambel, sowie Kap. 1, Art. 13, 1 und 2 sowie Art. 14, 1 und 2, und Kap. 2, Art. 17, Abs. 28.

7   Pipes, *Die Russische Revolution*, S. 557.

zu begehen. Wendet Euch nicht der Zerstörung zu, sondern führt Ordnung und Gesetzlichkeit ein. Gebt dem Volk die verdiente Ruhe vor dem brudermörderischen Hader, nach der es sich sehnt. Sonst wird all das gerechte Blut, das Ihr vergießt, gegen Euch Zeugnis ablegen (Lukas 11,51), und wer das Schwert nimmt, wird durch das Schwert umkommen (Matthäus 26,52).[8]

An wen sich dieser mutige Appell um die Wiederherstellung von Recht und Ordnung tatsächlich richtete, zeigt eine Anekdote über Lenin aus dem Munde Stalins, die dieser wenige Tage nach Lenins Tod im Januar 1924 auf einem „Gedenkabend der Kremlkursanten" mit dem ihm eigenen Zynismus zum Besten gab:

Ich kenne keinen anderen Revolutionär, der so schonungslos die selbstgefälligen Kritiker des ‚Chaos der Revolution' und der ‚Bacchanalien der eigenmächtigen Aktionen der Massen' zu geißeln verstand wie Lenin. Ich erinnere mich, wie Lenin während eines Gesprächs auf die Äußerung eines Genossen, daß ‚nach der Revolution die normale Ordnung wiederhergestellt werden muß', sarkastisch bemerkte: ‚Es ist schlimm, wenn Menschen, die Revolutionäre sein wollen, vergessen, daß die normalste Ordnung in der Geschichte die Ordnung der Revolution ist.'[9]

Von solcher Prämisse aus war es geradezu logisch, wenn der terroristische Politiker Lenin dem Patriarchen Russlands und allen, die es ebenfalls wissen wollten und sollten, im selben historischen Moment, da seine Politik vom Oberhaupt der orthodoxen Kirche ebenso scharf kritisiert wie dramatisch beklagt wurde, eine ganz andere Bilanz vorlegte.

Unter der scheinsachlichen Überschrift *Die Hauptaufgabe unserer Tage* rechnete Lenin am 12. März 1918 in der Regierungszeitung „Iswestija" mit den Kritikern nicht nur des Friedens von Brest-Litowsk innerhalb und außerhalb der Partei ab. Er lieferte mit seinem Text quasi auch noch gleich das geschichtspolitische Deutungs-Dogma zum Ereignis „Oktoberrevolution" schlecht-

---

8 Ebd.

9 Quelle konnte nicht ermittelt werden.

hin. Sakrosankt wie jede maßgebliche und unmaßgebliche Äußerung des ersten sowjetischen Diktators, vor allem nach seinem Tode, blieb es gültig bis zum Ende der Sowjetunion im Jahre 1991:

> Rußland hat die schärfsten Wendungen der Geschichte, die vom Imperialismus zur kommunistischen Revolution führt, besonders deutlich beobachten, besonders schwer und qualvoll durchleben müssen. Wir haben in wenigen Tagen eine der ältesten, mächtigsten, barbarischsten und bestialischsten Monarchien zerstört. Wir haben in wenigen Monaten eine Reihe von Etappen des Paktierertums mit der Bourgeoisie, der Überwindung der kleinbürgerlichen Illusionen zurückgelegt, wozu andere Länder Jahrzehnte brauchten. Wir haben nach dem Sturz der Bourgeoisie im Laufe von einigen Wochen ihren offenen Widerstand im Bürgerkrieg gebrochen. Der Bolschewismus hat einen Triumphzug durch das ganze gewaltige Land zurückgelegt. Wir haben die untersten der vom Zarismus und der Bourgeoisie unterdrückten Schichten der werktätigen Massen zur Freiheit und zum selbständigen Leben emporgehoben. Wir haben die Sowjetrepublik geschaffen, einen neuen Staatstypus, der unermeßlich höher und demokratischer ist als die bürgerlich-parlamentarischen Republiken. Wir haben die Diktatur des Proletariats, das von der armen Bauernschaft unterstützt wird, errichtet, und haben ein weitgehend geplantes System sozialistischer Umgestaltung in Angriff genommen.[10]

In diesem System war für Glaube und Religion, für Christen und Kirchen, nicht nur kein Platz vorgesehen oder gar einzuräumen. Vielmehr war der Platz, den sie im gekaperten Staat einnahmen, vor allem aber in den Seelen der Gläubigen, radikal zu räumen. Das konnte allerdings nur die überraschen, die nicht wussten, wer Lenin war und wie er dachte, auch und vor allem in Fragen der Religion.[11]

---

10 Quelle konnte nicht ermittelt werden.

11 Vgl. dazu auch: Thomas Bremer, *Kreuz und Kreml. Geschichte der orthodoxen Kirche in Russland.* Freiburg 2007, und Kathrin Behrens, *Die russische orthodoxe Kirche: Segen für die „neuen Zaren"? Religion und Politik im postsowjetischen Russland (1991–2000),* Paderborn 2002.

Schon in seinem Aufsatz „Sozialismus und Religion", den die Zeitschrift „Nowaja Shisn", „Neues Leben", am 3. Dezember 1905 veröffentlicht, bezeichnet Lenin die Religion als „eine Art geistigen Fusels, in dem die Sklaven des Kapitals ihr Menschenantlitz und ihre Ansprüche auf ein halbwegs menschenwürdiges Leben ersäufen", und die „ökonomische Sklaverei" als die „wahre Quelle der religiösen Verdummung der Menschheit", um in der Pseudo-Logik dieser geistesgeschichtlich wie religionsphilosophisch vollkommen abwegigen Denunziation die „vollständige Trennung der Kirche vom Staat" zu fordern, weil Religion nichts als eine Privatsache sei. Er fordert dies nicht zuletzt ausgerechnet auch von jenen Priestern, die sich zu diesem Zeitpunkt durchaus kritisch gegenüber der absolutistischen Monarchie verhalten. Wie immer rhetorisch, demagogisch und höhnisch zugleich setzt er ihnen, den scheinbar Verbündeten, unmissverständlich die Pistole auf die Brust, wenn er schreibt:

> Entweder ihr seid aufrichtig – dann müßt ihr für die völlige Trennung der Kirche vom Staat und Schule von der Kirche, für die uneingeschränkte und vorbehaltlose Erklärung der Religion zur Privatsache sein. Oder ihr akzeptiert diese konsequenten Forderungen nach Freiheit nicht – dann seid ihr also immer noch in den Überlieferungen der Inquisition befangen, dann klebt ihr also noch immer an den Staatspöstchen und Staatspfründen, dann glaubt ihr also nicht an die geistige Kraft eurer Waffe und laßt euch nach wie vor von der Staatsmacht bestechen – und dann erklären euch die klassenbewußten Arbeiter ganz Rußlands den schonungslosen Krieg.[12]

Acht Jahre später, in einem Brief vom November 1913 aus dem Krakauer Exil an den Schriftsteller Maxim Gorki, der zu diesem Zeitpunkt auf der Insel Capri im Mittelmeer lebt, hat Lenin mit der ihm eigenen, vor Hass schäumenden Polemik auch im Privaten zu Protokoll gegeben, was er von Gott, Religion, Priestern und Kirche in Russland wie auf der ganzen Welt hielt:

---

12 Quelle konnte nicht ermittelt werden.

Die Gottsucherei unterscheidet sich von der Gottbildnerei oder von der Gottmacherei oder der Gottschafferei u. dgl. m. nicht um ein Tüpfelchen mehr, als sich ein gelber Teufel von einem blauen unterscheidet. Von Gottsucherei zu sprechen, nicht um gegen *alle* Teufel und Götter, gegen jede geistige Leichenschändung aufzutreten (jeder Gott ist Leichenschändung, mag es auch der allerreinste, idealste, nicht zu suchende, sondern zu erschaffende Gott sein, das ist einerlei), sondern um einen blauen Teufel einem gelben vorzuziehen, das ist hundertmal schlimmer als überhaupt nichts zu sagen. In den freiesten Ländern, in solchen Ländern, wo ein Appell an die Demokratie, an das Volk, an die Öffentlichkeit und an die Wissenschaft ganz unangebracht wäre – in solchen Ländern (Amerika, die Schweiz usw.) ist man besonders eifrig dabei, das Volk und die Arbeiter gerade mit der Idee eines reinen, vergeistigten, zu erschaffenden Gottes zu verdummen. Gerade deshalb, weil jede religiöse Idee, jede Idee von jedem Gott, selbst jedes Kokettieren mit einem Gott eine unsagbare Abscheulichkeit ist, die von der *demokratischen* Bourgeoisie besonders tolerant (und oft sogar wohlwollend) aufgenommen wird – gerade deshalb ist sie die gefährlichste Abscheulichkeit, die widerlichste ‚Seuche‘. Millionen von Sünden, Gemeinheiten, Gewalttaten und Seuchen *physischer* Art werden von der großen Menge viel leichter erkannt und sind daher viel weniger gefährlich, als die raffinierte, vergeistigte, in die prächtigen ‚ideellen‘ Gewänder gekleidete Idee von einem Gott.[13]

Nur einen Monat später erreicht Gorki, der zu diesem Zeitpunkt der Gottesidee offenbar noch immer etwas abgewinnen kann und deshalb neue Kritik daran herausfordert, ein weiterer Brief Lenins, der Gott und die Religion nun im engeren Sinne in den Kontext dessen rückt, was Lenin mit Marx unter „Klassenkampf" als dem einzigen wahren Gesetz der Geschichte versteht. In diesem zweiten Brief zum Thema heißt es komprimierter, formelhafter:

Gott ist (historisch wie im Leben) vor allem ein Komplex von Ideen, die von der dumpfen, sowohl durch die äußere Natur als auch durch

---

13 W. J. Lenin, *Briefe an Maxim Gorki 1908–1913*. Mit Einleitung und Anmerkung von L. Kamenew, Wien 1924, S. 98ff.

die Klassenunterdrückung bewirkten Niedergedrücktheit des Menschen erzeugt wurden – von Ideen, die diesen Zustand der Niedergedrücktheit festigen, die den Klassenkampf *einschläfern* [...]. Jetzt ist sowohl in Europa als auch in Rußland *jegliche*, selbst die verfeinertste, bestgemeinte Verteidigung oder Rechtfertigung der Gottesidee eine Rechtfertigung der Reaktion [...]. Nie hat die Gottesidee ‚die Persönlichkeit mit der Gesellschaft verbunden‘, sondern stets die unterdrückten Klassen durch den Glauben an die Göttlichkeit der Unterdrücker *gefesselt*.[14]

Erstmals veröffentlicht 1924, im Todesjahr Lenins, enthalten beide Briefe in massiver Form nichts anderes als die selbstproduzierte Legitimationsideologie für seinen antireligiösen Fanatismus, die es ihm nach der Machtübernahme leicht macht, nicht nur mit offener Härte, sondern auch mit bis dahin beispielloser Verschlagenheit gegen Kirche und Christentum vorzugehen.

Zunächst aber stellte das Regime Tichon nach dem Affront, in dem der Patriarch der bolschewistischen Terrorregierung sogar ein gewaltsames Ende prophezeite, wie es dem wegen seiner Greueltaten berüchtigten Zaren Iwan dem Schrecklichen Jahrhunderte zuvor tatsächlich widerfuhr, erst einmal unter Hausarrest. Drei Monate später jedoch

brachte die Sowjetpresse eine verblüffende Botschaft von ihm: ‚ein Sendschreiben, indem er die Geistlichen aufforderte, sich nicht in politische Angelegenheiten einzumischen, da es nicht Aufgabe der Kirche sei, zu einem brudermörderischen Krieg aufzurufen‘ [...]. Sie sollten ‚nichts tun, das den Verdacht der Sowjetregierung rechtfertigen könnte, [und] sich ihren Anordnungen beugen [...]‘.[15]

Dieses Sendschreiben löste vor allem in der im Anmarsch auf Moskau befindlichen Armee der Weißgardisten Desorientierung und Verbitterung aus.

Heute weiß man, was man damals nur vermuten konnte:

---

14 Lenin, *Briefe an Maxim Gorki* (s. Anm. 13).
15 Pipes, *Die Russische Revolution*, Bd. 3, S. 558.

Der Text war manipuliert worden, denn seit Öffnung der russischen Archive lässt sich, wie Richard Pipes belegt, „einwandfrei feststellen, dass Tichon seine Aufforderung zum Gehorsam gegenüber der Obrigkeit an die Bedingung geknüpft hatte: Deren Anordnungen dürften nicht ‚Glauben und Frömmigkeit […] verletzen‘."[16]

Obwohl die Kirche nach all diesen Angriffen und Manipulationen keine organisierte Gefahr mehr für das Regime darstellte und die „Neue Ökonomische Politik" zugunsten privaten Handels und mittleren Wirtschaftens eine Art Waffenstillstand auch gegenüber der Kirche nach sich zog, die als einheitliche Organisation de jure gar nicht mehr existierte, de facto aber immer noch über organisatorische Binnen-Strukturen zwischen den einzelnen religiösen Gemeinden und der Hierarchie verfügte, war es Lenin auf die Dauer offenbar unerträglich, selbst diesen Status zu akzeptieren. Im Frühjahr 1922 eröffnete er eine weitere Runde im Kirchenkampf, die aus seiner Sicht die letzte werden und mit der vollständigen Zerschlagung der orthodoxen Kirche enden sollte.

Seit 1921 wütete in Russland eine Hungersnot, in deren Folge nach offiziellen Quellen von März 1922 über 30 Millionen Menschen an der Hungergrenze lebten oder dem Hungertod entgegengingen. Die hausgemachte Katastrophe brachte eine Gruppe von staatsbürgerlich gesinnten Intellektuellen, darunter Ärzte, Schriftsteller, Agrarexperten, dazu, mit Erlaubnis der Regierung das Hilfskomitee „Pomgol" zu gründen, das sich auch um Hilfe aus dem Ausland bemühte.

In dieser Stunde der Not wollte auch Patriarch Tichon nicht zurückstehen. Er bot an, nichtgeweihte liturgische Gefäße zu spenden, die einen mehr oder weniger hohen Gehalt von Edelmetall aufwiesen. Ausgeschlossen von diesem Angebot waren geweihte Gefäße, da dies theologisch und kirchenrechtlich ein Sakrileg bedeutet hätte.

---

16 Ebd.

Doch Lenin ignorierte das Angebot Tichons, wie er auch bald, Feind jeder unkontrollierten gesellschaftlichen Privatinitiative, das Hilfskomitee auflösen und seine Mitglieder verhaften ließ. Zugleich organisierte er selbst, auf der Basis eines Vorschlags von Trotzkij, eine infame Operation zur endgültigen Zerschlagung der Kirche, vor allem ihrer moralischen Glaubwürdigkeit. Er ordnete an, dass die Kirche ihre geweihten Gefäße auszuhändigen hätte, damit sie verkauft und mit dem Ertrag den Hungernden geholfen werden könne. Lenin und Trotzkij wussten aber genau, dass dies ein unmögliches Verlangen war. Also organisierten sie über Parteikader und Parteizeitungen den Druck der „Straße" und der „Öffentlichkeit".

Die Kirche unter Patricharch Tichon durchschaute sehr schnell das falsche Spiel und bot nicht nur erneut den Verkauf der ungeweihten Gefäße an, auch eine Spendensammlung unter den Gläubigen schlug man vor. Doch genau darum ging es Lenin und Trotzkij eben nicht. Gegen innerparteiliche Kritiker und Zweifler aus dem Geheimdienst setzten sie durch, dass am 26. Februar 1922 ein Dekret veröffentlicht wurde, das alle örtlichen Sowjets verpflichtete, die entsprechenden Wertgegenstände aus den Kirchen zu beschlagnahmen und zu verkaufen. Zur Durchführung dieser Kampagne wurde eine Sonderkommission des Politbüros gebildet, Trotzkij leitete sie.

Die Kirche reagierte auf das Dekret, wie sie reagieren musste: Sie weigerte sich aber nicht nur, der Forderung nachzukommen. Tichon drohte Laien mit der Exkommunikation und Priestern mit Amtsentzug, falls sie sich an der Durchführung des Dekrets beteiligen würden. Damit wurden Tichon und seine Mitarbeiter parteiöffentlich zu „Volksfeinden", also „Konterrevolutionären", erklärt, und es brachte ihnen erneuten Hausarrest ein. Der Konflikt auf der oberen Ebene hatte allerdings auch ein Echo an der Basis: Zahlreiche Gläubige folgten den Aufrufen ihrer Priester, besetzten ihre Kirchen und verhinderten so den Abtransport der geweihten liturgischen Gegenstände. Der Widerstand regte sich an vielen Orten, auch Katholiken und Juden schützten ihre

Gotteshäuser und Kultgegenstände. In der Textilstadt Schuja, ca. 300 Kilometer nordöstlich von Moskau, war der Widerstand so groß, dass Parteifunktionäre Soldaten mit Maschinengewehren auf die Menge feuern ließ, ein halbes Dutzend Tote blieben auf dem Straßenpflaster zurück.

Angesichts dieser Entwicklung beschloss das Politbüro am 16. März 1922 in Abwesenheit von Trotzkij und Lenin, der krank war, die Aktionen vorläufig einzustellen. Drei Tage später erhielten sämtliche Provinzorganisationen der Partei die entsprechende Instruktion. Doch am selben Tag, dem 19. März 1922, ließ Lenin den Mitgliedern des Politbüros ein streng geheimes Memorandum zukommen, in dem er darlegte, wie sich der Konflikt nutzen ließe, um die Kirche endgültig zu zerschlagen. Das Dokument, das erstmals 1970 in einer russischen Emigrantenzeitschrift veröffentlicht wurde, erschien zwanzig Jahre später, im April 1990, auch in einer offiziellen sowjetischen Zeitschrift, in der „Iwestija ZK". Es belegt wie kaum ein anderes Dokument die moralische *deformation professionelle* des kommunistischen Politikers Lenin, dem keine Bösartigkeit fremd genug war, wenn es um die Vernichtung seiner Gegner oder derjenigen ging, die er dafür hielt.

Das Dokument zeigt darüber hinaus, dass Lenin der genuine Vorläufer Stalins war und die Differenz zwischen beiden allenfalls quantitativer Natur. Stalin hatte für seine Verbrechen schlicht mehr Zeit. Bereit zu jeder politischen Untat, waren beide zugleich zu jeder Hinterhältigkeit und Lüge, zu jedem Betrug, jeder Verdrehung, Fälschung und Provokation bereit, wenn die angewandte Methode nur dafür sorgte, das machtpolitisch nützliche Ziel zu erreichen.

Von den blutigen Vorfällen in der Textilstadt Schuja ausgehend, die niemand anders als die kommunistische Führung selbst provoziert hatte, forderte Lenin, dabei ungeniert Ursache und Wirkung verdrehend, hinter den Kulissen:

Die Vorfälle in Schuja sollten im Zusammenhang mit den Informationen gesehen werden, die vor kurzem von [der russischen Telegrafenagentur] Rosta an die Zeitungen gegeben wurden, daß die Schwarzen Hundert in Petersburg den Widerstand gegen die Konfiszierung von Kirchengut organisieren. In Verbindung mit dem, was wir aus dem illegalen Aufruf des Patriarchen Tichon wissen, wird sonnenklar, daß die den Schwarzen Hundert angehörenden Geistlichen unter der Führung ihres Oberen ganz gezielt den Plan verfolgten, uns gerade zu diesem Zeitpunkt eine Entscheidungsschlacht zu liefern. Dieser Plan wurde offenbar bei Geheimberatungen der einflußreichsten Gruppen der Schwarzhunderter Geistlichkeit ausgeheckt und entschlossen angenommen. Die Ereignisse in Schuja sind nur eins von vielen Zeugnissen, daß dieser Plan in die Tat umgesetzt wird.

Ich glaube, daß unser Feind hier einen kapitalen Fehler begeht, indem er versucht, uns zu einem Zeitpunkt in eine Entscheidungsschlacht zu verwickeln, der für ihn besonders hoffnungslos und besonders ungünstig ist. Für uns dagegen ist dieser Augenblick nicht nur äußerst günstig, er bietet uns zudem eine 99prozentige Chance, den Feind zu vernichten und uns selbst auf Jahrzehnte hinaus die erforderlichen Positionen zu sichern. Jetzt und nur jetzt, da es in den von der Hungersnot betroffenen Gebieten zu Kannibalismus kommt und die Wege mit Hunderten oder gar Tausenden von Leichen übersät sind, können (und müssen) wir die Beschlagnahme von [kirchlichen] Wertgegenständen mit grimmigster und erbarmungslosester Energie durchführen und dürfen bei der Unterdrückung jeglichen Widerstandes vor nichts zurückschrecken. Jetzt und nur jetzt wird die überwältigende Mehrheit der Bauern auf unserer Seite stehen oder zumindest nicht in der Lage sein, jenes Häuflein aus Schwarzhunderter Geistlichen und reaktionären städtischen Bürgern entscheidend zu unterstützen, das willens und in der Lage ist, die Politik eines militanten Widerstands gegen ein Sowjetdekret zu erproben. Wir müssen um jeden Preis die Wegnahme der Wertgegenstände aus den Kirchen auf die entschlossenste und schnellstmögliche Weise durchführen. Dadurch werden wir uns ein Kapital im Wert von mehreren Hundert Millionen Goldrubel beschaffen (vergessen wir nicht den enormen Reichtum mancher Klöster). Ohne dieses Geld ist es fast undenkbar, die allgemeine Regierungsarbeit zu leisten, den wirtschaftlichen Wiederaufbau zu bewerkstelligen und vor allem unsere Position in Genf [auf der Konferenz] zu behaupten. Wir müssen um jeden Preis dieses Kapital von mehreren Hundert Millionen (vielleicht sogar einigen Milliarden) Goldrubel in die Hand bekommen. Das läßt sich erfolgreich nur zum gegenwärtigen Zeitpunkt erreichen. Wie man die Sache auch dreht und wendet, später wird uns das nicht mehr gelingen, weil uns kein anderer Zeitpunkt als der gegenwärtige mit der verzweifelten Hungersnot eine solche Stimmung bei den breiten bäuerlichen Massen beschert, die uns ihre Sympathie oder zumindest Neutralität in dem Sinne zukommen lassen werden, daß der Sieg im Kampf um die Konfiszierung der Wertgegenstände bedingungslos und vollständig auf unserer Seite sein wird ... Deshalb bin ich zu dem eindeutigen Schluß gelangt, daß wir jetzt der Schwarzhunderter Geistlichkeit die entschlossenste und erbarmungsloseste Schlacht liefern und ihren Widerstand mit solcher Brutalität brechen müssen, daß sie es auf Jahrzehnte hinaus nicht vergessen werden [...]. Schickt eines der tatkräftigsten, intelligentesten und effizientesten Mitglieder des Allrussischen Zentralexekutivkomitees nach Schuja ... mit einer mündlichen Instruktion, die von einem Mitglied des Politbüros erteilt wird. Diese Instruktion muß die Verhaftung von möglichst vielen – mindestens ein paar Dutzend – Repräsentanten der lokalen Geistlichkeit, der lokalen Kleinbürger und der Großbourgeoisie vorsehen, die der mittelbaren oder unmittelbaren Beteiligung am gewaltsamen Widerstand gegen das Dekret des Allrussischen Exekutivkomitees über die Beschlagnahme kirchlicher Wertgegenstände verdächtig sind. Sobald das erledigt ist, soll er nach Moskau zurückkehren und vor dem gesamten Politbüro oder vor zwei seiner dazu befugten Mitglieder Bericht erstatten. Auf der Grundlage dieses Berichts erteilt das Politbüro den Justizbehörden detaillierte Anweisungen, ebenfalls in mündlicher Form, daß der Prozeß gegen die Aufständischen in Schuja, die sich einer Hilfe gegen die Hungernden widersetzen, schnellstmöglich abgewickelt werden und mit der Hinrichtung einer sehr großen Zahl der einflußreichsten und gefährlichsten Schwarzen Hundert in Schuja enden sollte, und dies nach Möglichkeit nicht nur im Hinblick auf Schuja, sondern auch auf Moskau und einige weitere Kirchenzentren. ... Je größer die Zahl der Repräsentanten der reaktionären Bourgeoisie und der reaktionären Geistlichkeit, die wir deshalb hinrichten können, desto besser.[17]

---

17 Wladimir Iljitsch Uljanow, genannt Lenin, zitiert nach: Pipes, *Die Russische Revolution*, S. 565ff.

Lenins Horrorszenario über eine Verschwörung, die es gar nicht gab, führte schon am nächsten Tag, es war der 20. März 1922, zu den von ihm vorgeschlagenen brutalen „Gegenmaßnahmen": Das Politbüro der Kommunistischen Partei Russlands, bestehend aus Trotzkij, Stalin, Kamenew und dem Sekretär Molotow, fasste den Beschluss, die Instruktion des aus Krankheitsgründen abwesenden Diktators auszuführen. Nun ging es Schlag auf Schlag:

Am 22. März beschloss die Kommission für die Verwertung von Kirchenkleinodien unter dem Vorsitz von Trotzkij, mit der Konfiszierung zu beginnen und die auf diese Weise beschafften Wertgegenstände im Ausland zu verkaufen. Dann begannen die Prozesse, und schon am 13. April berichtete die „Iswestija", dass 32 Personen unter Anklage wegen „Behinderung" der Konfiszierungsmaßnahmen stünden. In Schuja wurden drei Angeklagte zum Tode verurteilt. In anderen Orten wurden die ausgesuchten Opfer vor Revolutionstribunale gestellt und der „Konterrevolution" beschuldigt, was automatisch die Todesstrafe nach sich zog. Nach einer Information des russischen Historikers Wolkogonow befindet sich im Lenin-Archiv ein Befehl Lenins, in dem dieser anweist, ihn täglich über die Zahl der erschossenen Priester zu informieren.

In Moskau gab es in der Folgezeit 54 angeklagte Priester und Laien, die in Schauprozessen vor Tausenden Zuschauern abgeurteilt wurden, von elf ausgesprochenen Todesurteilen wurden fünf vollstreckt. Im Juni und Juli standen 86 Angeklagte in Petrograd vor Gericht, darunter Metropolit Wenjamin. Als Kronzeugen fungierten zwei abtrünnige Priester, die enge Verbindungen zur Geheimpolizei hatten. Zeugen, die zugunsten der Angeklagten aussagten, wurden anschließend verhaftet. Zwar fielen die Strafen in Petrograd offiziell auffällig milde aus, tatsächlich jedoch wurden Metropolit Wenjamin, dem man „nur" das geistliche Amt entzogen hatte, und drei weitere Angeklagte heimlich erschossen. Die anderen Hingerichteten waren Archimandrit Sergej, ein ehemaliger Duma-Abgeordneter, sowie die Professoren Nowitskij und Kowscharow.

Nach jüngsten in Russland freigegebenen Dokumenten kostete die von Lenin befohlene Terroraktion des Jahres 1922 gegen die russisch-orthodoxe Kirche über 8000 Personen das Leben. Sie wurden hingerichtet oder von der Geheimpolizei gelyncht, darunter Erzbischof Andronik von Perm, den man mit abgeschnittenen Ohren und Nase sowie ausgestochenen Augen durch die Stadt trieb und dann in den Fluss warf. Bischof Hermogen von Tobolsk wurde mit einem Stein um den Hals ebenfalls ertränkt.

Schon 1920 hatte Patriarch Tichon mitgeteilt, dass seit 1917 322 Bischöfe und Priester hingerichtet worden seien, und 1925, kurz vor seinem Tod, sagte er einem britischen Besucher, dass sich zu diesem Zeitpunkt etwa 100 Bischöfe und 10.000 Priester im Gefängnis oder Exil befänden. Flankiert wurde diese blutige Inszenierung schließlich von einem nicht weniger schaurigen Spektakel, das die trotz alledem immer noch vorhandenen religiösen Überzeugungen in der Bevölkerung öffentlich der Lächerlichkeit preisgeben sollte.

Im Dezember 1922 veranstaltete der Komsomol, die Jugendorganisation der kommunistischen Partei, in den großen Städten des Landes parodistische religiöse Feiern, von denen die sogenannte „Komsomolzenweihnacht" am bekanntesten wurde. In der Nacht des 6. Januar 1923, dem Weihnachtsfest der Orthodoxen nach dem alten Kalender, zogen Scharen von Jugendlichen mit großen Puppen durch die Straßen, um die zum selben Zeitpunkt in den Kirchen abgehaltenen Feierlichkeiten zu verspotten. Über die antireligiösen Umzüge in Moskau berichtet eine Reportage der „Iswestija":

Gottesfürchtige Moskauer Bürger konnten ein beispielloses Schauspiel erleben. Von der Sadowaja bis zum Platz der Revolution zog sich eine endlose Prozession von Göttern und heidnischen Priestern dahin ... Hier war ein gelber Buddha mit verrenkten Beinen und erteilte seinen Segen. Und der babylonische Marduk, die orthodoxe [heilige] Jungfrau, chinesische Bonzen und katholische Priester, der römische Papst in seiner gelben Tiara, der den neuen Adepten von seinem buntgeschmückten Automobil aus den Segen erteilt, ein protestantischer Pastor auf einer langen Stange ... Ein russischer Pope in seiner typischen Stola, der sich erbötig zeigt, für eine geringe Summe Geschiedene wiederzuverheiraten. Und hier sitzt ein Mönch auf einem schwarzen Sarg, der die Reliquien eines Heiligen enthält: Auch er preist seinen Krempel den gleichgültigen Käufern an. Ein jüdischer Rabbi und Kantor mit erhobenen Händen erzählt mit erschöpfter, klagender Stimme vom Popen, ‚der einen Hund hatte, der ein Stück Fleisch fraß‘. Der Rabbi zeigt mit den Händen, wie groß das Stück Fleisch war. ‚Ach, er brachte ihn um ...‘. Eine geordnete Marschgruppe junger Mädchen mit erhitzten Gesichtern zieht rasch vorbei. Aus ihren Mündern steigt gefrorener Atem auf, während man sie singen hört:

‚Wir brauchen keine Rabbis und keine Popen, schlagt die Bourgeois, hängt die Kulaken!‘[18]

Was hier, ein halbes Jahrzehnt nach dem Oktoberumsturz, von ebenso ahnungslosen wie diktatorisch verführten Jugendlichen in einem zutiefst geist- und kulturfeindlichen politischen Karneval aufgeführt wurde, hatte die zu diesem Zeitpunkt berühmteste Dichterin Russlands, Marina Zwetajewa, schon vier Jahre zuvor in einem Gedicht kritisch vorweggenommen und darin auch den diabolischen Hauptinszenator, der kein anderer als Lenin war, mit tödlicher Präzision gebannt:

Dreistigkeit schweift – ein Tatar, rot von Haaren;
Thron und Altar macht er gleich dem Staub.
Über den Brandstätten – Brüllen, Gelage
von Deserteuren, treulosen Fraun.[19]

---

18 A.a.O., S. 577f.
19 Quelle konnte nicht ermittelt werden.

3

Im November 2004, da ich mich in Russland auf die Spuren der so barbarisch verfolgten orthodoxen Kirche begebe, ist der Terror Geschichte. Nicht vergessen, aber vorbei.[20]

„Wir machen genau das, was wir seit 1000 Jahren machen", sagt Sergej Zhitenev, der 52jährige Generaldirektor des Pilgerzentrums der Moskauer Patriarchie, lächelnd, ein studierter Historiker und Pädagoge. Das Zentrum ist untergebracht im luxusfernen Hotel „Universitetskaya" am Michurinsky-Prospekt und bietet einfache Herberge der Verwaltung wie den Pilgern selbst, die nach Moskau kommen. In siebzig Jahren Sowjetmacht sei das Pilgertum nicht gestorben: „Deshalb brauchen wir auch kein Programm, kein künstliches Schema. Alles hängt von den Gläubigen selbst ab."

Das Zentrum empfängt nicht nur Pilger, es organisiert auch Pilgerreisen, vorzugsweise nach Israel, ins „Heilige Land". „Pilgerreisen", sagt der Generaldirektor, seien nach orthodoxer Auffassung „geistliche Heldentaten". Darüber hinaus suche der Pilger „die Kraft des ortsgebundenen Gebets" und arbeite zudem freiwillig mit am Erhalt der heiligen Stätten.

Die Pilgerbewegung im Land belaufe sich mittlerweile auf rund 2 Millionen Personen, auch verfüge sie seit 2001 über eine eigene Zeitschrift: „Der rechtgläubige Pilger". Von den 145 Millionen Menschen in Russland seien gut achtzig Prozent in der orthodoxen Tradition erzogen. Sogar die Präsidenten Jelzin und Putin hätten schon an Pilgerveranstaltungen teilgenommen. Jelzin habe sogar stundenlang im Gottesdienst gestanden, auch sei er zur Beichte gegangen. Als „echte Gläubige" könne man im Moment zwar nur etwa fünfzehn Prozent der Bevölkerung be-

---

20 Zur Renaissance der ROK siehe: Alexander Kyrleschew, Die russische Orthodoxie nach dem Kommunismus. Das byzantinische Erbe und die Moderne (Studien zur Kirchengeschichte und Theologie, Bd. 9), hg. v. Anna Briskina-Müller und Dagmar Heller, Herne 2014.

zeichnen, aber die Zahl steige ständig. Zu Sowjetzeiten sei es lediglich ein einziges Prozent gewesen. Besonders stark sei der Zustrom von jungen Leuten, die unter 30jährigen machten inzwischen rund vierzig Prozent der Gläubigen aus.

„Waren es früher nur wenige Männer, die in die Kirchen kamen," fährt der Generaldirektor mit verhaltenem Stolz fort, „[…] sind es heute dreißig Prozent, und die meisten, die kommen, nehmen heute an der ganzen Messe teil, viele sogar an der Beichte".

Der Generaldirektor des Pilgerzentrums weiß, wovon er spricht. Auch er ist ein Spätberufener. Vor vierzehn Jahren saß er noch zusammen mit Jelzin im Obersten Sowjet, heute glaubt er an Gott und managt für ihn. Während unseres Gesprächs gleitet geräuschlos und ununterbrochen eine Art Rosenkranz durch seine rechte Hand; es ist ein Komboskini, eine Knotenschnur, mit der das traditionelle „Herzensgebet" der russisch-orthodoxen Kirche gebetet wird und das damit die *Via cordis* der Wüstenväter wieder aufnimmt. Es soll mit seiner auf den Rhythmus des Atmens abgestimmten Wiederholung des Jesusnamens oder der Gebetsformel „Herr Jesus Christus, Sohn Gottes, erbarme dich meiner" das Zentrum des Menschen, das Herz, für die Gegenwart Gottes öffnen.

Ja, in Russland wird wieder geglaubt. An Gott. Inbrünstig und offen. An die Partei glaubt kaum einer mehr. Die Partei ist tot, Gott triumphiert: in wiedererweckten Klöstern und wiedererrichteten Kirchen, in zahllosen Gottesdiensten und wachsenden Pilgerströmen, im Ansturm auf Priesterseminare, in Staatsakten und Privatfeiern. Der neue alte Glaube, der nie ganz verschwunden war und erst recht nicht restlos vernichtet wie beabsichtigt, ist zugleich Retter einer in tiefste Seelennot geratenen Gesellschaft, die ein quälend langes Dreivierteljahrhundert im Namen von Marx, Engels, Lenin und Stalin den Menschen zum Maß aller Dinge erhob und damit auf den Platz Gottes rückte, nur um katastrophal zu scheitern.

Es ist die Seelennot einer Gesellschaft, deren ideologische Verwüstung und physische Verheerungen nicht nur in die kaum noch begreifbare Schreckens-Statistik eingegangen sind, auch Kunst und Literatur zeugen davon, wie das Tagebuch des russischen Dichters Alexander Block, wenn er unter dem 11. Juni 1919 eine frühe Genre-Szene des ebenso tristen wie zerstörerischen Alltags unter dem bolschewistischen Regime festhält:

> Was bei den Bolschewiken nicht zu leugnen ist – ihre außergewöhnlichen Fertigkeiten, Lebensformen zu tilgen und einzelne Menschen zu vernichten [...]. Das ist Fakt. Voriges Jahr in Schuwalowo hat es mich erschreckt. Aber was dieses Jahr in Lachta zu sehen ist, ist unvergleichlich krasser. Von den Einwohnern sind fast keine übrig, Datschenbewohner sind keine da. Verzagte Bauersfrauen ziehen morgens zum örtlichen Sowjet, sie sind verpflichtet, die Milch abzuliefern. Dort wird sie anscheinend verteilt [...]. In der Teestube ist, wenn auch verschämt – in einer unauffälligen Ecke –, folgende Verlautbarung ausgehängt: ‚ES IST NIEMANDEM ERLAUBT, SCHMUTZ ZU HINTERLASSEN, WEDER PHYSISCHEN NOCH MORALISCHEN. Der Leiter‘.
>
> Der Leiter ist offenbar der ehemalige Kneipier. Als ich mich erkundigte, welchem Kommissariat das geplünderte ‚Schloß‘ unterstellt sei, um welches herum alles in der üblichen Weise besudelt ist, schwieg er (oder ebenso sein Nachbar – ‚Mitglied des Sowjets‘); schließlich antwortete er unschlüssig, daß es das ‚Ministerium für Volksbildung‘ sei. Das ‚Schloß‘ trägt einen sehr komplizierten Namen – etwas wie ‚Exkursionspunkt und Naturmuseum‘ [...]. Dort müssen sie den Kindern aus den Schulen Tee zu trinken geben. Heute waren offenbar viele Schulen hergekommen, aber Tee gab es nicht, weil kein kochendes Wasser da war. [...] Die Teestube ist leer, fast ohne Tische, auch das Grammophon ist verschwunden. [...] Der Glockenturm in Olgino ist schon zugenagelt worden. An den Mauern haben sich die Inschriften vom Vorjahr erhalten, russische und deutsche. Von den zwei Ikonen, welche an die dürre Fichte geschlagen waren, ist die eine gestohlen und von der anderen – nur die Einfassung übrig. Die Heiligengesichter entweder vom Regen abgewaschen oder auch abgekratzt.[21]

---

21 Alexander Block, Ausgewählte Werke, Bd. 3 (Briefe, Tagebücher), Berlin 1978, S. 345f.

4

Was für ein Gegensatz dazu, als ich am Morgen des 17. November 2004 Sergijew-Posad erreiche. Die 40.000 Einwohner zählende Kleinstadt liegt ungefähr siebzig Kilometer nordöstlich von Moskau. Sie hat sich, in idyllischer Hügellandschaft, um das Sergius-Dreifaltigkeits-Kloster herum entwickelt, das 1337 vom Heiligen Sergius, dem asketisch gesinnten Spross eines Rostower Bojarengeschlechts, gegründet wurde. Wer hierher kommt, kommt ins Herz der russisch-orthodoxen Kirche. Hier hat im 15. Jahrhundert Andrej Rubljow gewirkt und seine berühmteste Ikone, die der „Heiligen Lebensspendenden Dreifaltigkeit" gemalt. Das einst enteignete Original hängt allerdings immer noch in der Moskauer Tretjakowgalerie. Rubljows Leben als Mönch und legendärer Ikonen-Maler wurde 1965 von Andrej Tarkowski grandios verfilmt. Er zeigt den Künstler und Mönch in der Schreckenszeit der Tatarenkriege als einen von tiefen Zweifeln zerrissenen Gläubigen angesichts der Grausamkeit um ihn herum, ohne dass der Zweifel ihn am Ende zum Ungläubigen macht.

In Sergijew-Posad steht aber auch mit knapp 90 Metern Russlands höchster Glockenturm. Hier, in den Anlagen des Klosterkomplexes, hatte der Zar eigene Gemächer, auch der letzte, Nikolaus II., der 1918 in seinem Verschleppungsort Jekaterinburg auf Befehl Lenins mit seiner ganzen Familie erschossen wurde. Im Zentrum des Klosters leuchten die fünf Zwiebeltürme der Maria-Entschlafens-Kathedrale wie die Kulissen einer unwirklichen Märchenlandschaft in den winterlichen Himmel: vier von ihnen sind tiefblau, auf ihnen prangt eine Fülle goldener Sterne, der fünfte in der Mitte scheint, goldüberströmt, in Konkurrenz zur Wintersonne treten zu wollen. Vor dem Hintergrund des frisch gefallenen Schnees heben sich die schwarzen Kutten der Mönche, Nonnen und Priester, die zahlreich zwischen den nicht weniger zahlreichen Besuchern über das Klostergelände eilen, noch schärfer ab.

Einer von ihnen, den ich treffe, ist Vater Sawwa. Ein Mönchs-Priester, der seit seinem achtzehnten Geburtstag hier lebt. Heute ist er einunddreißig. Vater Sawwa stammt aus Lipetsk in Zentralrussland. Seine Berufung zum Priester in den 80er Jahren empfindet er nach wie vor als „[...] unfassbares Geheimnis, das rasend schnell über ihn gekommen" sei „und plötzlich alles verändert" habe. Für seine Familie und die Freunde, damals eher ungläubig, sei es ein Schock gewesen, dennoch habe ihn niemand an seinem Weg hindern wollen. Heute gehe die Familie selbst in die Kirche. Nach Priesterseminar und theologischer Akademie wurde er 1998 Klostermönch, 1999 erhielt er die Mönchsweihe. Er gehört damit dem „schwarzen" Klerus an, im Unterschied zum „weißen". Vater Sawwa, bedeutet das, kann in der Hierarchie aufsteigen, die anderen dürfen „nur" heiraten, auch sie sind auf dem Klostergelände zu finden, meist erkennt man sie daran, dass sie ein Kleinkind im Wagen vor sich her durch den Schnee schieben.

Auf meine Frage, wie er das Wiedererwachen seiner Kirche einschätze, unterscheidet Vater Sawwa zwischen dem äußeren Bild dieses Prozesses, zu dem der Wiederaufbau völlig verschwundener Kirchen ebenso gehöre wie die Rückgabe beschlagnahmter und zweckentfremdeter Kloster- und Akademiegründungen sowie die fundamentale Tatsache, dass keine Verfolgung mehr stattfinde. Andererseits sei aber gerade die lange und harte Verfolgung ein Faktor, der es schwer mache, die dadurch entstandenen Lücken zu füllen:

> Die Traditionen sind versickert. Viele von denen, die neu zu uns kommen, verstehen den Kern des Glaubens nicht mehr. Der Kern ist, daß die Kirche dem Menschen hilft, zwischen gut und böse zu unterscheiden.

Was tut ein Priestermönch dafür?

> Ununterbrochenen Dienst: Gottesdienste zelebrieren, Beichte abnehmen, beten. Das Gebet ist die Hauptaufgabe. Gott öffnet die Augen im Gebet radikal, und deshalb spürt und sieht der Mönch die Tragödie der Welt viel intensiver. Sein Gebet ist Hilfe für die Welt. Die Welt existiert

nur durch die Gebete der Mönche – deshalb geht sie auch nicht unter. Aber das kann der Mönch nur, weil er sich von der Welt zurückzieht. Wenn ein Mönch zuviel Zeit und Kraft in äußere Ereignisse investiert, dann ist die notwendige Reinheit des Gebets nicht mehr gegeben.

Die Priester im heutigen Russland zelebrieren ihre Gottesdienste, ihre „himmlische Liturgie", nicht mehr vor kleinen Gemeinden, die primär aus alten Mütterchen bestehen. Die Kirchen sind voll, auch an den Tagen, da ich sie in Moskau betrete, mitten in der Woche und am hellichten Tag. Junge und Alte, Männer und Frauen, ganze Schulklassen strömen in Gotteshäuser, die einst als Kinos missbraucht wurden, als Lagerhallen, Schwimmbäder, Atheismus-Museen oder ganz verschwunden waren. Nun stehen sie wieder in alter Pracht, als ob nichts gewesen wäre. Ein Kommen und Gehen herrscht in ihnen, geduldige Schlangen vor berühmten Ikonen, Sarkophagen und Reliquienschreinen. Stundenlange liturgische Gesänge von Priestern und Nonnen, Weihrauch, warmes Licht von zahllosen Kerzen durchflutet die Gewölbe, reflektiert auf dem Gold der Wände, Säulen und Bilder, dazwischen Gläubige, die mit immer tieferen Verbeugungen das Kreuz schlagen, Gebete murmeln oder fast körperlich mit der geistlichen Kraft der Ikone verschmelzen wie jene Frau in der Neuen Kathedrale des Donskoi-Klosters. Denn die Ikone gibt nicht den subjektiven Eindruck dieser Welt wieder, sondern ist Ausdruck einer transrealen Welt. Diese transreale Welt ist in Russland zurückgekehrt in die geschichtliche, aus der sie endgültig vertrieben werden sollte.

5

Dass die Geschichte von ihm und niemandem sonst gemacht wird, wollte Lenins gelehriger Nachfolger Stalin in den 1920er Jahren auch an der Christ-Erlöser-Kathedrale demonstrieren.[22]

22 Siehe dazu Ulrich Schacht: *Wenn Gott Geschichte macht!*, in: „…wenn Gott Ge-

Die mächtige Kirche, südwestlich vom Kreml gelegen, war zwischen 1839 und 1883 aus Dankbarkeit für die Errettung Moskaus vor Napoleon gebaut worden und mit 103 Meter Kuppelhöhe das seinerzeit höchste Gebäude der Stadt. Die Grundfläche von 9.000 Quadratmetern konnte mehr als 10.000 Gläubige fassen.

Stalin befahl, wie zuvor schon so oft an anderer Stelle, den Abriss auch dieses Gotteshauses und die Errichtung eines gigantischen Sowjetpalastes von über 300 Metern Höhe. Von dort aus sollte sich schließlich eine 115 Meter hohe Lenin-Statue in den Himmel erheben und den atheistischen Triumph vollenden. Nachdem sich das einfache Abtragen der Kathedrale als zu aufwändig erwiesen hatte, wurde sie am 5. Dezember 1931 auf Befehl des Parteisekretärs Lasar Kaganowitsch, der zu dieser Zeit die meisten neuen Bauvorhaben der neuen Hauptstadt leitete, gesprengt. Ihre Ruinen mussten anschließend über ein Jahr lang abgeräumt werden. Doch bald musste das Palast-Projekt eingestellt werden, und zurück blieb eine gewaltige Baugrube, aus der für einige Jahre Moskaus größtes Schwimmbad wurde.

Mitte der 1990er Jahre, unter dem Präsidenten Boris Jelzin, dem Patriarchen Alexsij II. und dem engagierten Moskauer Oberbürgermeister Juri Lischkow begann das Wunder der Wiederauferstehung der Christ-Erlöser-Kirche. Ermöglicht durch private Spenden und staatliche Gelder, wurde die Kirche, wie so viele andere zerstörte auch, originalgetreu wiedererrichtet und im Jahre 2000 unter Anwesenheit von Staats- und Kirchenführung durch Aleksij II. geweiht. Seit den 80er Jahren hat der Patriarch seinen Amtssitz wieder im Danilow-Kloster, das in der Ära der Kommunisten u.a. auch als Gefängnis gedient hatte. Heute bewachen Kosaken das Kloster und Russlands ranghöchsten Geistlichen.

Doch der staunende Besucher stößt, wenn er dieses mächtige Gotteshaus betritt, nicht nur auf eine Kirche an diesem Platz:

schichte macht! 1989 contra 1789", GEORGIANA 1, Leipzig 2015, hg. v. Ulrich Schacht und Thomas A. Seidel, S. 15–98.

Der Abgrund der stalinschen Baugrube hat es ermöglicht, unter die Erlöser-Kirche, eine zweite, eine Art Katakombenkirche zu bauen, dazu einen Kongresssaal und ein Museum. In ihm kann man Fotografien und Dokumente zur Zerstörungsgeschichte ebenso finden wie die hybriden Baupläne und Zeichnungen des nie verwirklichten Sowjetpalastes. Aber auch Schutzhelme und Werkzeuge der Erbauer der neuen Kathedrale.

Was 60 Jahrzehnte aus Stadtbild und Bewusstsein getilgt schien, ist nach nur fünf Jahren Arbeit von Maurern, Betoniers, Marmorexperten, Architekten, Ikonenmalern und Mosaiklegern, Goldschmieden und Glockengießern in alter, ja verdoppelter Pracht ans Licht zurückgeholt worden.

Als deutschem Betrachter der seelenerhebenden Szenerie kommt einem sogleich das endlich überwundene jahrelange, unwürdige Schauspiel zu Bewusstsein, das bislang den Wieder-aufbau des Stadtschlosses im Zentrum der neuen Bundeshaupt-stadt Berlin verhindert hatte. Zwei starke Gegenbilder zur dieser Berliner Traditionsverweigerung und eine geistig-geistliche Pa-rallelität zu Moskau finden sich im vormals kommunistischen Osten Deutschlands: in Leipzig, mit einem architektonisch mo-dernen Wiederaufbau der Universitätskirche St. Pauli, die auf Befehl Walter Ulbrichts 1968 gesprengt worden war, und in Dresden, jener Stadt, in der Putin Mitte der 1980er Jahre als KGB-Offizier gewirkt hatte. Insbesondere dieses kirchenarchitektoni-sche Versöhnungsprojekt verdient besondere Würdigung. Aus (ost-)deutschem Bürgersinn ist die Frauenkirche, gegen den an-fänglichen Widerstand der Amtskirche, in alt-neuer Schönheit wieder entstanden.

Für die Wiederauferstehung der orthodoxen Kirche Russ-lands könnte es jedenfalls kein überzeugenderes Symbol geben, als die Christ-Erlöser-Kathedrale, in der sich an hohen kirchli-chen Feiertagen der Patriarch Russlands gemeinsam mit den Präsidenten Russlands in die Schar der Gläubigen zu gemeinsa-mer Feier der heiligen Liturgie versammelt. In dieser wie in den nahezu täglich neu entstehenden orthodoxen Kirchen blickt er, der dreieinige Gott, durch die Ikonen auf uns. Mit der Moskauer Christ-Erlöser-Kathedrale und all den anderen Kirchen und Klöstern in Russland beweist sich ins Unübersehbare, was Vater Sawwa aus dem Sergius-Dreifaltigkeits-Kloster am Ende unseres Gesprächs ohne Triumph, aber mit tiefer Gewissheit sagte:

> Wir müssen begreifen, daß die Geschichte von Gott geführt wird, nicht vom Menschen. Aber wie das geschieht, bleibt sein Geheimnis.

Alexander Kyrleschew

Die Kirche und die Welt in der Sozialkonzeption der Russisch-Orthodoxen Kirche
Eine notwendige Kritik[1]

Die Verabschiedung des Dokumentes, das mit „Die Grundlagen der Sozialkonzeption der Russischen Orthodoxen Kirche" betitelt ist, lässt sich nicht nur als einen der wichtigsten Beschlüsse der Bischöflichen Jubiläumssynode[2] der ROK, sondern auch als ein sehr bedeutsames Ereignis sowohl im kirchlichen als auch im gesellschaftlichen Leben Russlands betrachten. Wenn man allerdings das Prozedere dieser Verabschiedung in Betracht zieht, sollte man nicht wirklich von einer vollendeten Tatsache sprechen („jetzt hat unsere Kirche eine Sozialkonzeption"), sondern davon, dass das Konzil einen *Beginn* für ein ernstes und konkretes Nachdenken über das Verhältnis der modernen Orthodoxen Kirche zu modernen gesellschaftlichen Prozessen setzte. Es ist bekannt, dass die Konzilsmitglieder den Text dieses recht umfassenden Dokuments erst nach ihrer Ankunft in Moskau erhielten, und dass es eine wirkliche, inhaltliche Diskussion der im Text angesprochenen Themen und Probleme auf der Synode nicht gab und auch nicht geben konnte. Anschließend wurde dieser Text, der im Schoß des Kirchlichen Außenamtes, unter Geheimhaltung vor der kirchlichen und weltlichen Öffentlichkeit, ver-

---

1   Erstmals veröffentlicht in der Wochenzeitung „Russkaja mysl'" („La pensée russe", Paris) 4333–4334 (2000); erneut abgedruckt in: Alexander Kyrleschew, Wlast' Zerkwi. Publizistitscheskije statji (1994–2000), Moskwa, Media Sojus 2003, 168–182 (Anm. der Hgg.).

2   Die Bischöfliche Jubiläumssynode (auch als „das Bischöfliche Jubiläumskonzil" bekannt) fand vom 16. bis 19. August 2000 in Moskau statt (Anm. der Hgg.).

fasst worden war, in den Informationsraum ‚hineingeworfen', und zwar nur in den virtuellen[3]. Solange er nicht eine Druckgestalt angenommen, eine weite Verbreitung in der Kirche erfahren hat und der Gesellschaft vorgestellt worden ist, lässt er sich nur schwer besprechen und bewerten, kann aber auch hier im Rahmen eines kurzen Aufsatzes unmöglich dargestellt werden.

Nichtsdestotrotz hat solch eine Diskussion bereits begonnen. Sie wurde durch zwei weitere Umstände – außer den schon genannten – angestoßen. Erstens bezeichneten die Verfasser diesen ersten Versuch der Formulierung einer kirchlichen Sozialkonzeption als *Grundlagen*, was eine Weiterentwicklung und Präzisierung des Gesagten voraussetzt. Zweitens nannten sie den Text „Sozialkonzeption der *Russischen Orthodoxen Kirche*", was auf seinen lokalen (oder nationalkirchlichen) Charakter hinweist. In diesem Sinne sollte man das vom Konzil verabschiedete Dokument als eine – im guten Sinne – Provokation oder, schwächer ausgedrückt, als eine Art Vorschlag betrachten, mit dem sich die ROK an die weltweite Orthodoxie wendet: Lasst uns an der Formulierung der *orthodoxen* sozialen Lehre gemeinsam arbeiten. (Es ist wohl möglich, dass ein ähnliches Dokument in baldiger Zukunft etwa von den Synoden der Patriarchate von Konstantinopel oder Rumänien verabschiedet wird). Mit anderen Worten setzen jegliche Versuche einer Analyse der „Grundlagen" nicht einfach die Bewertung der von den Verfassern geleisteten Arbeit voraus, sondern eine konstruktive Kritik der Konzeption selbst. Gerade aus diesem Blickwinkel werden wir versuchen, die ers-

---

3   Das Original („Osnowy sozial'noj konzepzii Russkoj Prawoslawnoj Zerkwi") befindet sich auf der offiziellen Webseite des Moskauer Patriarchats: http:// www.patriarchia.ru/db/text/ 141422.html. Dt. Übersetzung: Josef Thesing und Rudolf Uertz (Hg.), Die Grundlagen der Sozialdoktrin der Russisch-Orthodoxen Kirche. Sankt Augustin 2001. Die Übersetzung des russischen Wortes „konzepzija" als „Konzeption", das in seiner Verwendung mit dem deutschen „Entwurf" oder „Aufriss" vergleichbar ist, ist in jedem Fall zutreffender als die Wiedergabe mit dem Terminus „Doktrin", der eine starke lehrmäßige Verbindlichkeit zum Ausdruck bringt (Anm. der Hgg.).

ten Eindrücke nach der Lektüre dieses Dokuments zu formulieren.

Dazu müssen zwei Fragen beantwortet werden: 1) was in der Konzeption fehlt und, dementsprechend, 2) was darin enthalten sein sollte.

1. Woran es der „Sozialkonzeption" mangelt

Die sogenannte Sozialkonzeption der Kirche ist ein Blick *aus* der Kirche heraus (bzw. aus dem *kirchlichen* Blickwinkel) auf die moderne Gesellschaft, d.h. eine Beschreibung, Analyse und Bewertung gesellschaftlicher Prozesse, die vor allem gläubige Christen (jene, die den kirchlichen „Leib" bilden), aber auch einen jeden Menschen (als ein potentielles Kirchenmitglied) betreffen. Ohne die gesellschaftlichen Prozesse beschrieben zu haben, kann man sie nicht bewerten, d.h. auch keine Phänomene hervorheben, die für das kirchliche Bewusstsein besonders bedeutsam und ‚schicksalhaft' sind. Gerade dies fehlt in den „Grundlagen". Hier fehlt das, was heute den Ausgangspunkt jeder Äußerung der Kirche bildet, die die gesellschaftlichen Probleme anspricht und dementsprechend an die Gesellschaft selbst gerichtet ist: eine Analyse des Phänomens der *Säkularisierung*, des historischen Prozesses der Trennung – bis zum endgültigen Bruch und bis zur vollkommenen Autonomie – zwischen der religiösen und der gesellschaftlichen Sphäre. Dieser Prozess stellt einen wesentlichen Aspekt der Geschichte der christlichen Gemeinschaften und daher auch der Kirchengeschichte (oder, biblisch-theologisch gesprochen, der Erlösungsgeschichte) dar.

Die Säkularisierung hat die Kirche zutiefst erschüttert, und zwar gerade auf der sozialen (institutionellen) und der sozialpsychologischen Ebene. Die Säkularisierung ist eine komplizierte, ambivalente Erscheinung, die sich offensichtlich weder aus dem weltlichen noch aus dem christlichen Blickwinkel eindeutig interpretieren lässt. Sie ist eine Art geschichtlicher Ort, an

dem die Kirche – obwohl selbst als ein verneintes und margina-
lisiertes Phänomen, eine verneinte und marginalisierte Institution – nichtsdestotrotz die Gesellschaft tangiert und diese
zwingt, eine Meinung darüber zu bilden, was die Kirche in der
Welt verkündigt und darstellt. Für eine Kirche, die von der Gesellschaft und mit einer Gesellschaft reden möchte, die ihrerseits
auf die Kirche nicht hören will oder etwas ganz anderes hört, als
diese in Wirklichkeit sagt, ist deshalb das Thema der Säkularisierung ausgesprochen nützlich.

Das Ignorieren des Themas Säkularisierung als eines Schlüs-
selthemas (vielleicht sogar eine bewusste Distanzierung davon)
hat hingegen folgendes Ergebnis: In den „Grundlagen" fehlt der
kritische Blick auf die vorsäkulare Vergangenheit christlicher
Gesellschaften, d.h. eine ehrliche Bewertung der Epoche des „Tri-
umphes des Christentums" (oder, wenn man so will, des „Tri-
umphes der Orthodoxie"),[4] jener historischen Periode, in der
die Phänomene der christlichen Kultur und der christlichen
Staaten eine soziale Realität waren. Es geht in diesem Fall nicht
darum, dass man auf verschiedene Formen des sozialen Engage-
ments der Kirche hinweist, die es in der Vergangenheit gab, sondern darum, dass man die historische Erfahrung im Lichte der
heutigen Wirklichkeit bedenkt. Der Text der „Grundlagen" de-
monstriert in diesem Fall jedoch eher eine Sehnsucht nach der
Vergangenheit (unter anderem der alttestamentlichen Vergangenheit) als einen nüchternen Blick auf die Dinge.

Damit hängt noch ein weiteres wichtiges Versäumnis zusammen: Es fehlt jegliche Selbstkritik seitens der Kirche, es fehlt
selbst die kleinste Andeutung von Buße im Hinblick auf ihre
konkreten ‚historischen Sünden' (was die Katholische Kirche
kürzlich mit Nachdruck getan hat). Die „Grundlagen" deklarie-

---

4 Anspielung auf den „Triumph der Orthodoxie", das Kirchenfest zur Erinnerung an den endgültigen Sieg der Ikonenverehrer über die Ikonoklasten im Jahr
843. Das Fest wird am ersten Sonntag der Großen (vorösterlichen) Fastenzeit
begangen (Anm. der Hgg.).

ren die „gottmenschliche Natur der Kirche" und weisen darauf hin, dass sie „noch nicht die vollkommene Gottmenschheit" sei (1.2), erklären aber in keinerlei Weise, worin diese Unvollkommenheit bestand und besteht. Die entscheidende und für die ROK zugleich unvermeidliche Perspektive der kirchlichen Selbsteinschätzung – insbesondere vor dem Hintergrund der massenhaften Kanonisierung von Neumärtyrern und Bekennern des 20. Jahrhunderts[5] – lässt sich folgendermaßen auf den Punkt bringen: das Werk und das Schicksal der Russischen Kirche unter den Bedingungen der bolschewistischen Diktatur. Diese Formulierung umfasst drei für das kirchliche Bewusstsein in Russland lebender orthodoxer Menschen besonders wichtige Themen, die nach einem kritischen und konzeptionellen Nachdenken verlangen: 1) die kommunistische Ideologie und Praxis, 2) das Phänomen des Totalitarismus und 3) das Drama der russischen Geschichte in dem zu Ende gehenden Jahrhundert. Bisher hat die Orthodoxe Kirche keine ausführliche Antwort auf die Fragen gegeben, die mit den genannten Themen zu tun haben und die heute doppelt aktuell sind, weil die kommunistische Ideologie immer noch am Leben ist (oder von recht einflussreichen politischen Kräften immer noch ausgenutzt wird), weil es in der russischen Gesellschaft immer noch keinen Konsens in der Bewertung des Totalitarismus als Phänomen des 20. Jahrhunderts gibt (der im Westen solch eine harte Verurteilung erfuhr), und weil auf die Frage nach dem Sinn des Dramas der russischen Geschichte verschiedenste und äußerst gegensätzliche Antworten gegeben werden.

Außerdem gibt es noch ein weiteres recht wichtiges Moment. Die Welt erwartet immer noch gerade von Russland – das ja zugleich Opfer und Täter ist – ein besonderes Wort über die Erfahrung des Bolschewismus, des Kommunismus und des Sozialismus. Die Welt wartet auf das *Zeugnis* über diese Form der „Pest des 20. Jahrhunderts" von denen, die sie überlebten. Und wer

---

5 Durch die Bischöfliche Jubiläumssynode im Jahr 2000 (Anm. der Hgg.).

denn sonst, wenn nicht die von den Bolschewiken verfolgte Russische Kirche kann und soll dieses Zeugnis ablegen, und zwar aus der Position jener nicht verlorenen Treue gegenüber der christlichen Wahrheit, über die sie, die Russische Kirche, so oft spricht? Andererseits muss gerade sie, die Russische Kirche, jene Erfahrung der Koexistenz und Mitarbeit der Kirche mit dem sowjetischen Regime vor der christlichen Welt bedenken und erklären – jene Erfahrung, die Metropolit Pitirim[6] in der Epoche der Perestrojka so aphoristisch und offen folgendermaßen beschrieben hat: „Wir [die Kirche und der Sowjetstaat] haben verschiedene Weltanschauungen, aber eine gemeinsame Ideologie". Das sowjetische Kapitel in der Geschichte der russischen Orthodoxie erfuhr in den „Grundlagen" leider keine Reflexion.

Ein weiteres Versäumnis der „Sozialkonzeption", die am Vorabend des 21. Jahrhunderts verabschiedet wurde, ist das Fehlen des für den heutigen kulturellen und politischen Diskurs zentralen Themas der Postmoderne. Weder der Begriff der „Moderne", noch der Begriff der „Postmoderne", noch die Frage nach ihrem gegenseitigen Verhältnis werden in den „Grundlagen" kommentiert. Dies sind jedoch die Themen des zu Ende gehenden Jahrhunderts und dementsprechend die Themen der nächsten Zukunft; um diese Themen herum verknoten sich alle modernen Probleme. Dazu gehört etwa auch die Frage danach, was mit der Gesellschaft geschieht, wenn der Prozess der Säkularisierung zu Ende ist und eine neue Phase beginnt: die Toleranz gegenüber der Religion und der Anfang (und die Blüte) der „neuen Religiosität", die zum traditionellen kirchlichen Christentum – wenn auch auf eine neue Weise – in Opposition steht. In den „Grundlagen" jedoch werden weder die soziokulturellen Aspekte der Postmoderne angesprochen, noch wird – was für solch ein Dokument absolut unverzeihlich ist – eine qualifizierte Analyse jener neuen religiösen Phänomene gegeben, die in den Katego-

6 Pitirim (Netschajew) (1926–2003), Metropolit von Wolokolamsk und Jurjev, leitete 1963–1994 den Verlag des Moskauer Patriarchats (Anm. der Hgg.).

rien der „destruktiven Tätigkeit der Sekten" und der religiösen Übergriffe auf das „kanonische Territorium" der ROK so negativ bewertet werden. (Die „Grundlagen" verwenden sogar den archaischen Begriff „Okkultismus": Die Verfasser befinden sich wohl noch im 19. bzw. am Anfang des 20. Jahrhunderts.)

Nicht weniger verwunderlich ist die Tatsache, dass im Text der „Sozialkonzeption" einer Kirche, die sich als „orthodoxe katholische[7] Ostkirche" (aus der Überschrift des Katechismus des hl. Filaret von Moskau) versteht, das Thema West-Ost fehlt. (Angesprochen wird allerdings das Thema der „Globalisierung", das ist aber eine ganz andere Frage). Dieses Thema ist für die Orthodoxie aber sowohl ein kirchliches als auch ein sozialpolitisches: Man kann es mit der Formel „christlicher Westen und/oder christlicher Osten" beschreiben. Dies ist ein altes Thema, das eine lange Geschichte hat (wie aber auch die „Moderne"). Es ist das Thema des Ökumenismus bzw. des Antiökumenismus. Im sozialpolitischen, aber eher im zivilisatorischen Sinne ist es jenes Thema, das S. Huntington mit der Formel „Kampf der Kulturen" so provokativ beschrieben hat. Als dessen wesentliches Element werden die „Glaubensformen" betrachtet (z.B. die Orthodoxie und der Islam – gegenüber dem Westen und dem westlichen Christentum). Im christlichen – kirchlichen und theologischen – Gebrauch sind die Begriffe „West" und „Ost" schon lange sehr inhaltsreich geworden (wobei ihr Inhaltsreichtum einen polemischen Charakter hat, denn es geht um ein gemeinsames „religiöses Feld"). Dies ist eine fruchtbare (oder potentiell fruchtbare) Spannung, denn die Begriffe „katholisch" und „kafolisch"[8]

---

7 Es geht um die im Russischen übliche Unterscheidung zwischen dem konfessionskundlichen Begriff „katholisch" (für „römisch-katholisch") und dem ekklesiologischen Begriff „katholisch" (als „allgemein" wie im Nizäno-Konstantinopolitanischen Glaubensbekenntnis). Diese Unterscheidung wird im Russischen durch den Ersatz von „th" durch „f" hörbar markiert (Anm. der Hgg.).

8 Vgl. die vorangehende Anm. Der Vf. möchte dem (russischen) Leser in Erinnerung rufen, dass diese Markierung im Russischen eine künstliche ist (Anm. der Hgg.).

lassen sich nicht nur als synonym bezeichnen, sondern sie sind einfach identisch, alle Unterschiede betreffen nur die Interpretation.

In dieser *Interpretation* liegt eben die Sache. Kennzeichen einer *orthodoxen* Sozialkonzeption muss eine besondere, spezifische Interpretation moderner gesellschaftlicher und kirchlicher Prozesse und Phänomene sein. Die Orthodoxie aber – wenn sie wirklich eine *weltweite* Konfession des Christentums ist (was in den „Grundlagen" unterstrichen wird) – wird zugleich einen Anspruch auf die universale Bedeutung ihrer Erfahrung und dementsprechend des Geistes erheben wollen. Sie ist darauf bedacht, sich nicht nur an die (ostchristliche) „Stadt", sondern auch an die (globale) „Welt" zu wenden. Sie kann sich nicht auf eine lokale Antwort auf die Probleme der universalen Moderne beschränken, d.h. sich in den Grenzen des „christlichen Ostens" mit all seinen spezifisch „östlichen" Problemen einschließen. Die Russische Kirche als die größte und „mächtigste" orthodoxe Kirche auf der Welt ist dazu berufen, diese Mission der universalkirchlichen Antworten auf die sogenannten Herausforderungen der Moderne auf sich zu nehmen (im Geiste der – verzeihen Sie mir die Banalität – klassischen russischen Literatur und der russischen Theologie und Religionsphilosophie). Zugleich setzen diese *orthodoxen* Antworten – allein ihrer Definition nach – eine östliche Spezifik voraus, wenn man den Osten als einen Pol der universalen [Wselenskaja] Kirche deuten soll. Dies ist zugleich sowohl der christliche und politische Osten als auch der griechische, slawische, romanische Osten, der russische, arabische und georgische Osten. Dies ist jenes „christliche Anderssein" des orthodoxen Ostens, das die „klugen Westler" so schätzen („Westler" im direkten und übertragenen Sinne des Wortes).[9] Die zu

---

9 Mit den „Westlern im übertragenen Sinne des Wortes" deutet der Vf. auf die (religions)philosophische und literarische Bewegung innerhalb der russischen Gesellschaft des 19. Jh.s hin. Mit den „Westlern" im direkten Sinne des Wortes meint der Vf. die westlichen Denker (Anm. der Hgg.).

ziehende Schlussfolgerung hinsichtlich der Versäumnisse der jetzigen Sozialkonzeption der ROK betrifft also den historischen und – verzeih mir, liberaler Leser – den geopolitischen Aspekt der vorgelegten Lehre.

Der historiosophische Teil wurde gänzlich ausgelassen. Gerade aber das Thema der *Geschichte* stellt einen weiteren (oder denselben) gemeinsamen thematischen Ort der Kirche und der modernen außerkirchlichen Gesellschaft dar. Genetisch betrachtet ist „Geschichte" ein biblischer, jüdisch-christlicher Begriff. Gerade die Juden und die Christen führten in das europäische kulturelle Lexikon die Vorstellung von der „sozialen Zeit" ein, die zugleich auch die „religiöse" Zeit sei, die „Zeit Gottes" in dieser Welt, die Gott vergisst. Christus verabsolutierte die historische Zeit, indem er seinen Nachfolgern eine fast unlösbare Aufgabe gab: die diesseitige Zeit mit der jenseitigen Ewigkeit zu verbinden und diese Verbindung aufrechtzuerhalten. In dieser Spannung und in dieser Antinomie besteht das Wesen des Evangeliums Christi. Die vom Bischofskonzil angebotene Sozialkonzeption lässt dieses „evangelische[10] Paradox" leider völlig außer Acht. Nicht weniger bedauerlich ist es, dass sie die Tradition der russischen Philosophie außer Acht lässt (es genügt, sich an das für seine Zeit brillante Buch von N. Berdjajew „Von der Berufung des Menschen. Ein Versuch der paradoxen Ethik" zu erinnern). Sie sagt nichts von jener Zweideutigkeit des Evangeliums, die – vor allem Anderen – eine *Offenheit* ist, und zwar eine Offenheit Gottes und dann auch seiner Kirche. In dieser Hinsicht ist die kirchliche Konzeption reduktionistisch. Die einzige Erklärung für diese theologische Reduktion ist die Konjunktur, die Rücksicht auf das laufende Moment, auf das Regime Putins (das noch nicht seine endgültige Gestalt angenommen hat), auf den situativ verstandenen Nutzen der Kirche (von diesem Nutzen ist im Text mehrmals die Rede).

---

10 Hier markiert „evangelisch" nicht eine Konfession, sondern die Herkunft aus dem Evangelium (Anm. der Hgg.).

Die gesamte Spezifik der sozialen Idee (oder der sozialen Wirkung) der Kirche, die gesamte Ungewöhnlichkeit ihrer irdischen Mission bzw. Position besteht darin, dass die Kirche Christi sich gleichzeitig *außerhalb* und *innerhalb* dieser Welt befindet. Diese von Gott als ein Gebot gegebene theologische Position der Kirche ist ihr einziges und mit nichts zu schlagendes ‚Ass' in „dieser Welt", d. h. in dieser Welt als Kosmos (der von Gott geschaffen und gesegnet ist) und zugleich in dieser Welt als Gesellschaft (einer gefallenen Welt, die aber von Gott gerettet wird), die der Herr und Gottmensch Jesus Christus aufsuchte. ‚Gott in der Welt' ist geschichtlich. Die Geschichte ist die Heilsgeschichte. So sieht das christliche Verständnis der sozialen Zeit aus. Eine Nichtbeachtung der Geschichte als eines theologischen Themas kommt dem Vergessen des Evangeliums gleich. Ist es notwendig zu sagen, dass das Vergessen des Evangeliums für die Kirche außerordentlich gefährlich ist?

2. Was in der Sozialkonzeption enthalten sein sollte

Der Versuch, ganz allgemein die Frage zu beantworten, was in der Sozialkonzeption der ROK fehlt, führt zu einer recht traurigen Schlussfolgerung. Alle oben genannten Versäumnisse zeugen davon, dass die „Sozialkonzeption" eigentlich konzeptlos ist. Der uns vorgelegte Text ist nur eine Beschreibung jenes Ortes, den die ROK heute im gesellschaftlich-politischen Raum Russlands innehat. Natürlich stellt die Sozialkonzeption der Kirche keine *Glaubenslehre* im eigentlichen Sinne des Wortes dar. Da diese Lehre jedoch kirchlich ist, sollte sie theologisch, d. h. aus der Glaubenslehre abgeleitet sein und dieser entsprechen. Mit anderen Worten, sie sollte dem Wesen des kirchlichen Glaubens entsprechen, sofern gerade die *Glaubensdogmen* das Leben und die Denkweise der Kirche Christi bestimmen. Daher ist die Frage ganz legitim (innerhalb des Kirchenbewusstseins): Wie ist die logische – d. h. die *theo-logische* – Verbindung zwischen der Sozialkonzeption der Kirche und ihrer Glaubenslehre beschaffen? Inwiefern entspricht die ihrem Charakter nach ‚angewandte' Lehre der Kirche von der Gesellschaft der für die Kirche wichtigsten Lehre von Gott, von der Welt und vom Menschen?

Um diese Frage zu beantworten, muss man sich eine weitere Frage stellen: Wo liegt die dogmatische Quelle der Sozialkonzeption der Orthodoxen Kirche? Die Antwort ist offensichtlich: Dies ist die Lehre von der Dreieinigkeit Gottes und die Lehre vom Gottmenschentum Christi. Die Tatsache, dass sich die Verfasser der Konzeption diesen grundlegenden Dogmen des Kirchenglaubens nicht zugewandt haben, zeugt erstens vom Verlust des dogmatischen Bewusstseins (die Dogmen hören auf, die *Prinzipien* des kirchlichen Denkens und Lebens zu sein) und zweitens von der Nichtbeachtung der praktischen Bedeutung des theologischen Denkens insgesamt wie auch der modernen orthodoxen Theologie insbesondere. (Sonst lässt sich mit nichts erklären, warum die Verfasser die einmalige Chance versäumten, der Gesellschaft über sie selbst das zu sagen, was diese gründlich vergessen hat, und zwar indem man sich einfach an die dogmatische Überlieferung und die Ergebnisse der theologischen Arbeit moderner orthodoxer Denker wendet.)

3. Theologische Begründung

Damit diese Behauptung nicht unbegründet dasteht, wenden wir uns an die kompetente Meinung eines modernen orthodoxen Theologen, nämlich Bischof Kallistos (Ware) von Diokleia:

> In ihrer Auslegung der Trinitätslehre verwenden moderne orthodoxe Theologen oft, wenn auch nicht ausschließlich, einen ‚sozialen' Zugang, indem sie den dreieinen Gott vor allem in den Begriffen der Gemeinschaft (koinonia), der interpersonalen Beziehungen und der gegenseitigen Liebe deuten. Staniloae, wenn er diesen Zugang entwickelt,
> · spricht von der ‚göttlichen Intersubjektivität', und Metropolit John (Zizioulas) von Pergamon schreibt: ‚Das Sein Gottes ist ein relationa-

les Sein; außerhalb des Begriffs der Gemeinschaft ist keine Rede vom Sein Gottes möglich'. […] Eine besondere Bedeutung dieses ‚sozialen‘ Zugangs zur Trinitätslehre besteht darin, dass er mit der Ekklesiologie und Anthropologie unmittelbar verbunden ist. Die gegenseitige Liebe des Vaters, des Sohnes und des Heiligen Geistes ist das Modell oder das Paradigma unseres Verständnisses von der Kirche, die zugleich der Leib Christi und das Bild der Heiligen Trinität ist. […] Das Dogma von der Trinität erlaubt uns ebenfalls, die wahre Bedeutung unserer eigenen Persönlichkeit zu begreifen. ‚Nur die Trinität bringt unsere Existenz als Personen zustande, – schreibt Staniloae. – Die Erlösung und die Vergöttlichung sind nichts Anderes als eine Ausweitung der Beziehungen, die zwischen den göttlichen Personen existieren, auf das Leben der bewussten Kreaturen‘. […] Laut den Worten von Vater Pawel Florenskij (die von Wladimir Losskij zitiert werden) gibt es ‚zwischen der Trinität und der Hölle keine Wahl‘. In dieser Hinsicht hat die Trinitätslehre direkte, praktische Folgen für die Soziologie und Politik. Der Glaube an den dreieinen Gott, an den Gott der gegenseitigen Beziehung und der geteilten Liebe, bewegt uns, gegen die Unterdrückung und Ausbeutung auf verschiedenen Ebenen zu kämpfen. Unser Kampf für die Menschenrechte und soziale Gerechtigkeit muss vor allem im Namen der Trinität geführt werden. Wie Nikolaj Fedorow[11] gesagt hat, ‚unser soziales Programm ist die Trinität‘.[12]

---

11 Nikolaj Fedorow (1828–1903), zu seinen Lebzeiten als „der Sokrates von Moskau“ bekannt, war russischer religiöser Philosoph, Vertreter der Futurologie, einer der Gründungsväter des russischen Kosmismus. Neben der Idee von der Überwindung des Todes besteht eine der zentralen Ideen seiner Philosophie in der Lehre von der Trinität bzw. den innertrinitarischen Beziehungen als dem Ur- und Vorbild der sozialen Harmonie, nach der die Menschheit, u.a. im Zuge der Wiederherstellung aller Verstorbenen als Lebende, streben soll. Die hinterlassenen Werke von Fedorow wurden von seinen Nachfolgern erst nach seinem Tod unter dem Gesamttitel *Die Philosophie der gemeinsamen Sache* (Filosofija obschtschego dela; engl.: The Philosophy of the Common Task) veröffentlicht. Teilweise beeinflusste er Wladimir Solowjev, der ihn als seinen Lehrer bezeichnete; von seinen Darlegungen sowie der asketischen Lebensweise war Dostojewskij angetan; mit Fedorow standen Tolstoj und Solowjew in den 1880–1890er-Jahren im ständigen Kontakt (Anm. der Hgg.).
12 Die genaue Herkunft dieses umfangreichen Zitates ließ sich nicht feststellen. Der Vf. gab folgende Aufsätze von Metr. Kallistos Ware an, die er hierfür

Wenn man das von Bischof Kallistos Gesagte weiter entwickelt, kann man behaupten, dass die christliche Konzeption des trinitarischen Gottes das *Modell* bzw. *Paradigma* nicht nur des Verständnisses von der Kirche (als einer Gemeinschaft der Gläubigen, die miteinander in einer sakramentalen Gemeinschaft stehen) darstellt, sondern auch der menschlichen Gesellschaft aus der christlichen Perspektive betrachtet. Das soziale Sein wie auch das Sein Gottes sind als Relation zu sehen; die Gesellschaft besteht aus Personen, die nach dem Ebenbild Gottes geschaffen sind. Auch wenn man zwischen dem unerschaffenen Sein Gottes und der kreatürlichen und gefallenen menschlichen Welt auf keinen Fall ein Gleichheitszeichen setzen darf, ist doch solch eine Parallele – konzeptionell gesehen, auf der Ebene der Seinsweise (dessen, was eine Person ausmacht) – nicht nur möglich, sondern auch notwendig. Sonst wäre es nicht möglich, von einem Aufstieg des Menschen zu Gott, d.h. von einem Gott-Ähnlich-Werden bzw. von einer Vergöttlichung zu reden.

Die christliche Lehre von dem Einen Gott als einer dreieinen gegenseitigen Gemeinschaft der gleichermaßen zu verehrenden Hypostasen bzw. Personen erlaubt es, sowohl einen radikalen Monismus als auch einen radikalen Pluralismus zu vermeiden. In Gott gibt es ein Anderssein (oder eine Andersartigkeit), das für das Verständnis seiner Einheit wesentlich ist. In der Trinität gibt es eine vollkommene Balance zwischen der Verschiedenartigkeit (der Hypostase nach) und dem Identisch-Sein (der Natur bzw. dem Wesen nach). Dies ist in der Tat das Paradigma der gegenseitigen Beziehung und der Gemeinschaft *Vieler* im ‚Rahmen' des Seins eines wesentlich *Einen*, der jedoch in Verschiedene aufgeteilt ist. Ist dies nicht schon die Quelle jenes gesellschaftlichen Ideals, das die Kirche der realen Gesellschaft anbieten kann und soll? Man kann die Frage stellen, warum das innergöttliche Le-

verwendete: *The Human Persons as an Icon of the Trinity*, in: Sobornost, New Series 8 (1986), 6–23; *The Trinity, Heart of Our Life*, in: James S. Cutsinger (Hg.), Reclaiming the Great Tradition. Downers Grove, Illinois 1997, 125–46 (Anm. der Hgg.).

ben, so wie es die Kirche versteht, auf die menschliche Gesellschaft übertragen werden soll. Weil sich Gott in der Person des Sohnes und im Wort Gottes vermenschlichte. Wenn man mit den Worten des Apostels Paulus spricht, ist „der erste Mensch […] von der Erde und irdisch; der zweite Mensch […] vom Himmel" (1Kor 15,47). In der Person Christi geht Gott in die Geschichte ein und bietet seine Weise der politischen Teilnahme des Menschen am Leben der Welt an. Die Kirche ist dazu berufen, diese evangeliumsgemäße Politik zu verwirklichen.

4. Die Verkündigung und die Säkularisierung

Die Folgen der Säkularisierung hinsichtlich des Gottesverständnisses sind zweierlei. Einerseits entstand und entwickelte sich ein recht säkulares, von der Kirchenlehre weit entferntes Konzept des Seins Gottes. Das ist der „Gott der Philosophen und der Gelehrten" der Neuzeit, der Gott des philosophischen Theismus und der „Gott Einsteins": ein abstraktes, weltschaffendes Prinzip oder die höchste Vernunft, die man erblicken könne, wenn man die Natur der Welt erforsche. Andererseits ist das der ausschließlich religiöse Gott: der „Gott der Gläubigen", die höchste religiöse Instanz, die über die Allmacht im individuellen Leben und auf dem Gebiet der Existenz nach dem Tode verfügt, jenseits dieser Welt. Mit anderen Worten: Gott wird nicht mehr als der personhafte Gott und dementsprechend als der im sozialen Gewebe des Lebens Anwesende gedacht, der mit der Politik, mit dem Denken, mit der Sozialethik, dem Alltag, der Gesellschaft insgesamt unmittelbar zu tun hat. So bildet die vollendete Säkularisierung die „gegebenen Umstände"[13] der christlichen Ver-

---

13 Anspielung auf die in Russland sprichwörtlich gewordene Bühnen-Formel des russischen Theatertheoretikers Konstantin Stanislawskij. Die „gegebenen Umstände" [predlagajemyje obstojatelstwa] meinen den Hintergrund und Kontext der auf der Bühne darzustellenden Handlung; außerhalb des Theaters deutet die Formel auf den gegebenen Kontext hin, dessen Veränderung nicht in

kündigung und dementsprechend der sozialen Botschaft der Kirche.

Gekommen ist die Epoche des Individualismus, der Atomisierung des gesellschaftlichen Seins des Menschen; sie ist zugleich auch die Epoche der Kollektivierung, des Zusammenrückens der Menschen in Gruppen, Klassen, Gesellschaften, in denen einzelne Gesichter nicht mehr erkennbar sind. Da die Kirche in dieser Welt eine soziale Dimension hat, betreffen diese Prozesse auch das kirchliche Bewusstsein. Einerseits ruft es den Pietismus, den religiösen Individualismus, die Versunkenheit in das eigene geistliche Leben hervor. Andererseits führt es zum Phyletismus (d.h. zur Gleichsetzung der kirchlichen Gemeinschaft mit der Nation oder der Ethnie), zum Etatismus (Rufe zur Wiedergeburt des orthodoxen Staates, zur Wiederherstellung der orthodoxen Monarchie) oder zu einem einfach etwas stolzen Bewusstsein der Zugehörigkeit zur „kleinen Herde" der Gläubigen, die sich aus der großen Gemeinschaft hervorhebt (was eine Form sektiererischen Bewusstseins darstellt). Was soll die Kirche in dieser Situation tun? Was kann sie der säkularisierten Welt und der kirchlichen Gemeinschaft, die die Folgen der Säkularisierung erlebt, sagen? Das Einzige, was ihr übrigbleibt, ist, an das christliche, theologische Verständnis der menschlichen Person zu erinnern, die vom Schöpfer so eingerichtet ist, dass ihre Existenzweise der Seinsweise des dreieinen Gottes ähnlich ist. Die Person ist das Sein-in-Gemeinschaft und zugleich eine unwiederholbare, einzigartige Einmaligkeit. Das Bild der vollkommenen Gesellschaft ist der dreieine Gott des christlichen Glaubens. Daher kann man von der Welt und vom Menschen nur dann kirchlich denken, wenn man von oben nach unten denkt, indem man von jenem Bild der Vollkommenheit ausgeht, das im Dogma von der Trinität vorgegeben ist.

„Die Person ist sozial; das Soziale ist personhaft", – so kann man die soziale Botschaft der Orthodoxen Kirche kurz formu-

---

der Macht des Handelnden steht (Anm. der Hgg.).

lieren. Indem man von dieser Behauptung ausgeht, sollte man sowohl die Theorie und die Praxis des neueuropäischen Individualismus (eines komplizierten Phänomens, das auf das personhafte Verständnis des Menschen zugeschnitten ist) als auch moderne Formen des sozialen Daseins (einschließlich „Massentechnologien") analysieren, die den Menschen nicht nur befreien, sondern auch neue Gefahren der Unterdrückung der Person sowie einer Verwandlung der Person in ein Rädchen in einem – diesmal virtuellen – Getriebe aufzeigen. Das theologische Verständnis der Person, die in sich die Gesellschaft und die kreatürliche Welt (den Faktor der Einheit) konzentriert und zugleich das Subjekt der Freiheit und der einzige wahre gesellschaftliche Wert (der Faktor des Unterschieds, der Individualität) bleibt, hat eine außerordentlich wichtige Bedeutung auch für das kirchliche Bewusstsein, für das Selbstverständnis der irdischen Kirche. Hier gibt es zwei Gesichtspunkte, einen inneren und einen äußeren.

Der innere Gesichtspunkt der *hypostatischen* Sicht Gottes und dementsprechend der Kirche (als einer sakramentalen Gemeinschaft der Personen – der göttlichen und der menschlichen) bedeutet, dass die Vergöttlichung[14] als das höchste Ziel des Christen nicht in unpersönlichen Kategorien gedacht werden darf; dass mit dem Wort „Gnade" eine Begegnung und persönliche Gemeinschaft bezeichnet ist und nicht eine magische Wahrnehmung einer gewissen höheren Macht, deren Erlangen keineswegs mit der *Ethik* der zwischenmenschlichen, interpersonellen Beziehungen (mit der Sozialethik also auch nicht) zu tun hat. Mit anderen Worten: Die Annäherung an Gott hat ein Kriterium, nämlich das christusförmige Verhältnis zu den anderen Menschen im Kontext der sozialen Bindungen. Wenn dies in der kirchlichen Gemeinschaft bewusst wird, hat die Kirche eine

---

14 Die Lehre von der Vergöttlichung (Theosis) ist in der orthodoxen Soteriologie genau so zentral wie die Rechtfertigungslehre in der lutherischen (Anm. der Hgg.).

Chance, von der säkularen Gesellschaft nicht mehr als kultische, ausschließlich religiöse Einrichtung wahrgenommen zu werden, die den einzelnen Mitgliedern der Gesellschaft die Befriedigung ihrer spezifischen religiösen Bedürfnisse gewährleistet. Die Bedeutsamkeit und die Wirksamkeit der Sozialkonzeption der Kirche hängt eigentlich unmittelbar davon ab, wie bedeutsam und wirksam das soziale Verhalten der Kirchenmitglieder für die Gesellschaft insgesamt ist. Wenn diese Theorie also nicht zugleich praktiziert wird, nützt sie nichts: Der Baum wird an seiner Frucht erkannt (Lk 6,44). Damit der Kirchenbaum in der sozialen Sphäre seine besonderen Früchte tragen kann, ist es notwendig, dass die Christen und die Kirche insgesamt ihre geistlichen Bemühungen nicht nur kultisch, nicht nur asketisch, sondern auch sozial deuten, als die Verwirklichung der einzigartigen christlichen Politik in dieser Welt, die laut dem Apostel „im Argen liegt" (1Joh 5,19).

5. Der soziale Personalismus

Der Primat der Person und dementsprechend das Verständnis der Gesellschaft als einer interpersonellen Gemeinschaft – was bedeutet das? Das bedeutet, dass die Christen eine einzelne Person – im Namen ihrer Gottebenbildlichkeit – schützen und darauf bestehen sollten, dass das soziale Dasein, die sozialen Verbindungen der Menschen die personhafte Dimension nicht verlieren. (Hier treten sie gegen den Individualismus und gegen den sozialen und politischen Totalitarismus auf). Das bedeutet, dass dort, wo die säkularen Prinzipien und Normen das menschliche Wesen als Subjekt der Freiheit und der Verantwortung (unter anderem als Subjekt der freien und verantwortungsvollen geistlichen Selbstbestimmung) deuten, dort, wo es um solch einen Typ des sozialen Daseins geht, der eine unmittelbare Teilnahme eines jeden an der gesellschaftlichen Organisation (die Ideen des „allgemeinen Wohls", der „bürgerlichen Gesellschaft", der „kulturellen Autonomie") voraussetzt, und schließlich dort, wo der absolute Wert der Person (im Gegensatz zu verschiedenen überpersönlichen Gebilden) anerkannt wird, – dort muss die Kirche das Recht des Säkularen unterstützen und behaupten. (Den Säkularismus als solchen zu bekämpfen, der schon zur Tatsache, zur Gewohnheit, zur zweiten Natur geworden ist, bedeutet, auf den Dialog mit der Welt zu verzichten).

Diese Unterstützung der Wahrheit des Säkularen bedeutet jedoch nicht ein Einverständnis mit der modernen Gottlosigkeit. Die Stimmigkeit bestimmter Elemente des säkularen Verständnisses des Menschen und der Gesellschaft muss in theologischer Perspektive betrachtet werden, d.h. in der Perspektive der geistlichen Tiefe des Lebens, das durch die irdische Existenzfrist weder quantitativ noch qualitativ begrenzt ist. Wie schon lange bemerkt, besteht das jetzige Problem nicht darin, dass „Gott tot" ist, sondern darin, dass der „Mensch stirbt". In dieser Hinsicht ist heute der neueuropäische Humanismus der Verbündete der Kirche, und zwar gegen die postmoderne Verwischung des Menschlichen, das die Züge der personhaften Identität verliert, die sich nur mit dem christlichen Konzept des dreieinen Gottes begründen lässt. (Man darf nicht vergessen, dass der Begriff der Person christlicher Herkunft ist.)

Hier ist der Dialog mit der jetzigen postsäkularen synkretistischen Religiosität unumgänglich, der Religiosität, unter deren Einfluss viele Menschen auf einen diesseitigen Empirismus verzichteten, jedoch nicht zum Christentum kamen. Dieser verwischten Religiosität sollte die Kirche das personalistische Verständnis des geistlichen Weges des Menschen gegenüberstellen, des Weges, der von der sozialen Teilhabe, von der Ethik der Beziehungen mit dem Anderen, von der Gemeinschaft mit den Anderen, mit der Gesellschaft der Anderen, nicht zu trennen ist. Hier entsteht eine in der Tat theoretische Aufgabe: die soziale Dimension des geistlichen Lebens des Christen aufzudecken und die asketische und sakramentale Praxis der Kirche mit der sozialen Praxis ihrer Mitglieder zu verbinden.

Aus dieser Perspektive betrachtet ist es naiv, auf der Notwendigkeit der religiösen Begründung der Sozialethik zu bestehen, wenn „Gott" nicht mehr den höchsten gesellschaftlichen Wert darstellt. Man sollte eher die Frage erforschen, ob es möglich ist, zu zeigen, dass Gott in der menschlichen Welt immer anwesend ist, nicht nur dort, wo sich zwei oder drei in seinem Namen versammeln,[15] sondern überall dort, wo zwei oder drei Menschen einfach zusammenkommen. Dies ist auch die Frage danach, wie die Christen von der Anwesenheit Gottes zeugen können und müssen – für diejenigen, die diese Anwesenheit nicht kennen. Dies ist die Frage nach dem sozialen Dienst der Kirche, nach der „Diakonie", ihren ethischen und geistlichen Grundlagen. Eine evangeliumsgemäße Ethik ist nicht die Ethik des Versöhnlertums und des „sozialen Jasagertums" um jeden Preis. Es ist die Ethik des Opfers, der Selbstaufopferung, die Ethik der Solidarität mit dem gekreuzigten Gottmenschen. Kann diese Ethik im Maßstab der Gesellschaft sozial bedeutsam sein?

Der Gott des Kirchenglaubens ist ‚sozial', weil er die Dreieinigkeit der göttlichen Hypostasen ist. Der soziale Charakter Gottes wird mit dem theologischen Begriff „Liebe" zum Ausdruck gebracht: Gott ist Liebe (1Joh 4,16). Die Liebe bedeutet hier nicht Sentimentalität, nicht das „Allverzeihen", nicht die mystische Verschmelzung. Die Liebe ist die „Politik" Gottes. Die Liebe ist eine politische Einstellung, d.h. die Beziehung zum Anderen und zu den Anderen, u.a. zu der „Gesellschaft" (der Anderen und zugleich der Gleichen), eine Einstellung, die sowohl das Gefühl als auch die Bereitschaft zum Vergeben und zur Selbstaufopferung – hier, in der Situation der Verurteilung zum Tode – beinhaltet. Das ist die Liebe, die der Apostel meint, das Programm des christlichen Handelns, der „kategorische Imperativ" des christlichen Glaubens und der Denkweise, der die Christen selbst, ihre „Religiosität", ihre Bereitschaft zur Askese, d.h. zur Überwindung des Gottlosen und des Säkularen in ihnen selbst,

---

15 Vgl. Mt 18,20 (Anm. der Hgg.).

immer in Frage stellt. Deswegen kann die „Sozialkonzeption" nicht nur an die für die Kirche äußeren Realien gerichtet sein. Empirisch gesehen ist die Kirche auch selbst ein „Sozium" (das von der Außenwelt übrigens mit Spannung beobachtet wird). Hier ist die Klärung der Verbindung zwischen der Ekklesiologie (die Lehre von der Kirche) und der Soziologie unumgänglich. Die Kirche ist ein Bild der Trinität. Die kirchliche Gemeinschaft ist das Bild der innergöttlichen „Gemeinschaft in Liebe", d.h. der interpersonalen Einheit in der Verschiedenheit.

Die „Sozialkonzeption" soll vor allen Dingen einen Versuch der Anwendung dieser christlichen theologischen Wahrheiten und zugleich der Prinzipien des Lebens auf die moderne soziale Realität darstellen. In gewissem Sinne hat solch ein Versuch für das kirchliche Bewusstsein eine revolutionäre Bedeutung, für das Bewusstsein, das viel zu stark auf die Askese und den religiösen Kultus fixiert ist und dem die Empathie akut fehlt, die Fähigkeit also, sich in die sozialen, politischen, kulturellen Probleme der jetzigen Welt hineinzufühlen. Kirchliche Menschen haben in der Regel immer noch Angst vor der Welt und hassen sie. Sie gehen immer noch mit ihrer Gabe zum Altar, ohne sich mit den Nächsten versöhnt zu haben, die anders leben.

Der Text der „Sozialkonzeption der ROK" macht den Eindruck einer breiten Verteidigung der korporativen Interessen der Kirche, nicht nur als einer Institution, sondern auch als der „Gemeinschaft der Gläubigen", während die zentrale Botschaft der Kirche an die moderne Welt im sozialen Personalismus bestehen sollte, der sowohl an der theologischen Sicht als auch an der authentischen geistlichen Praktik der Orthodoxie geprüft werden müsste. In der Formulierung dieses personalistischen Konzepts könnte man viele soziale Vorstellungen der Christen kritisch überdenken, die von der spurlos verschwundenen Vergangenheit geerbt wurden, und zugleich könnte man Antworten auf die ganz neuen Herausforderungen des 21. Jahrhunderts aufspüren. Natürlich ist das eine große Arbeit, die nach gesamtorthodoxer Teilnahme verlangt. Sie wurde noch nicht einmal begonnen. Das Fehlen einer sozialen und politischen Theologie in der Orthodoxie ist objektiv verzeihlich: Das 20. Jahrhundert war für eine solche Arbeit nicht förderlich. Heute sind aber die dogmatischen Voraussetzungen dazu geklärt. Wir wollen hoffen, dass die nächste Etappe der Herausarbeitung der orthodoxen Soziallehre, unter anderem in der Russischen Kirche, einen theologischen Charakter haben wird.

Alexander Kyrleschew

Säkularisierung und die postsäkulare Gesellschaft
Eine folgenreiche Analyse[1]

Seit Jahrzehnten spricht man von der sich fortsetzenden und wachsenden Säkularisierung in den historisch christlichen Gesellschaften. Bezeichnenderweise ist davon sowohl im religiösen als auch im gänzlich säkularen Milieu (u.a. im Milieu der Soziologen und anderer Gesellschaftskundlern) die Rede. Lange Zeit schien es, als gehe es einfach um ein Faktum: nolens volens, so sehen aber die objektiven historischen Prozesse aus, so sei es nun einmal. In den letzten zehn oder etwas mehr Jahren (keine sehr lange Zeit, aber für heutige Maßstäbe auch keine kurze) kamen in die Sprache der Philosophie, der Soziologie und anschließend auch in die Umgangssprache Begriffe hinein, die davon zeugen, dass mit der Säkularisierung nicht alles so einfach ist. Diese Begriffe sind vor allem: „Desäkularisierung" und „postsäkular". 1999 gab der berühmte amerikanische Soziologe Peter Berger einen Sammelband mit Beiträgen verschiedener Autoren unter dem Titel *The Desecularization of the World*[2] heraus. Zwei

---

1 Erstmals veröffentlicht in: http://www.bogoslov.ru/text/1314267.html; erneut abgedruckt in: Schisn' wo Christe: christianskaja nrawstvennost', asketitscheskoje predanie Zerkwi i wyzowy sowremennoj epochi. Materialy VI Meschdunarodnoj bogoslowskoj konferencii Russkoj Prawoslawnoj Zerkwi [Das Leben in Christus: christliche Moral, kirchliche asketische Überlieferung und die Herausforderungen der modernen Epoche. Materialien der VI. Internationalen theologischen Tagung der ROK]. Moskwa, 15–18 nojabrja 2010. Moskwa, Sinodal'naja biblejsko-bogoslowskaja komissija, 2012, 804–812 (Anm. der Hgg.).
2 Peter L. Berger (Hg.), *The Desecularization of the World. Resurgent Religion and World Politics*, Washington, DC 1999.

Jahre später führte der berühmte deutsche Philosoph Jürgen Habermas den Ausdruck „postsäkulare Gesellschaft" ein[3].

Die Einführung dieser neuen Begriffe wurde keinesfalls von dem Wunsch diktiert, jenen Status wiederherzustellen, über den die Religion in der vormodernen Epoche verfügte, den sie aber allmählich verloren hatte. Diese Begriffe zeugen von bestimmten objektiven Prozessen, die mittlerweile vor unseren Augen ablaufen. Sehr kurz (und pauschal) kann man es so zusammenfassen: Die Säkularisierung ist der Prozess der Herabstufung der Bedeutsamkeit der Religion in der Gesellschaft; die postsäkularen Prozesse sind Prozesse der Erhöhung der gesellschaftlichen Bedeutsamkeit der Religion. Die Hauptfrage, die sich in dieser Situation sowohl den religiösen Gemeinschaften als auch den Anhängern des Säkularismus stellt, besteht im Folgenden: Bedeuten diese neuesten postsäkularen Prozesse eine Rückkehr der Religion, ihre Wiederherstellung in der alten Rolle und mit den alten Rechten? Bedeuten sie sozusagen eine Revanche der Religion? Mit anderen Worten: Schafft die Desäkularisierung (die nicht nur von Soziologen, sondern von allen beobachtet werden kann, die einfach täglich Nachrichten hören oder sehen) die Säkularisierung ab? Oder ist hier von irgendetwas Anderem die Rede?

Dies ist nicht nur keine einfache, sondern auch eine außerordentlich aktuelle Frage. Denn von der Antwort auf diese Frage hängt ab, wie sowohl die Anhänger eines religiösen Glaubens als auch die Anhänger religionsloser, grundsätzlich weltlicher Ansichten sich zu erkennen geben und in der Gesellschaft handeln werden. Wir können jetzt den Säkularisierungsprozess oder die vielen ihn beschreibenden und begründenden Theorien nicht detailliert betrachten. Noch problematischer wäre der Versuch, den Inhalt der Begriffe „Desäkularisierung" und „postsäkular",

---

3 J. Habermas, *Wera i snanije*, in: Ders., Budutschtscheje tschelowetscheskoj prirody. Moskwa, 2002, 129 (dt. Original: *Die Zukunft der menschlichen Natur. Auf dem Weg zu einer liberalen Eugenik?*, Frankfurt/M. 2001).

die mit ganz verschiedenen Bedeutungen verwendet werden, zu klären. Deswegen beschränken wir uns auf eine ganz allgemeine Fragestellung (wie sie oben schon formuliert wurde).

Der Suche nach einer Antwort auf die gestellte Frage sei jedoch eine Bemerkung vorangeschickt: Die Säkularisierung als Verlust des alten, einst das Leben der Gesellschaft bestimmenden Status der Religion stellt ein prinzipiell westliches Phänomen dar, d.h., sie fand und findet im historisch christlichen Teil der Welt statt. Da aber diese westliche Welt ihren Einfluss auf viele andere (wenn nicht alle) Teile des Planeten ausbreitete, begann die Säkularisierung auch auf jene Teile einzuwirken, die von ihrer kulturell-religiösen Situation her keiner Säkularisierung ausgesetzt waren. Heute haben wir es mit dem globalen Kontext zu tun, in dem die Säkularisierungsprozesse sowie die Prozesse des Widerstands gegen die Säkularisierung gleichzeitig ablaufen. Dieser globale Kontext macht das gesamte Reden von der Säkularisierung und Desäkularisierung wesentlich komplizierter. Denn die Situationen in einzelnen Ländern und Regionen unterscheiden sich teilweise immens. Hinzu kommt aber, dass jetzt für einzelne Menschen und Gesellschaften die gesamte Welt genau so real ist wie die eigene, vertraute und verständliche, lokale Welt. Jetzt kehren wir zur Antwort auf die gestellte Frage zurück.

Die sogenannte Desäkularisierung macht die Säkularisierung als einen historischen Prozess – oder genauer: als einen der Aspekte der Geschichte zunächst des christlichen Westens und dann auch der gesamten Welt – keinesfalls zunichte. Die Säkularisierung als der Verlust der gesellschaftlichen Bedeutsamkeit der Religion ist durch mehrere Faktoren gebunden, die bisher die Dynamik der mittlerweile globalen Entwicklung der menschlichen Welt bestimmten.

Der erste Faktor: Das Aufkommen einer absolut weltlichen Sicht auf die Welt und den Menschen. Dies wurde sowohl durch die neueuropäische Philosophie als auch durch die zu Beginn der Neuzeit (16.–17. Jh.) entstandene Wissenschaft gefördert.

Laut dieser Ansicht ist die Religion grundsätzlich unvernünftig; von dieser Unvernünftigkeit profitiert die religiöse Macht wie ein Parasit, indem sie ihre eigennützigen Interessen verfolgt; in der Religion gibt es und kann es keine Wahrheit geben; die Wahrheit ist nur dem autonomen Verstand zugänglich.

Der zweite Faktor ist ganz anders beschaffen. Das ist der Kapitalismus. Die kapitalistische Methode der Haushaltsführung (unabhängig davon, was man von dem historischen Einfluss des Protestantismus auf diese hält) setzte sich als eine prinzipiell autonome Sphäre der menschlichen Handlung durch, die von keinen weltanschaulichen oder religiösen Ideen oder Werten bestimmt wird. Der Kapitalismus hat nur den einen Wert: den Gewinn. Der Kapitalismus kann die ihn natürlicherweise auszeichnende Motivierung hemmen oder einschränken, kann sie aber nicht unter fremde Kontrolle stellen. Kapitalisten können religiös sein, so wie Wissenschaftler in ihrem Privatleben religiös sein können, ihre professionelle Sicht auf die Welt und den Menschen in der Welt untersteht jedoch immer anderen Gesetzen.

Der dritte Faktor betrifft das politische System, das sich in jenen historischen christlichen Gesellschaften durchsetzte, in denen Säkularisierungsprozesse stattfanden und -finden. Richtiger wäre in diesem Fall wahrscheinlich, von bestimmten politischen Wahrheiten zu reden. Die (in Bezug auf unser Thema) erste von ihnen ist die Wahrheit von der Gewissens- und Glaubensfreiheit. Sie lautet, dass alle Fragen, die die Weltanschauung als solche und den religiösen Glauben betreffen, grundsätzlich apolitischer Natur sind, d.h. sie haben ausschließlich mit der freien Wahl der Individuen und der privaten Gemeinschaften der Individuen zu tun. Mit anderen Worten stellt die Politik (d.h. das, was einen jeden Menschen im Einzelnen und alle Menschen als Gesamtheit betrifft) ebenso eine autonome Sphäre menschlicher Handlungen dar und verfügt über eigene Gesetze, die mit keinen konkreten Vorstellungen von der Welt und dem Sinn und den Zielen des menschlichen Lebens in dieser Welt verbunden sind.

Warum ist es wichtig, mindestens diese drei Faktoren zu berücksichtigen? Damit die Säkularisierung nicht als ein rein antireligiöser Prozess empfunden wird. Die Säkularisierung gliedert sich in einen komplizierteren Prozess sozialer Differenzierung ein, d.h. in den Prozess der Absonderung verschiedener gesellschaftlicher und kultureller Sphären in den modernen Gesellschaften: der Wissenschaft, Wirtschaft, Politik, der Kultur und ihrer verschiedenen Gebiete usw., u.a. der Religion. Das wichtigste Ergebnis der Säkularisierung war nicht die Vernichtung, sondern gerade die Aussonderung der Religion (der religiösen Weltanschauung, des religiösen Lebens) und somit die Verdrängung der Religion aus den anderen ausgesonderten Sphären des gesellschaftlichen Lebens. Das war eine Verdrängung in einen gewissen speziellen religiösen Raum, dessen Absonderung eine Nichteinmischung der Religion in die anderen, ebenso als abgesondert geltenden, Sphären gewährleistet.

Gewiss, einige radikal eingestellte Ideengeber der Säkularisierung hatten eine vollständige Vernichtung der Religion zu ihrem Ziel. Insgesamt aber bedeutete die Säkularisierung nicht die Vernichtung der Religion (denn das Prinzip der Glaubensfreiheit ist für die moderne Welt grundlegend), sondern deren Ghettoisierung, d.h. deren Unschädlichmachung, damit die Religion die modernsten wissenschaftlichen, wirtschaftlichen, politischen und kulturellen Prozesse nicht stört, die sich nach ihren eigenen, autonomen Gesetzen entwickeln. Die Religion (und vor allem die christlichen Kirchen) folgte diesen Forderungen mehr oder weniger und verhältnismäßig lange, sowohl im kapitalistischen Westen als auch im sowjetischen, sozialistischen Osten der christlichen Welt. Im ersten Fall geschah es freiwillig, im zweiten Fall gezwungen, was an der Sache selbst aber nichts ändert. Das Problem besteht jedoch darin, dass es in der menschlichen (sei es in der individuellen, sei es in der sozialen) Welt nichts vollständig Abgesondertes und Autonomes gibt und auch nicht geben kann. Weder ein einzelner Mensch noch auch eine Gesellschaft lässt sich in irgendwelche autonome Bereiche teilen. Umso weniger ist es möglich, jene wissenschaftlichen, wirtschaftlichen und politischen Standards, die sich in einem dieser Bereiche durchgesetzt haben (und sei es auch der ‚entwicklungseffektivste‘, fortschrittlichste Bereich), der gesamten Welt aufzuzwingen.

An dieser Stelle möchte ich gleich darauf hinweisen, dass diese letzte Überlegung keinesfalls eine Wertung beinhaltet. Sie weist vor allem auf die Wahrhaftigkeit des Faktums sowie auf das Problem hin. Dieses Problem ist nämlich mit jenen Prozessen und Vorstellungen von diesen Prozessen unmittelbar verbunden, auf die der Terminus „Desäkularisierung" und der Ausdruck „postsäkulare Gesellschaft" verweist. Wenn wir zu der gestellten Frage zurückkehren, lässt sich sagen: Die postsäkularen Prozesse laufen nicht *gegen* die Säkularisierungsprozesse, sondern vielmehr *parallel* zu ihnen. Deshalb ist der Begriff „De-Säkularisierung" nicht ganz präzise und kann zu falschen Annahmen verleiten.

Die Säkularisierung ist dort und dann nicht rückgängig zu machen, wo und wenn die moderne Entwicklungsdynamik vorhanden ist oder die Oberhand gewinnt. Zugleich beobachten wir auch andere Prozesse, nämlich die der Rückkehr der Religion, nicht nur im Leben einzelner Menschen, sondern auch in der Gesellschaft insgesamt. Es versteht sich, dass wir in diesem Fall von den Gesellschaften sprechen, die den Prozess der Säkularisierung überlebten, d. h. vor allem von der historisch christlichen, westlichen und östlichen Welt. Zugleich reden wir auch von der Welt als solcher, d.h. vom globalen Kontext, in dem sowohl religiös schwache, säkularisierte Gesellschaften als auch religiös starke, der großflächigen Säkularisierung nicht ausgesetzte Gesellschaften miteinander vermengt und aktiv anwesend sind.

Sehr wichtig ist es, darauf zu achten, dass wir heute in einem Medienraum leben, d.h. in einem Raum, der in bedeutendem Maße von den Medien bestimmt wird. In diesem Raum wurde die Religion längst zu einem der ständig präsenten Themen auf der Tagesordnung. Dies ist einer der bedeutsamen Faktoren der Rückkehr der Religion in das gesellschaftliche Leben. Für unser Thema ist aber nicht diese Tatsache als solche wichtig, sondern das, was trotz jener wissenschaftlichen, wirtschaftlichen und politischen Standards, die die europäische Säkularisierung bestimmt haben, geschieht. Die Spezifik dieser Situation besteht darin, dass die Religion in die Gesellschaft zurückkehrt, die schon lange als prinzipiell weltlich, säkular gilt. Das würde aber bedeuten, dass die Religion dieses allgemeingültige Bild einer säkularen Gesellschaft, in der es keinen Platz für die Religion geben kann, zerstört. Die Religion kehrt *trotz* der Säkularisierung zurück. Als Ergebnis geschieht eine Art gewaltlose Revolution: Die säkulare Gesellschaft verwandelt sich – allein schon kraft entsprechender Prozesse – in eine post-säkulare Gesellschaft. So wird ein paralleler Prozess zugleich auch zu einem gegenläufigen. Heute können wir einerseits nicht prognostizieren, wo dieser Prozess in der Zukunft hinführt; andererseits lässt er sich leicht beschreiben, weil alles vor unseren Augen geschieht. Wir sind selbst Teilnehmer dieses Prozesses, selbst wenn wir darum bemüht sind, ihn zu analysieren.

Die postsäkulare Gesellschaft – eine Gesellschaft, in der die Religion eine Wiedergeburt erfährt – ist natürlich gespalten. Sie ist nicht nur in Gläubige und Ungläubige, sondern auch in Anhänger verschiedener Religionen und Glaubensvorstellungen, religiöser Traditionen und religiöser Innovationen gespalten. Dies ist keine einfache Situation, gerade weil der Standard der „Gewissens- und Glaubensfreiheit" hier nicht mehr garantiert ist. Während verschiedene religiöse Bedeutungen und Praktiken den gesellschaftlichen – d. h. *gemeinsamen* – Raum betreten, stoßen sie unvermeidlich aufeinander. Die Frage danach, wie man die Koexistenz der Menschen und ganzer Gemeinschaften mit – bis zur Gegensätzlichkeit – verschiedenen Ansichten, Glaubensrichtungen und Überzeugungen, mit unterschiedlichem Weltverständnis und mit verschiedenen Lebensweisen gewährleistet, stellt sich aufs Neue. Zugleich ist die postsäkulare Gesellschaft heute die faktische Wahrheit. Denn man kann – selbst ohne die dominierende neueuropäische Vorstellung von der Gesellschaft als der Gesamtheit der einzelnen, autonomen Individuen aufzugeben – die Struktur dieser Gesellschaft pauschalisierend als eine Gesamtheit unterschiedlicher weltanschaulicher Gruppen beschreiben, was in dem konziliar verabschiedeten Dokument „Die Grundlagen der Lehre der Russischen Orthodoxen Kirche über die Würde, die Freiheit und die Menschenrechte."[4] (IV.5) der Fall ist.

Eine Gesellschaft kann nicht einfach aus indifferenten „Atomen" – universellen Forschern, aktiven und passiven Teilnehmern am wirtschaftlichen Markt oder politischen Wählern, die ihre Wahl aus den vorliegenden Varianten treffen – bestehen. In der Gesellschaft wirken Teile oder Gruppen, die durch bestimmte Werte vereint sind, die ihrem Leben Sinn geben. Vor allem sind dies religiöse Gemeinschaften. Zu solchen Gruppen gehören natürlich auch Anhänger sogenannter humanistischer und auch atheistischer Überzeugungen. Jener Umstand, dass die Vertreter dieser Gruppen in der letzten Zeit sich immer häufiger, sowohl in Westeuropa als auch bei uns (in Russland), als eine bestimmte Gemeinschaft deklarieren, wenn sie ihre individuellen und kollektiven Rechte verteidigen, kann nur bestätigen, dass ein Begriff wie „postsäkulare Gesellschaft" angebracht ist. Denn in der „säkularen Gesellschaft" hatten sie nicht das Bedürfnis, sich zu verteidigen: Sie dominierten einfach und diktierten dementsprechend die Spielregeln. Zugleich bestimmt die Vorstellung von einer postsäkularen Gesellschaft noch nicht das gesellschaftliche Bewusstsein. In dieser postsäkularen Gesellschaft dominiert immer noch der Säkularismus. Darin bestehen die Spezifik wie auch das Paradox der Gesellschaft, in der wir leben.

---

4   Der russ. Originaltext findet sich auf der Webseite des Kirchlichen Außenamtes: https://mospat.ru/ru/documents/dignity-freedom-rights/; dt. Ausgabe: Rudolf Uertz / Lars Peter Schmidt (Hgg.), *Die Grundlagen der Lehre der Russischen Orthodoxen Kirche über die Würde, die Freiheit und die Menschenrechte.* Auslandsbüro der Konrad-Adenauer-Stiftung in Moskau, 2008 (Anm. der Hgg.).

Wenn man diese Situation aus dem Blickwinkel der kirchlichen Interessen betrachtet, muss man in den Wertungen maximale Vorsicht an den Tag legen. Denn es entstehen hier zwei Versuchungen: entweder dem Säkularismus den letzten Kampf zu erklären, um diesen endgültig zu besiegen, denn die Situation ist, wie ich meine, günstig; oder im Gegenteil sich von den momentanen und wenig verständlichen postsäkularen Prozessen abzuwenden und hartnäckig fortzufahren, von der „wachsenden Säkularisierung" zu reden. Beide Ansätze sind extrem, und beide ignorieren die Realität. Der „königliche Weg", den die Kirche in ihrem historischen Wandel immer gegangen ist, sollte, wie wir meinen, anders sein. Man sollte sowohl den fortlaufenden Prozess der Säkularisierung als auch den parallelen und dem Sinn nach ihr entgegenlaufenden Prozess der De-säkularisierung (der Terminus kann durchaus nützlich sein) berücksichtigen. Man sollte auch berücksichtigen, dass diese Prozesse in dem sogenannten globalen Kontext und in den lokalen Kontexten, d.h. in einzelnen Ländern und kulturellen Regionen, doch sehr unterschiedlich verlaufen.

Wir können einige Prinzipien der säkularen (religionslosen) Ordnung der Gesellschaft nicht nur deshalb nicht ablehnen, weil dies der realen historischen Dynamik widerspräche, sondern auch weil diese Prinzipien heute für das Gemeinwohl konkreter Gesellschaften real arbeiten und daher einen bestimmten Aspekt des Wohls aller und eines jeden widerspiegeln und zum Ausdruck bringen. Dieser Zugang entspricht der historischen Erfahrung der Kirche, die *über* allen historischen Situationen steht und schon immer ihren erlösenden Dienst unter allen möglichen Umständen „dieser Welt" tat. Wir können aber dennoch auch nicht zustimmen, dass diese säkularen Prinzipien die vollständige Fülle der menschlichen – individuellen und sozialen – Erfahrung ausdrücken, einfach weil die Erfahrung der Kirche die Erfahrung einzelner historischer Epochen und Kulturen, privater Weltanschauungen und gesellschaftlicher Utopien übersteigt, hauptsächlich aber weil die Kirche die Aufmerksamkeit eines jeden Menschen und der gesamten Gesellschaft auf etwas lenkt, was die Erfahrung der diesseitigen, sowohl der individuellen als auch der sozialen Existenz übersteigt. In diesem Sinne betrachtet sie auch die soziale Existenz des Menschen aus dem Blickwinkel der Ewigkeit, d. h., sie trennt nicht das Gesellschaftliche vom Privaten, Individuellen. Die Kirche erinnert daran, dass der Mensch – vor Gott – für alles verantwortlich ist.

Deshalb ist die „postsäkulare Gesellschaft" für die Kirche nicht eine Möglichkeit, sich zu revanchieren, sondern sie ist einfach eine weitere Variante der durch die Geschichte dieser Welt angebotenen Umstände des Lebens und Dienens. Dies ist die *historische* Situation, die hilft, der Welt das kirchliche Verständnis der Welt zu erklären, die zugleich aber die Verkündigung eher schwieriger als einfacher macht. Denn die heutige Rückkehr der Religion bedeutet die Rückkehr aller möglichen Religionen und auch Pseudoreligionen, sowohl im lokalen als auch im globalen Maßstab.

Fazit

Man sollte die Säkularisierung nicht mit Absicht bekämpfen, denn sie hat ihr antireligiöses Pathos schon verloren und äußert sich eher in der gesamten Ordnung des politischen und wirtschaftlichen Lebens. Man sollte aber den Exzessen des aggressiven Säkularismus widerstehen, der immer noch bestrebt ist, die Religion aus der Gesellschaft zu verdrängen und nur den Anhängern nichtreligiöser Überzeugungen Legitimität zu bescheinigen. Zugleich sollte man nicht zu viel Hoffnung auf die De-säkularisierung setzen und denken, dass in der neuen postsäkularen Epoche etwa irgendeine lokale Theokratie, die wir aus der Geschichte kennen, möglich sein wird. Denn die vorhandenen (die iranische und talibanische) Theokratien prägen natürlich die globale Postsäkularität, haben jedoch mit der Evolution und dem jetzigen Zustand der historisch christlichen Welt nichts zu tun.

Die postsäkulare Gesellschaft ist eine lebendige, sich wandelnde und grundsätzlich problematische Gesellschaft. Sie stellt die Kirche in die Situation eines vielversprechenden, aber keines einfachen Dialogs, der eine Vielfalt verschiedener gesellschaftlich bedeutsamer Probleme tangiert. Für die Kirche ist dies eine positive Situation. Zugleich ist dies eine Situation, die für die Kirche eine neue Herausforderung darstellt. Die Kirche, die nicht nur auf die ewige Bedeutung der Worte des Erlösers hofft, dass die Pforten der Hölle sie nicht überwältigen werden,[5] sondern sich auch am Leben der Gesellschaft aktiv beteiligt, kann diese Herausforderung nicht ignorieren – nicht nur weil dies ihrer eigenen zweitausendjährigen Geschichte entspricht, sondern hauptsächlich weil darin der eigentliche Sinn ihres irdischen Dienstes besteht –, nach den Worten des Apostels Paulus: „Ich bin allen alles geworden, damit ich auf alle Weise einige rette" (1Kor 9,22).

---

5 Vgl. Mt 16,18 (Anm. der Hgg.).

Anhang

Personenregister

Die Autoren

Thibaut de Champris, geb. 1962 in Paris, ist ein französischer Deutschland-Forscher und -Journalist sowie (nichtbeamteter) Kulturdiplomat mit Schwerpunkt Deutschland. Studium des Völkerrechts und der Germanistik in Paris, ab 1986 Mitarbeiter von Prof. Joseph Rovan, Historiker und Wegbereiter der deutsch-französischen Annäherung. 1993–2002 Chefredakteur der mit Rovan gegr. Lettre d'Allemagne (wöchentlicher Nachrichtendienst über Deutschlands Wirtschaft und Politik), 2004–2008 Gesandter der Republik Frankreich in Thüringen (Staatskanzlei, Erfurt), 2012–2017 Direktor des Institut Français in Mainz. Arbeitet z.Zt. am Projekt „Zentrum Altes Reich und Gegenwart" und an der Endredaktion eines Buches, in dem die Traditionslinien vom römischdeutschen Reich zum Deutschland des Grundgesetzes herausgestellt werden, er ist seit 1992 verheiratet und hat fünf Kinder, die z.T. in Deutschland leben und studieren; Thüringen liegt ihm weiterhin am Herzen, bspw. durch seine Mitwirkung im Stiftungsrat der Stiftung christliche Collegiate (SCC).

Udo Di Fabio, Prof. Dr. Dr. Dr. h.c., geb. 1954 in Walsum, verheiratet, 4 Kinder, wohnhaft in Bonn; 1970–1980 Kommunalverwaltungsbeamter bei der Stadt Dinslaken; 1982 Erstes Juristisches Staatsexamen; 1985 Zweites Juristisches Staatsexamen; 1985–1986 Richter beim Sozialgericht Duisburg; 1987 Promotion Rechtswissenschaften; 1990 Promotion Sozialwissenschaften; 1993 Habilitation Rechtswissenschaften an der Universität Bonn; 1993–2003 Professuren an den Universitäten Münster, Trier, München; 1999–2011 Richter des Bundesverfassungsgerichts; seit 2003 an der Universität Bonn; seit 2006 Mitglied der Nordrhein-Westfälischen Akademie der Wissenschaften und Künste; seit 2017 Direktor des Forschungskollegs normative Gesellschaftsgrundlagen (FnG) in Bonn.

Veröffentlichungen (Auswahl): Die Weimarer Verfassung (2018); Herrschaft und Gesellschaft (2018); Weltwirkung der Reformation (2017); Grundrechtsgeltung in digitalen Systemen (2016); Schwankender Westen (2015); Wachsende Wirtschaft und steuernder Staat (2010); Gewissen, Glaube, Religion (2. Aufl. 2009); Die Kultur der Freiheit (2005); Die Staatsrechtslehre und der Staat (2003); Das Recht offener Staaten. Grundlinien einer Staats- und Rechtstheorie (1998); Risikoentscheidungen im Rechtsstaat (Habilitation Rechtswissenschaften 1994); Offener Diskurs und geschlossene Systeme (Promotion Sozialwissenschaften 1990); Rechtsschutz im parlamentarischen Untersuchungsverfahren (Promotion Rechtswissenschaften 1987).

Wilfried Härle, Prof. Dr. Dr. h.c., ist emeritierter evangelischer Hochschullehrer für Systematische Theologie, Vortragsreisender und Autor zahlreicher allgemeinverständlicher Werke, geboren 1941 in Heilbronn am Neckar, aufgewachsen in Hof an der Saale und Nürnberg, Studium der Evangelischen Theologie in Heidelberg und Erlangen, Promotion in Bochum (1969), Habilitation in Kiel (1973), Dozentur für Philosophie an der Theologischen Fakultät in Groningen/NL (1977–78), Professuren für Theologiegeschichte und Systematische Theologie in Marburg (1978–1995) sowie für Systematische Theologie/Ethik in Heidelberg (1995–2008). 1992–2010 Mitglied und von 1998–2010 Vorsitzender der Kammer für Öffentliche Verantwortung der Evangelischen Kirche in Deutschland. 2002–2005 Mitglied der Enquetekommission des Deutschen Bundestages für Ethik und Recht der modernen Medizin. In den letzten Jahren vor allem beschäftigt mit Fragen der Medizinethik und des (christlichen) Menschenbildes, bes. der Menschenwürde, sowie mit der Lehre von der Kirche und dem heutigen Reden von Gott.

Veröffentlichungen (Auswahl): Dogmatik, Berlin/Boston (1995) 2018⁵; Ethik, Berlin/New York (2011) 2018²; Menschsein in Beziehungen. Studien zur Rechtfertigungslehre und Anthropologie, Tübingen 2005; Spurensuche nach Gott. Studien zur Fundamentaltheologie und Gotteslehre, Berlin/New York 2008; Würde. Groß vom Menschen denken, München 2010, (jetzt als E-book); Warum Gott? Für Menschen, die

mehr wissen wollen, Leipzig (2013) 2019³; „… und hätten ihn gern gefunden". Gott auf der Spur, Leipzig 2017; Von Christus beauftragt. Ein
biblisches Plädoyer für Ordination und Priesterweihe von Frauen,
Leipzig/Paderborn 2017; Worauf es ankommt. Ein Katechismus, Leipzig 2018, sowie Religionsunterricht unter pluralistischen Bedingungen. Ein kritische Analyse des Hamburger Modells, Leipzig 2019.

Benjamin Hasselhorn, deutscher Historiker und evangelischer
Theologe, geboren am 9. Mai 1986 in Göttingen, 2004–2008 Studium der Geschichte, evangelischen Theologie und Erziehungs-
wissenschaften in Göttingen und Mainz, 2008–2011 Promotion
in Systematischer Theologie an der Humboldt-Universität zu
Berlin über die Politische Theologie Wilhelms II., 2011–2014 Promotion in Mittlerer und Neuerer Geschichte an der Universität
Passau über den deutschbaltischen Historiker Johannes Haller,
2014–2019 wissenschaftlicher Mitarbeiter der Stiftung Lutherge-
denkstätten in Sachsen-Anhalt und 2017 Kurator der Nationalen
Sonderausstellung „Luther! 95 Schätze – 95 Menschen" in Wittenberg, seit April 2019 Akademischer Rat a.Z. am Lehrstuhl für
Neueste Geschichte der Julius-Maximilians-Universität Würzburg.

Veröffentlichungen (Auswahl): Politische Theologie Wilhelms II.
(Quellen und Forschungen zur Brandenburgischen und Preußischen
Geschichte 44), Berlin 2012; Johannes Haller. Eine politische Gelehr-
tenbiographie (Schriftenreihe der Historischen Kommission bei der
Bayerischen Akademie der Wissenschaften 93), Göttingen 2015; Das
Ende des Luthertums?, Leipzig 2017; Königstod. 1918 und das Ende der
Monarchie in Deutschland, Leipzig 2018; Tatsache! Die Wahrheit über
Luthers Thesenanschlag [gemeinsam mit Mirko Gutjahr], Leipzig
2018. Als Herausgeber/Bearbeiter: Johannes Haller (1865–1947). Briefe
eines Historikers [nach Vorarbeiten von Christian Kleinert] (Deutsche
Geschichtsquellen des 19. und 20. Jahrhunderts 71), München 2014;
Luther vermitteln. Reformationsgeschichte zwischen Historisierung
und Aktualisierung, Leipzig 2016; Luther! 95 Schätze – 95 Menschen.
Begleitbuch zur Nationalen Sonderausstellung in Wittenberg, München 2017 [Konzeption und Redaktion: Mirko Gutjahr, Benjamin Hasselhorn, Catherine Nichols und Katja Schneider]; Vom Olymp zum

Boulevard. Die europäischen Monarchien 1815 bis heute – Verlierer der Geschichte? [gemeinsam mit Marc von Knorring] (Forschungen der Prinz-Albert-Gesellschaft, Neue Folge 1), Berlin 2018.

Sebastian Kleinschmidt, Dr. phil., deutscher Redakteur und Publizist, geboren am 16. Mai 1948 in Schwerin als Sohn des religiös-sozialistischen Pfarrers und Predigers am Schweriner Dom, Karl Kleinschmidt; 1966 Abitur mit Berufsausbildung als Elektrosignalschlosser, anschließend vier Jahre Funker bei der DDR-Volksmarine; 1970–72 Studium der Geschichte an der Karl-Marx-Universität Leipzig, danach bis 1974 Philosophie an der Humboldt-Universität zu Berlin, Promotion 1978; wiss. Mitarbeiter am Zentralinstitut für Literaturgeschichte der Akademie der Wissenschaften der DDR 1978–83; 1984–87 Redakteur, 1988–1990 stellv. Chefredakteur, 1991–2013 Chefredakteur der Zeitschrift Sinn und Form; Mitglied des PEN-Zentrums Deutschland; lebt als Herausgeber und Essayist in Berlin.

Veröffentlichungen (Auswahl): Walter Benjamin, Allegorien kultureller Erfahrung. Ausgewählte Schriften 1920–1940, Leipzig 1984 (Hg.), Georg Lukács, Über die Vernunft in der Kultur. Ausgewählte Schriften 1909–1969, Leipzig 1985 (Hg.), Walter Benjamin. Beroliniana, Berlin 1987 (Hg.), Stimme und Spiegel. Fünf Jahrzehnte Sinn und Form. Eine Auswahl. Berlin 1998 (Hg.), Pathosallergie und Ironiekonjunktur, Zürich 2001, Gegenüberglück. Essays Berlin 2008, Das Angesicht der Erde. Brechts Ästhetik der Natur. Berlin 2009 (Hg.), Requiem für einen Hund. Ein Gespräch (zusammen mit Daniel Kehlmann), Hamburg 2010, Botho Strauß, Allein mit allen. Gedankenbuch. München 2014 (Hg.), Spiegelungen. Berlin 2018, Hohe Himmel, weite Wasser. Landschaft in und um Ahrenshoop. Warmbronn 2018

Alexander Kyrleschew, geb. 1957 in Moskau, studierte Theologie am Moskauer Priesterseminar in Sagorsk/Sergiew Possad (Abschluss 1985) und arbeitete bis 1990 beim „Schurnal Moskowskoj Patriarchii", der Zeitschrift des Moskauer Patriarchats. Nach der Perestrojka verzeichnet seine Laufbahn sowohl kirchliche als auch an der Schnittstelle zwischen Kirche und Gesellschaft liegende journalistische und akademische Stationen. Derzeit ist er wissenschaftlicher Mitarbeiter der Synodalen biblisch-theologischen Kommission der Russischen Orthodoxen Kirche des Moskauer Patriarchats wie auch deren ordentliches Mitglied, wissenschaftlicher Mitarbeiter der Gesamtkirchlichen Aspirantur der hll. Kyrill und Method der ROK und Redakteur der religionswissenschaftlichen Zeitschrift „Gosudarstwo, religija, Zerkow' w Rossii i sa rubeschom" (Staat, Religion und Kirche in Russland und im Ausland) an der Russischen Akademie der Volkswirtschaft und des Staatsdienstes.

Veröffentlichungen: Verwiesen sei hier auf den Band: Alexander Kyrleschew, *Die russische Orthodoxie nach dem Kommunismus. Das byzantinische Erbe und die Moderne* (Studien zur Kirchengeschichte und Theologie, Bd. 9), hg.v. Anna Briskina-Müller und Dagmar Heller, Herne 2014, der eine Vielzahl bemerkenswerter Beiträge des Autors Kyrleschew enthält; siehe: https://gabrieleschaeferverlag.de/

Hildigund Neubert, verheiratet, vier Kinder, geb. 1960, Abitur 1979 in Erfurt, 1979–84 in Weimar Studium der Musik im Hauptfach Gesang, 1984–87 Engagement im Chor des Nationaltheaters Weimar, 1987–97 Familienarbeit, 1997–2003 Mitarbeiterin im Bürgerbüro e.V. – Verein zur Aufarbeitung der SED-Diktatur, 2003–2013 Landesbeauftragte für die Stasiunterlagen und für die Aufarbeitung der SED-Diktatur in Thüringen, 2013–2014 Staatssekretärin für Europafragen in der Thüringer Staatskanzlei. In den frühen 1980er Jahren engagiert in der ESG Weimar, vor allem im Friedenskreis und in einer Basisgruppe für den konziliaren Prozess, 1989 von Anfang an Mitglied Demokratischer Aufbruch, 1990–1994 engagiert im Komitee Freies Baltikum, seit 1996 CDU-Mitglied, auch im Evangelischen Arbeitskreis der CDU, Vorsitzende des Bürgerbüro e.V. – Verein zur Aufarbeitungder SED-Diktatur, stellv. Vorsitzende der Konrad-Adenauer-Stiftung e.V.

Heinrich Oberreuter, Prof. Dr. Dr. h.c., deutscher Politikwissenschaftler und Historiker, geboren am 21.09.1942 in Breslau, ist Direktor des Instituts für Journalistenausbildung in Passau, war 1968–1978 Wissenschaftlicher Mitarbeiter und wissenschaftlicher Assistent am Geschwister-Scholl-Institut der Universität München, 1978–1980 Professor für Politikwissenschaft am Otto-Suhr-Institut der Freien Universität Berlin und bis 2010 an der Universität Passau, in den Jahren von 1991–1993 war er Gründungsdekan für Geistes- und Sozialwissenschaften an der Technischen Universität Dresden, 1993–2011 Direktor der Akademie für Politische Bildung in Tutzing, bis zu seiner Emeritierung im September 2010 war er zugleich Ordinarius für Politikwissenschaft an der Universität Passau (seit 1980), seit 2012 hat er die Leitung der Redaktion der 8. Auflage des Staatslexikons der Görres-Gesellschaft inne.

Veröffentlichungen (Auswahl): Parlamentsreform in Bund und Ländern. Eine Dokumentation. Bonn 1970; Politische Bildung. Grundlagen und Zielprojektionen für den Unterricht an Schulen. Hg. mit Dietrich Grosser, Manfred Hättich, Bernhard Sutor. Stuttgart ³1976; Parlament und Regierung. Hg. mit E. Hübner. Weinheim 1976; Kann der Parlamentarismus überleben? Bund – Länder – Europa. Zürich 1977 (²1978); Notstand und Demokratie. Vom monarchischen Obrigkeits- zum demokratischen Rechtsstaat. München 1978; Übermacht der Medien. Erstickt die demokratische Kommunikation? Zürich/Osnabrück 1982; Europa und die Europäische Gemeinschaft. Hg. mit Walter Fürnrohr u.a. München 1982; Parteien zwischen Nestwärme und Funktionskälte. Zürich/Osnabrück 1983 (²1984); Stimmungsdemokratie. Strömungen im politischen Bewusstsein. Zürich/Osnabrück 1987; Politische Umwälzung in Europa – Auswirkung auf die deutsche Politik. München 1990; Wendezeiten. Zeitgeschichte als Prägekraft politischer Kultur. München 2010; Republikanische Demokratie. Der Verfassungsstaat im Wandel. Baden-Baden 2012; Herausgaben: Freiheitliches Verfassungsdenken und Politische Bildung. Stuttgart 1980; Deutschlands Weg in die Diktatur. Mit Martin Broszat u.a. Berlin 1983; Parteien in Deutschland zwischen Kontinuität und Wandel. München 1992; Politik – Bildung – Religion. Hans Maier zum 65. Geburtstag, hg. mit Paul Mikat und Theo Stammen. Paderborn: Schöning 1996; Weichenstellung für Deutschland. Der Verfassungskonvent von Herrenchiemsee. Hg. mit Peter März. München 1999; Aufbau und Leistung des Parlamentarismus in den neuen Bundesländern. Hg. mit Christine Lieberknecht. Darmstadt 2001; Deutschlands Rolle in der Welt des 21. Jahrhunderts. Baden-Baden 2009; Macht und Ohnmacht der Parlamente. Baden-Baden 2013.

Friedemann Richert, deutscher Theologe und evangelischer Dekan der Landeskirche in Württemberg, geboren am 30. Juli 1959 in Wilhermsdorf/Bayern, aufgewachsen in Neuhof an der Zenn und Veitsbronn; im Jahre 1980 absolvierte er das Abitur am humanistischen Heinrich-Schliemann-Gymnasium in Fürth/Bayern, in den Jahren 1981–1987 studierte er evangelische Theologie in Erlangen und Tübingen, 1988–1991 war er Vikar in der Evangelisch-Lutherischen Landeskirche in Bayern in München und in Neufahrn bei Freising, seit 1991 ist er Pfarrer in der württembergischen Landeskirche, 1999–2011 war er geschäftsführender Pfarrer an der Johanneskirche in Sindelfingen, wo er zugleich als Feuerwehrseelsorger im Ehrenrang eines Brandmeisters tätig war, seit Oktober 2011 ist er Dekan des evangelischen Kirchenbezirks Künzelsau, 2000 promovierte er zum Dr. theol. bei Prof. Dr. Joachim Track an der Augustana, Theologische Hochschule der Evangelisch-Lutherischen Kirche in Bayern mit der Dissertation: Der endlose Weg der Utopie.

Veröffentlichungen (Auswahl): Bücher: Der endlose Weg der Utopie, 2001; Denken und Führen. Ethik für unsere Gesellschaft, 2006; Kleine Geistesgeschichte des Lachens, 2. Auflage 2011, als Hörbuch 2010 erschienen; Platon und Christus. Antike Wurzeln des Neuen Testaments, 3. Auflage 2014; Über das Gute oder Warum Platon recht hat und die Neuzeit sich irrt; Aufsätze: Erwägungen zur Eschatologie, in: Deutsches Pfarrerblatt, Heft 11, Nov. 2001; Neuer Wein in alten Schläuchen – Zur Wiederkehr der Utopie, in: Theologie im Plural, Hg.: Karl F. Grimmer, Frankfurt/Main 2001; Das Normale und die Gesundheit, in: Deutsches Pfarrerblatt, Heft 3, März 2002; Zur Verabschiedung Utopias, in: Erwägung Wissen Ethik: EWE, (Universität Paderborn) Hg.: Frank Benseler, Bettina Blanck, Reinhard Keil-Slawik, Werner Loh,

Heft 3, 2005; Rechtfertigung und Leben. Eine kirchliche Handlungs-maxime, in: Quo vadis Kirche, Joachim Track zum 65. Geburtstag, Hg.: Susanne und Peter Munzert, Stuttgart 2005; Lachende Vernunft, in: Beat Sitter-Liver (Hg.), Utopie heute, Band 2, Fribourg/Freiburg, Schweiz 2007; Transzendierende Komik, in: Deutsches Pfarrerblatt, Heft 5, Mai 2008; Lachen, Artikel in: Dr. B. Reiters Lexikon des philo-sophischen Alltags, Bd.: Zustände: von Asozial bis Zurechnungsfähig-keit, Stuttgart 2017; Radiobeitrag: Wer sorgt sich um die Seele, Was säkulare Therapeuten nicht leisten können. Deutschlandfunk Kultur, Beitrag im Politischen Feuilleton vom 11. März 2013.

Ulrich Schacht, deutscher Schriftsteller und Journalist, geboren am 9. März 1951 im Frauengefängnis Hoheneck, Stollberg/Erzge-birge, wo seine Mutter inhaftiert war, aufgewachsen in Wismar, 1968/69 Lehre als Bäcker und Konditor sowie Diakonisches Praktikum, 1970–73 Studium der Ev. Theologie in Rostock und Erfurt, 1973 in der DDR wegen „staatsfeindlicher Hetze" zu sie-ben Jahren Freiheitsentzug verurteilt, 1976 in die BRD entlassen, 1977–1998 wohnhaft in Hamburg, dort Studium der Politikwis-senschaften und Philosophie, 1984–1998 Feuilleton-Redakteur, Leitender Redakteur, Chefreporter bei „Die Welt" und „Welt am Sonntag", seit 1998 freischaffender Autor und Publizist in Schweden, Förslöv, Mitglied des PEN, 1987 Mitbegründer der Ev. Bruderschaft St. Georgs-Orden, seit Gründung der Bruderschaft in der Funktion des Großkomturs; verstorben am 16. September 2018.

Veröffentlichungen (Auswahl): Lyrik: Traumgefahr, Pfullingen 1981; Scherbenspur, Zürich 1983; Lanzen im Eis, Stuttgart 1990; Bell Island im Eismeer, Berlin/ Hörby (Schweden) 2011; Platon denkt ein Gedicht, Berlin/Hörby (Schweden) 2015; Prosa: Brandenburgische Konzerte. Erzählungen, Stuttgart 1989; Verrat. Die Welt hat sich gedreht. Erzäh-lungen, Berlin 2001; Vereister Sommer. Auf der Suche nach meinem russischen Vater, Berlin 2011; Kleine Paradiese. Erzählungen, Berlin 2013; Grimsey. Novelle, Berlin 2015; Notre Dame. Roman, Berlin 2017. Essays: Über Schnee und Geschichte. Notate 1983–2011, Berlin 2012; Gewissen ist Macht, München 1992. Herausgaben: „… wenn Gott Ge-schichte macht!" 1989 contra 1789. GEORGIANA 1 (zusammen mit

Thomas A. Seidel) Leipzig 2015, Maria. Evangelisch (zusammen mit Thomas A. Seidel), Leipzig 2011; Die selbstbewusste Nation (zusammen mit Heimo Schwilk), Berlin 1994; Hohenecker Protokolle. Aussagen zur Geschichte der politischen Verfolgung von Frauen in der DDR, Zürich 1984.

Thomas A. Seidel, Dr. theol., deutscher evangelischer Theologe und Historiker, geboren am 15. September 1958 in Neukirchen/Sa., Berufsausbildung zum Elektromonteur, 1979–85 Studium der Ev. Theologie am Theologischen Seminar (ab 1991 Kirchliche Hochschule) Leipzig, 1986–88 Vikariat, 1988 Ordination, ab 1988 Gemeindepfarrer, 1990–2007 Geschäftsführer des Kuratoriums Schloss Ettersburg e.V. bei Weimar, 1994 Studienleiter für Geschichte und Politik, 1996–2005 Direktor der Ev. Akademie Thüringen, Neudietendorf, 1999–2010 Mitglied im Beirat der Stiftung zur Aufarbeitung der SED-Diktatur, 2002 Promotion bei Kurt Nowak an der Universität Leipzig, 2005–2010 Beauftragter der Ev. Kirchen bei Landtag und Landesregierung in Thüringen, seit 1998 Vorsitzender der Gesellschaft für Thüringische Kirchengeschichte e.V., seit 2007 Geschäftsführender Vorstand der Internationalen Martin Luther Stiftung, 2010–2017 Reformationsbeauftragter der Thüringer Landesregierung, seit 2015 Vorstandsvorsitzender der Stiftung christliche Collegiate (SCC), seit dem 1. November 2018 Leiter der Diakonen-Ausbildung im Diakonischen Bildungsinstitut Johannes Falk (dbi) Eisenach/Erfurt, 2004–2019 Spiritual, seit dem 27. April 2019 Großkomtur der Ev. Bruderschaft St. Georgs-Orden.

Veröffentlichungen (Auswahl): Vernichtung durch Fortschritt, am Beispiel der Raketenproduktion im Konzentrationslager Mittelbau, Berlin/Bonn 1995; Die unverkrampfte Nation, Sammelband mit Beiträgen von Roman Herzog, Joachim Gauck, Bernhard Vogel, Hildegard Hamm-Brücher u.a., Jena 1996 (Hg.); Versteinertes Gedenken. Das Buchenwalder Mahnmal von 1958 (zusammen mit Volkhard Knigge und Jürgen Maria Pietsch) Leipzig 1997; Im Übergang der Diktaturen. Eine Untersuchung zur kirchlichen Neuordnung in Thüringen 1945–

1951, Stuttgart 2003 (Dissertation); Luther Brevier. Worte für jeden Tag, Deutsch/Englisch, Weimar 2007; Maria. Evangelisch. (zusammen mit Ulrich Schacht) Leipzig 2011; Unterwegs zu Luther. (zusammen mit Heinz Stade), Weimar/Eisenach 2010; Das evangelische Pfarrhaus. Mythos und Wirklichkeit. (zusammen mit Christopher Spehr) Leipzig 2013; EVANGELISCH? 95 Antworten – 95 Porträts (zusammen mit Jürgen Maria Pietsch) Holzgerlingen 2015; „… wenn Gott Geschichte macht!" 1989 contra 1789, GEORGIANA 1 (zusammen mit Ulrich Schacht) Leipzig 2015; Eine Insel im roten Meer. Erinnerungen an das Theologische Seminar Leipzig. (zusammen mit Wolfgang Ratzmann) Leipzig 2017; Tod, wo ist dein Stachel? Todesfurcht und Lebenslust im Christentum, GEORGIANA 2 (zusammen mit Ulrich Schacht) Leipzig 2017; Thüringen. Lutherland – Rückblicke. Einblicke. Ausblicke. (zusammen mit Heinz Stade) Weimar/Leipzig 2018; Reformation heute (5 Bände, zusammen mit Bernd Oberdorfer und Stefan Rhein [Hg.] Leipzig 2014–2018; Die Reformationsdekade „Luther 2017" in Thüringen. Dokumentation, Reflexion. Perspektive. (zusammen mit Annette Seemann und Thomas Wurzel) Leipzig 2018.

Kurze Geschichte der Evangelischen Bruderschaft St. Georgs-Orden (St. GO)

*„Die Restauration der Kirche kommt gewiss
aus einer Art neuen Mönchtums,
das mit dem alten nur die Kompromisslosigkeit
eines Lebens nach der Bergpredigt
in der Nachfolge Christi gemeinsam hat.
Ich glaube, es ist an der Zeit,
hierfür die Menschen zu sammeln."*

Dietrich Bonhoeffer,
in einem Brief vom 14.1.1935

Die Evangelische Bruderschaft St. Georgs-Orden wurde im Frühjahr 1987 auf der dänischen Ostseeinsel Falster auf einem Hof in Marielyst gegründet. Die Gründungsmitglieder, zu denen neben Ulrich Schacht der Pfarrer Peter Voss und Jürgen K. Hultenreich zählen, stammten in der Mehrheit aus der damals noch existierenden zweiten deutschen Diktatur. Sie kannten sich zum Teil aus der Jugendarbeit der Evangelisch-Lutherischen Landeskirche Mecklenburgs, hatten ausnahmslos im Widerstand zu den politischen Verhältnissen des SED-Staats gestanden, waren in unterschiedlicher Weise politischer Verfolgung ausgesetzt gewesen und aus diesem Grunde in den Westen Deutschlands ausgereist oder im Zuge des Freikaufs politischer Häftlinge dorthin gelangt. Zu den Erfahrungen in der Bundesrepublik der 70er- und 80er-Jahre gehörte ein Kirchenalltag vor Ort, der sich in nahezu allen Zeitfragen primär linksliberal bis linksradikal konnotiert äußerte und nicht bereit war, von seinen kritiklos vorgetragenen Sozialismus-Hoffnungen durch vermittelte Erfahrungen mit dem „real existierenden Sozialismus" abzulassen oder auch nur hinzuhören. Das bewirkte Entfremdungen, die dazu führten, dass sich die Gründungsmitglieder der Bruderschaft entschlossen, sozusagen auf neutralem, in diesem Falle dänisch-lutherischem Boden, christliche Gemeinschaftsformen zu entwickeln und zu praktizieren, die an ihre Erfahrungen in und mit der Kirche in der SED-Diktatur anschlossen. Zugleich nahmen sie ältere Traditionen streitbarer christlicher Gemeinschaft wie des Deutschen Ordens oder der Bekennenden Kirche der NS-Zeit auf.

Mit der Friedlichen Revolution 1989/90, dem Fall der Mauer und dem Zusammenbruch des SED-Staats veränderten sich die Rahmenbedingungen für die Entwicklung der Bruderschaft grundlegend. Bis dahin hatte sie sich nach einem symbolischen Ort in Mecklenburg benannt und als „geistig-geistliche Gemeinschaft ritterlicher Tradition" definiert. Mit Hilfe früherer kirchlicher Verbindungen kehrte sie nun nach (Ost-)Deutschland zurück und nahm Quartier auf einem Pfarrhof in Mecklenburg, dem ein Rüstzeitheim der Jugendarbeit angeschlossen war. Bald darauf trat sie in Verhandlungen mit dem Oberkirchenrat der Evangelisch-Lutherischen Landeskirche Mecklenburgs, um den kirchenrechtlichen und kirchenorganisatorischen Status der Bruderschaft innerhalb der Landeskirche abzusichern. Die Verhandlungen – u.a. auch auf Bischofsebene – führten zu zweierlei Ergebnissen: Der endgültige Ordensname *Evangelische Bruderschaft St. Georgs-Orden* wurde gefunden, anknüpfend an das Patrozinium einer der Hauptkirchen Wismars, der Heimatstadt des Ordensgründers. Außerdem konnten die Ordensverfassung und die Ordensregeln im brüderlichen Gespräch weiterentwickelt und gebilligt werden. Auf diesem Wege wurden das Selbstverständnis der Bruderschaft und ihr missionarischer Auftrag als biblisch gegründet, bekenntnisgemäß orientiert und als gemeindepraktisch legitim anerkannt. Neue, neugierige Mitglieder, sowohl aus der „alten" Bundesrepublik, aber vor allem auch jüngere Brüder, die ausnahmslos aus den Reihen der DDR-Dissidenten kamen und zu Kritikern einer unkritischen „Kirche im Sozialismus in der DDR" zählten, näherten sich der Bruderschaft an. In diese Phase fielen auch weitere Verhandlungen zu einer festen Übernahme eines mittlerweile vakant gewordenen Pfarrhofes, die aber nicht erfolgreich abgeschlossen werden konnten. In der Folge verließ die Bruderschaft Haus und Gelände und schlug vorübergehend ihr Quartier in Berlin-Mitte auf (*Gedenkbibliothek zu Ehren der Opfer des Kommunismus,* unmittelbar neben der Nikolaikirche), suchte aber zugleich nach einer längerfristigen Alternative für eine konkrete lokale, landeskirchliche Beheimatung.

Nach Kontaktaufnahme mit dem vormaligen Direktor der Evangelischen Akademie Thüringen im Zinzendorfhaus Neudietendorf, Dr. Thomas A. Seidel, entschied sich die Leitung der Bruderschaft zu einem Neustart ihrer Arbeit mit Schwerpunktsetzung im Bereich *intellektueller* Basisarbeit und *geistig-geistlicher* Missionstätigkeit in Thüringen. In diesem Zusammenhang fand vom 26. bis 28. April 2002 das I. *Neudietendorfer Gespräch zur geistigen Situation der Zeit* statt. Das Generalthema lautete: *Gottlos, Wertlos, Sinnlos? Die Krise der materialistischen Gesellschaften des Westens und die Antwort des Christentums.* Die Tagung, eingebettet wie alle weiteren *Neudietendorfer Gespräche* in die regulären Konvente der Bruderschaft, geriet zu einem als Gottesgeschenk dankbar wahrgenommenen, ermutigenden Erfolg.

Zu weiteren Erfahrungen dieser Art gehörte auch das gemeinsam mit der Evangelischen Akademie Thüringen und der Stiftung Aufarbeitung der SED-Diktatur veranstaltete IV. *Neudietendorfer Gespräch* zum Thema: *Man muss Gott mehr gehorchen als den Menschen – Christlicher Widerstand in zwei deutschen Diktaturen,* das vom 7. bis 9. Mai 2004 stattfand und u.a. Gespräche mit Zeitzeugen umfasste, darunter die letzten Überlebenden des Hitler-Attentats vom 20. Juli 1944, Freiherr Philipp von Böselager sowie Franz von Hammerstein, Theologe und Mitbegründer der *Aktion Sühnezeichen,* der nach dem 20. Juli als Mitglied einer unter Verdacht der Beteiligung am Staatsstreichversuch stehenden Familie in Sippenhaft geriet. Zu den bleibenden Ergebnissen gehört eine gemeinsame Publikation der wichtigsten Beiträge dieser und einer zeitgleichen, thematisch ähnlich angelegten Tagung der Universität Jena in einem Sammelband des angesehenen Verlagshauses Vandenhoeck & Ruprecht, der 2005 unter dem Titel *Gott mehr gehorchen als den Menschen – Christliche Wurzeln, Zeitgeschichte und Gegenwart des Widerstands* veröffentlicht wurde.

Vom 25. bis 28. Mai 2006 konnte zum VII. *Neudietendorfer Gespräch* eingeladen werden. Aus Anlass des 100. Geburtstages von Dietrich Bonhoeffer beschäftigte es sich mit der „Ethik" des 1945 von den Nationalsozialisten hingerichteten christlichen Widerstandskämpfers und ihrer Relevanz für das 21. Jahrhundert. Am Abend zuvor fand in der Erfurter Predigerkirche ein durch umfangreiches Sponsoring ermöglichtes Gedenkkonzert für Dietrich Bonhoeffer statt. Unter Leitung von Prof. George Alexander Albrecht brachten die Weimarer Staatskapelle und der mdr-Rundfunkchor das „Deutsche Requiem" von Johannes Brahms in der vormaligen Wirkungsstätte des großen deutschen Mystikers Meister Eckhart zu einer einzigartigen Aufführung.

Seit Herbst 2006 lädt nun die Bruderschaft ihre Mitglieder zu den Klausurkonventen und darüber hinaus weitere wache und interessierte Zeitgenossen zu den öffentlichen Tagungen in das Evangelische Augustinerkloster nach Erfurt, in Luthers Kloster ein. Die *Neudietendorfer Gespräche* werden seitdem als *Erfurter Gespräche zur geistigen Situation der Zeit* fortgeführt. So fand beispielsweise vom 16. bis 18. November 2007 das VIII. *Erfurter Gespräch* statt zum Thema *Protestantismus. Quellen und Horizonte einer christlichen Konfession* mit bekannten Theologen, Philosophen, Politikern und Journalisten, darunter Landesbischof Prof. Dr. Christoph Kähler, Landtagspräsidentin Prof. Dr. Dagmar Schipanski und Dr. Michael J. Inacker, dem Vorsitzenden der Internationalen Martin Luther Stiftung, die in den Mauern des Augustinerklosters seit 2007 ihre Geschäftsstelle hat.

Eine große, grundlegend ökumenisch angelegte Tagung organisierte die Bruderschaft vom 26. bis zum 28. September 2008. Unter der Überschrift *Gottesmutter und Seelenbraut. Evangelische Annäherungen an Maria* unternahm dieser erneut sehr gut besuchte XXXIV. Konvent im Erfurter Augustinerkloster eine protestantische Positionsbestimmung und Wiederannäherung an jene, die weltweite Christenheit verbindende Credo-Aussage „geboren von der Jungfrau Maria". Die Sammlung der Beiträge dieser Tagung – ergänzt um weitere, inhaltlich dazu passende, um einen Reigen eindrucksvoller fotografischer Marien-Darstellungen und um den Nachdruck von Martin Luthers Magnificat-Auslegung von 1521 – markiert (nach einer sporadischen Verlags-Kooperation mit dem Sammelband *Gottlose Jahre? Rückblicke auf die Kirche im Sozialismus der DDR* von 2002) den Beginn einer intensiven Zusammenarbeit der Bruderschaft mit der Evangelischen Verlagsanstalt GmbH Leipzig unter der Federführung der Verlagschefin Dr. Annette Weidhas. 2011 wurde diese Frucht gemeinsamer geistig-geistlicher Arbeit im Weinberg des Herrn, dem ökumenischen Anliegen entsprechend, mit dem Bonifatius Verlag, Paderborn, unter dem Titel *Maria. Evangelisch* publiziert. 2014 schloss sich eine zweite, korrigierte Auflage an.

Zwanzig Jahre nach der friedlichen Revolution und der Wende organisierten vom 18. bis 20. September 2009 die Bruderschaft und der ihr angeschlossene Bonhoeffer-Haus e.V. gemeinsam mit der Konrad-Adenauer-Stiftung und der Landesbeauftragten für die Unterlagen des Ministeriums für Staatssicherheit der ehemaligen DDR, Hildigund Neubert, eine Tagung unter der Überschrift *Geist und Revolution. Geschichtstheologische Fragen an die Umbrüche 1789 und 1989*. Die Erträge dieser Tagung sowie die des XLVI. Konventes, der unter dem Generalthema *Realitätsfinsternis. Reformation-Utopie-Politik* am 16. und 17. November 2014 in Erfurt stattfand, bilden nun die Grundlage für die neue Schriftenreihe *GEORGIANA. Neue theologische Perspektiven*, deren erster Band 2015 unter dem Titel *…wenn Gott Geschichte macht. 1989 contra 1789* bei der Evangelischen Verlagsanstalt Leipzig veröffentlicht wurde. Der mittlerweile 2017 vorgelegte zweite Band schließt als GEORGIANA 2 inhaltlich an das X. „Erfurter Gespräch" (vom 12. bis 14. November 2010) an und somit an das Tagungsthema: *Tod, wo ist dein Stachel? Todesfurcht und Lebenslust im Christentum*.

In einer Situation der Anfechtung und des Konfliktes inner-halb der Bruderschaft zu Beginn des Jahres 2012 wurde ihr drei-erlei hilfreich vor Augen gestellt, was zwar in der Ordensregel und in der Ordensverfassung angelegt ist, aber bislang noch nicht in die tägliche Praxis überführt worden war: 1.: Die be-wusste Besinnung auf die „Gaben", den Geschenkcharakter die-ser kleinen geistlichen Gemeinschaft. 2.: Die mit dem Motto aus dem Petrus-Brief „Dienet einander..." verbundene, intensive Frage nach den „Gaben und Aufgaben", die die einzelnen Brüder in und für die Bruderschaft und für die Kirche und die Welt mit-bringen. Und 3.: Das bewusste und gestaltete bruderschaftliche Gespräch, das in den drei gleich im zeitigen Frühjahr konstitu-ierten Regionalkonventen im Norden (Hamburg), im Osten (Berlin) und im Süden (Erfurt) Deutschlands seither rege ge-pflegt wird. Diese Regionalkonvente treten nun, ca. ein Mal pro Quartal, zu den drei (internen bzw. öffentlichen) Jahreskonven-ten und tragen zu einer Vitalisierung des geistlich-kommunitä-ren Lebens bei. Am Ende dieses Jahres 2012, fünfundzwanzig Jahre nach der Gründung, blickte die Bruderschaft hoffnungs-froh auf ihre evangelisch-lutherische Weggemeinschaft zurück. Der XLII. Jubiläumskonvent vom 16. bis 18. November 2012 the-matisierte im Evangelischen Augustinerkloster zu Erfurt die selbstgewählte Aufgabe des Ordens: *Vom Sinn des gemeinschaftli-chen Lebens. Tradition – Symbolik – Auftrag.* Die Eröffnungsrede hielt der Rektor der Friedrich-Schiller-Universität Jena, Prof. Dr. Klaus Dicke. Die Ergebnisse dieser Tagung wurden – ergänzt um weitere für das Selbstverständnis und den Auftrag der Bruder-schaft relevante Aufsätze und ganz persönliche Zeugnisse von Georgsbrüdern und Ordensdokumente – unter der Überschrift *Dienet einander... Die Evangelische Bruderschaft St. Georgs-Orden* in einer reich bebilderten Jubiläumsbroschüre gebündelt und 2014 im Eigenverlag veröffentlicht.

Diese weitgehend positiven Erfahrungen, zu denen sowohl die konstruktiven Gespräche mit Christoph Kähler in seiner Amtszeit als Bischof der Evangelisch-Lutherischen Kirche in

Thüringen, als auch finanzielle Zuschüsse zu offenen Konventen der Bruderschaft durch den Landeskirchenrat gehören, führten dazu, dass sich die Ordensleitung und das Ordenskapitel entschloss, den Freistaat Thüringen, die mitteldeutschen Lutherländer und die seit 2009 gebildete Evangelische Kirche in Mitteldeutschland (EKM) als kirchenorganisatorische und landsmannschaftliche Ausgangsbasis für die öffentliche wie interne Tätigkeit der Bruderschaft in Zukunft dauerhaft zu nutzen. Zu dieser Perspektive gehörte die feste Absicht, die weitere Arbeit der Bruderschaft von einem festen Haus aus mit Geschwistern vor Ort intensiv zu betreiben.

Das Anknüpfen der Bruderschaft an die trikonfessionelle Tradition des Deutschen Ordens sowie ihr konsequenter Bezug auf Theologie, Persönlichkeit und Folgewirkungen Martin Luthers sowie Dietrich Bonhoeffers geben den Mitgliedern der Bruderschaft zusätzliche spirituelle Gründe und Anregungen, ihre Anwesenheit in Thüringen, dem Land, in dem der Deutsche Orden schon früh eine starke kirchliche und diakonische Stellung innehatte und wo die lutherische Reformation sich rasch und nachhaltig etablieren konnte, nicht einfach als Zufall, sondern durchaus als göttliche Fügung und wundersame Führung anzusehen.

Ende 2010 ergab es sich, dass die Etappe der „Heimatsuche" abgeschlossen zu sein schien, indem die Bruderschaft ihren festen Sitz in der Erfurter Georgenburse (Luthers Studentenquartier 1501–1505), unweit der weltweit bekannten Lutherstätte Augustinerkloster (1505–1511) und der Elisabeth-Kapelle im Nikolaiturm (vormalig zur Deutschordenskomturei Erfurt gehörig) nehmen konnte. Dort verwaltete sie in Kooperation mit dem Augustinerkloster und im Auftrag eines Trägervereins, zu dem auch der Bonhoeffer-Haus e.V. gehört, eine ökumenische Pilgerherberge sowie die öffentliche Nutzung der in der Georgenburse errichteten kleinen musealen Präsentation „Studienort der Lutherzeit". Seit 2011 zählt zu dieser Praxis, die Gaben und Aufgaben der Bruderschaft mit Blick auf die eigenen „theologischen Mentoren" Luther und Bonhoeffer in die Auseinandersetzungen der Zeit und der Gemeinden vor Ort einzubringen, der *Bonhoeffer-Studienkreis*, der seitdem drei bis vier Mal pro Jahr in Erfurt stattfindet. Aus finanziellen Gründen konnte die Nutzung der Georgenburse leider nicht fortgeführt werden. Gemeinsam entschied der Trägerkreis 2018, das Haus zu verkaufen. Noch im gleichen Jahr bezog die Bruderschaft auf Anregung des Kurators des Augustinerklosters, Carsten Fromm, ein „Ordensbüro" im „Haus der Versöhnung" (dem Neubau der vormaligen Klosterbibliothek).

Die *praxis pietatis* – das regelmäßige, tägliche geistliche Leben der Brüder in der Bruderschaft – erhielt unter Leitung von Pfarrer Thomas A. Seidel, der von 2004 bis 2019 als Spiritual des Ordens fungierte, weitere Impulse. Dazu zählt die tägliche Lesung der Herrnhuter Losung, das abendliche Bruderschaftsgebet und die Meditation des *Stundenbuchs* des Ordens, das 2013 –versehen mit Bildern des Ersten Landkomturs Jürgen K. Hultenreich – neu herausgegeben wurde. Der Ordensspiritual bildet das *ordent*lich und kirchlich legitimierte Bindeglied zwischen der Bruderschaft und der Landeskirche.

Die Bruderschaft besteht aus Mitgliedern in abgestuften Bindungsgraden (Orden, Ordensschild) und einem breiten Freundeskreis (Gastbrüder), der deutschlandweit wohnhaft ist. Seit dem 20. Dezember 2010 ist die Bruderschaft in die Liste der geistlichen Gemeinschaften und Kommunitäten der Evangelischen Kirche in Deutschland (EKD) aufgenommen. Die Approbation der *Evangelischen Bruderschaft St. Georgs-Orden* als anerkannte geistliche Gemeinschaft der Evangelischen Kirche in Mitteldeutschland (EKM) wurde durch den Landeskirchenrat am 7. Dezember 2013 beschlossen.

Eine weitere Erfahrung guter, ertragreicher Zusammenarbeit mit der Konrad-Adenauer-Stiftung war der große offene Konvent vom 14. bis 16. Oktober 2016 unter dem Thema: *Würde und Willkür. Theologische und philosophische Voraussetzungen des Grundgesetzes*. Der textliche Ertrag dieser Tagung, an der u.a. Prof. Dr.

Wilfried Härle, Prof. Dr. Heinrich Oberreuter und Dr. Nino Galetti mitwirkten, bildete – erweitert um Beiträge von Thibaut de Champris, Prof. Dr. Dr. Udo Di Fabio, Dr. Dr. Benjamin Hasselhorn, Dr. Alexander Kyrleschew, Dr. Friedemann Richert, Ulrich Schacht und Dr. Thomas A. Seidel – die Grundlage für die Veröffentlichung von GEORGIANA 3.

Im unmittelbaren Vorfeld zu dieser Tagung fand eine Sonderveranstaltung in der Reihe des *Bonhoeffer-Studienkreises* statt. Dabei diskutierten am historischen Ort, im Kapitelsaal des Augustinerklosters, wo sich fünf Jahre zuvor, am 23. September 2011, die Delegationen von EKD und katholischer Bischofskonferenz mit dem deutschen Papst Benedikt XVI. getroffen hatten, der Propst von Halle-Wittenberg, Dr. Johann Schneider, die katholische Systematikerin Prof. Dr. Johanna Rahner und der Leiter der Bruderschaft Ulrich Schacht zum Thema und zur Frage: *Der Papst und Martin Luther heute. Ökumenische Impulse von Benedikt XVI.?*

Ein besonderes, die Bruderschaft beglückendes Erlebnis bildete im 30. Jahr ihres Bestehens die kurzzeitige Rückkehr auf dänisch-lutherischen Boden. Vom 9. bis 12. Juni 2017 konnten die Brüder gemeinsam mit dänischen Pfarrerinnen und Pfarrern einen Festkonvent in den eindrucksvollen Räumlichkeiten des Løgumklosters gestalten und genießen. Prof. Dr. Eberhard Harbsmeier – vormaliger, langjähriger Direktor des Predigerseminars, das in diesem ehemaligen Zisterzienserinnenkloster untergebracht ist – sorgte gemeinsam mit dem Ordensspiritual und dem Kopenhagener Propst Mikkel Wold maßgeblich für ein überaus geist- und erlebnisreiches Wochenende. Das Vokalensemble des Løgumklosters führte während des klangvollen Konzerts am 10. Juni in der Klosterkirche (darunter auch das „Ave Maria") „Three sacred peaces" des amerikanischen und 2013 in Bayern verstorbenen Komponisten Gordon Sherwood auf, zu dem Ordensmarschall Heiner Sylvester bereits 1996 eine eindrucksvolle Filmdokumentation unter dem Titel „*Der Bettler von Paris*" gedreht hatte. Die Tage in Dänemark standen unter der

Überschrift: *...und üben gute Ritterschaft. Bernhard von Clairvaux und Martin Luther - ein theologischer Dialog und seine aktuellen Konsequenzen.*

Das Jahr 2018 brachte mit dem plötzlichen Tod des Ordensgründers und Großkomturs große Trauer und Leid über die Brüder und den Freundeskreis des Ordens. Am 16. September ist unser Bruder Ulrich von Wismar (so sein Ordensname), friedlich lächelnd im Sessel sitzend in seinem traumhaften roten Schwedenhaus oberhalb von Förslöv in Skåne, mit dem weiten Blick aufs Meer, dorthin gegangen, von wo wir alle kommen. Am 10. Oktober 2018 fand in der Hamburger St.-Gertrud-Kirche die Trauerfeier statt, an die sich ein schmerzvolles und (gewiss im Sinne des Verstorbenen) mitunter auch recht heiteres Zusammensein mit Familie, Freunden und Weggefährten im Hamburger Literaturhaus am Schwanenwik anschloss. Bruder Ulrich wurde in seiner schwedischen Wahlheimat, unweit von Förslöv, auf dem Friedhof der Marienkirche von Båstad beigesetzt.

Der lange (noch mit Ulrich Schacht) geplante Herbstkonvent fand mit freundlicher Unterstützung durch die EKM vom 26. bis 28. Oktober 2018 unter dem Thema *Coram Deo versus homo Deus. Christliche Humanität statt Selbstvergottung* im Erfurter Augustinerkloster statt. In diesen Konvent eingebunden war ein feierlicher Gedenkgottesdienst für den verstorbenen Großkomtur am 27. Oktober in der von ihm geliebten Augustinerklosterkirche. Die Erträge aus dieser Tagung sollen unter diesem Titel die Grundlage für GEORGIANA 4 bilden. Thomas A. Seidel konnte in Abstimmung mit der Ordensleitung den renommierten Publizisten, Schriftsteller und langjährigen Freund der Bruderschaft, Dr. Sebastian Kleinschmidt, als künftigen Mitherausgeber gewinnen.

Im (internen) Frühjahrskonvent vom 26. bis 28. April 2019 wählte die Bruderschaft in geheimer Wahl ihren bisherigen Spiritual Bruder Thomas von Neukirchen (der bereits im Frühjahrskonvent am 16. April 2016 unter Mitwirkung des Leiters der Michaelsbruderschaft, Dr. Frank Lilie, als „Landkomtur" in

die Bruderschaft aufgenommen worden war) zum neuen Großkomtur. Am 27. April 2019 wurde er im Konventsgottesdienst
der Bruderschaft in der Augustinerkirche eingesegnet. Bei der
feierlichen Einführung in sein Amt wurde ihm von der Ordensleitung das Ordenskreuz seines Vorgängers Bruder Ulrich,
selig, um den Hals gelegt und – neben der Ordensregel und der
Ordensverfassung – auch das Ordensschwert überreicht. Damit
obliegt ihm nun die Leitung der Evangelischen Bruderschaft St.
Georgs-Orden, die unter dem Segen des dreieinigen Gottes stehen möge, getreu dem Wort der heiligen Schrift: *Dienet einander;*
ein jeder mit der Gabe, die er empfangen hat, als die guten Haushalter der
mancherlei Gnade Gottes. (1. Petrusbrief 4,10)

Kontakt und weitere Informationen:
Dr. Thomas A. Seidel, Großkomtur (Leiter)
der Evangelischen Bruderschaft St. Georgs-Orden (StGO) &
Vorstandsvorsitzender des Bonhoeffer-Haus e.V.
im Evangelischen Augustinerkloster Erfurt
Augustinerstraße 10
99084 Erfurt

www.georgsbruderschaft.de

Bisher erschienene Bände dieser Reihe